信息检索实用指南

乔颖 著

中国农业科学技术出版社

图书在版编目（CIP）数据

信息检索实用指南/乔颖著.—北京：中国农业科学技术出版社，2013.6
ISBN 978-7-5116-1232-8

Ⅰ.①信… Ⅱ.①乔… Ⅲ.①情报检索–指南 Ⅳ.①G252.7-62

中国版本图书馆 CIP 数据核字（2013）第 042012 号

责任编辑	崔改泵
责任校对	贾晓红　贾海霞

出版发行	中国农业科学技术出版社
	北京市中关村南大街 12 号　邮编：100081
电　　话	（010）82109194（编辑室）（010）82109704（发行部）
	（010）82109709（读者服务部）
传　　真	（010）82106650
社 网 址	http://www.castp.cn
经　　销	各地新华书店
印　　刷	北京富泰印刷有限责任公司
开　　本	880mm×1230mm　1/32
印　　张	9.75
字　　数	260 千字
版　　次	2013 年 6 月第 1 版　2013 年 8 月第 2 次印刷
定　　价	38.00 元

版权所有·翻印必究

内容提要

本书根据现阶段信息技术的发展现状，根据高等院校教育教学改革和大学生信息素质教育、文献信息检索教育教学的需求，结合多年的教学经验，总结教学方法和内容，参阅大量的文献资料编写而成。全书内容丰富，涉及面广，共分九章，系统地分析和总结了信息素质教育和文献信息检索的基础知识、数据库的使用方法与检索技巧、具体检索实例的经典案例分析、各学科网上免费资源简介、优秀的网站、个人主页与微博等资源信息的介绍。主要特点就是注重实用性，兼顾理论知识；注重计算机检索，兼顾手工检索；注重数据库检索，兼顾网络资源介绍；注重检索方法的使用，兼顾文献的综合利用。

本书结构合理、内容新颖、重点突出、资料翔实，既可作为高校本科生、研究生的教材使用，又可作为教师、学生、科研人员及图书情报工作人员的上机指导用书及参考工具书，更适合于任何人员的继续教育自学用书。

前　　言

随着社会的进步、科技的发展、信息技术的不断完善与创新，新技术、新知识、新理论、新信息大量涌现、与日俱增，数字化资源日益丰富，网络技术日臻完善。如何依靠自身的信息素质，如何利用检索系统与检索技术，在浩瀚无垠的知识海洋中，快速准确地查找到自己所需要的信息资源，及时有效地检索和利用信息资源，是当代人必须具备的基本信息素养，也是信息社会和网络时代对信息检索提出的新要求。

信息获取能力的培养是一个综合性、系统性的培养过程，具体内涵包括：了解信息需求及问题所在，制定信息检索策略，掌握信息检索技能，评价信息并根据实际用途，去伪存真、去粗取精，科学地组织信息、使用信息，将信息融化到现有知识结构中。随着全球信息化程度的不断提高，科学技术突飞猛进，国际竞争越来越取决于各类高技术、高层次人才的质量与数量。提高人才培养的质量，加强素质教育，多出具有竞争能力的复合型人才是高等教育重要而迫切的任务。

目 录

第一章 信息素质 …………………………………………………… (1)
 第一节 信息素质的概述 ………………………………………… (1)
  一、信息素质的概念 ………………………………………… (1)
  二、信息素质的内涵 ………………………………………… (2)
  三、信息素质教育概况 ……………………………………… (4)
 第二节 信息素质的标准 ………………………………………… (6)
  一、国内外主要的信息素质标准 …………………………… (6)
  二、信息素质的评判标准 …………………………………… (8)
  三、国内信息素质的培养目标 ……………………………… (9)
  四、信息素养的表现能力 …………………………………… (9)
  五、信息素质的测试 ………………………………………… (10)
 第三节 信息素质教育的方法和途径 …………………………… (11)
  一、信息素质教育的重要意义 ……………………………… (11)
  二、信息素质教育的方法 …………………………………… (11)
  三、信息素质培养的途径 …………………………………… (12)
  四、开展信息素质教育应注意的几个问题 ………………… (14)
第二章 信息与信息资源 …………………………………………… (17)
 第一节 信息及相关概念 ………………………………………… (17)
  一、信息的概念、属性、类型 ……………………………… (17)
  二、信息的相关概念 ………………………………………… (19)

第二节　信息资源 …………………………………… (20)
　　　一、信息资源 ………………………………………… (20)
　　　二、文献信息资源 …………………………………… (22)
第三章　信息检索原理及技术 …………………………… (31)
　第一节　信息检索 …………………………………………… (31)
　　　一、信息检索的含义 ………………………………… (31)
　　　二、信息检索的原理 ………………………………… (31)
　　　三、信息检索的类型 ………………………………… (32)
　　　四、信息检索方法 …………………………………… (34)
　　　五、信息检索工具 …………………………………… (34)
　　　六、信息检索步骤 …………………………………… (35)
　第二节　信息检索语言和工具 …………………………… (36)
　　　一、信息检索语言的作用 …………………………… (36)
　　　二、信息检索语言的种类和工具 …………………… (37)
　第三节　信息检索技术 …………………………………… (41)
　　　一、确定检索系统 …………………………………… (41)
　　　二、选择检索途径 …………………………………… (42)
　　　三、检索词的确定 …………………………………… (43)
　　　四、检索表达式的构造 ……………………………… (44)
　　　五、检索策略的调整 ………………………………… (49)
　　　六、获取原文 ………………………………………… (50)
　第四节　检索效果的评价 ………………………………… (50)
　　　一、检索效果的评价指标 …………………………… (51)
　　　二、影响检索效果的因素 …………………………… (52)
　　　三、提高检索效率的措施 …………………………… (53)
第四章　数据库资源检索 ………………………………… (55)
　第一节　书生数字图书馆 ………………………………… (55)
　　　一、系统登录 ………………………………………… (55)
　　　二、下载、安装书生阅览器7.1 …………………… (55)

目 录

  三、书生阅读器使用方法 …………………………………（56）
第二节 NetLibrary 全文电子图书数据库 ………………………（67）
  一、数据库介绍 ……………………………………………（67）
  二、数据库登录方法 ………………………………………（68）
  三、数据库的检索方法 ……………………………………（69）
  四、检索技术 ………………………………………………（70）
  五、检索结果 ………………………………………………（71）
第三节 "中国知网"数据库平台 ………………………………（72）
  一、系统简介 ………………………………………………（72）
  二、CNKI 专辑专题分类系统 ……………………………（73）
  三、"中国知网"的新版 KDN（知识发现网络
    平台）……………………………………………………（75）
第四节 维普中文期刊数据库 ……………………………………（81）
  一、系统简介 ………………………………………………（81）
  二、维普期刊资源整合服务平台的功能模块 ……………（82）
  三、各功能模块介绍 ………………………………………（84）
第五节 国研网数据库 ……………………………………………（91）
  一、数据库简介 ……………………………………………（91）
  二、国研网教育版介绍 ……………………………………（92）
  三、检索功能介绍 …………………………………………（93）
第六节 中国资讯行高校财经数据库 ……………………………（95）
  一、简介 ……………………………………………………（95）
  二、包含的"子数据库"介绍 ……………………………（96）
  三、检索功能 ………………………………………………（97）
第七节 Science Direct 数据库 …………………………………（100）
  一、Science Direct 数据库概况 …………………………（100）
  二、数据库检索 ……………………………………………（101）
  三、检索技术 ………………………………………………（106）
  四、检索结果 ………………………………………………（107）

五、个性化服务 …………………………………… (109)
第八节　SpringerLink 全文电子期刊数据库 ………… (109)
　　一、概况 …………………………………………… (109)
　　二、数据库检索 …………………………………… (110)
　　三、检索结果 ……………………………………… (115)
　　四、个性化服务 …………………………………… (117)
第九节　EBSCO 数据库 ………………………………… (117)
　　一、概况 …………………………………………… (117)
　　二、数据库检索 …………………………………… (121)
　　三、检索结果 ……………………………………… (125)
　　四、其他检索选项 ………………………………… (128)
　　五、个性化服务 …………………………………… (135)
第十节　Emerald 数据库 ……………………………… (135)
　　一、概况 …………………………………………… (135)
　　二、数据库检索 …………………………………… (137)
　　三、检索结果 ……………………………………… (142)
　　四、个性化服务 …………………………………… (144)
第十一节　Ovid 在线检索 ……………………………… (146)
　　一、概况 …………………………………………… (146)
　　二、资源介绍 ……………………………………… (146)
　　三、数据库检索 …………………………………… (148)
　　四、检索技术 ……………………………………… (156)
　　五、检索结果 ……………………………………… (157)
　　六、检索历史 ……………………………………… (158)
　　七、个性化服务 …………………………………… (161)

第五章　特种文献检索 ……………………………………… (163)
　第一节　学位论文检索介绍 ………………………………… (163)
　　一、国内学位论文资源 …………………………… (163)
　　二、国外学位论文资源 …………………………… (164)

目　录

第二节　会议文献检索 …………………………………… (166)
　　一、会议文献概述 ……………………………………… (166)
　　二、会议文献数据库 …………………………………… (167)
　　三、会议信息网站 ……………………………………… (170)
第三节　专利信息及其检索 ……………………………… (171)
　　一、专利基础知识 ……………………………………… (171)
　　二、中国专利文献资源 ………………………………… (172)
　　三、国外专利文献资源 ………………………………… (173)
　　四、专利文献原文的获取 ……………………………… (174)
第四节　标准信息及其检索 ……………………………… (174)
　　一、标准基础知识 ……………………………………… (174)
　　二、国内标准资源及其检索 …………………………… (175)
　　三、国外标准资源及其检索 …………………………… (176)
　　四、标准文献原文的获取 ……………………………… (176)
第五节　科技报告及其检索 ……………………………… (177)
　　一、国内科技报告的检索 ……………………………… (177)
　　二、国外科技成果信息资源 …………………………… (177)
　　三、科技报告资源的获取 ……………………………… (178)

第六章　国外重要的信息检索工具 ……………………… (179)
第一节　美国《科学引文索引》及其检索 ……………… (179)
　　一、概况 ………………………………………………… (179)
　　二、《SCI》印刷版介绍 ………………………………… (179)
　　三、《SCI》网络版介绍 ………………………………… (179)
　　四、检索结果 …………………………………………… (189)
　　五、个性化管理 ………………………………………… (193)
　　六、JCR 数据库的检索 ………………………………… (195)
　　七、检索技术 …………………………………………… (198)
　　八、Researcher ID ……………………………………… (199)
第二节　美国《工程索引》及其检索 …………………… (200)

5

一、EI《工程索引》概况 …………………………（200）
　　　二、《EI Village》检索详解 ……………………（202）
　　　三、检索结果处理 …………………………………（210）
　　　四、全文获取 ………………………………………（213）
　　　五、个性化服务 ……………………………………（213）
　　　六、检索技术 ………………………………………（215）
　　第三节　美国 ISTP 及其检索 ………………………（218）
　　　一、检索方式 ………………………………………（219）
　　　二、检索技术 ………………………………………（220）
　　　三、检索结果 ………………………………………（221）
第七章　网络信息资源检索与利用 …………………………（223）
　　第一节　网络信息资源基础知识 ……………………（223）
　　　一、网络及网络信息资源的概念 …………………（223）
　　　二、网络信息资源的类型 …………………………（223）
　　　三、网络信息资源的特点 …………………………（224）
　　　四、网络信息资源检索的一般方法 ………………（225）
　　第二节　搜索引擎及其使用 …………………………（228）
　　　一、搜索引擎的概念 ………………………………（228）
　　　二、搜索引擎的类型 ………………………………（228）
　　　三、搜索引擎工作原理 ……………………………（229）
　　　四、搜索引擎系统组成 ……………………………（230）
　　　五、常用搜索引擎及其使用 ………………………（230）
　　　六、搜索技巧 ………………………………………（234）
　　第三节　Internet 网络资源利用介绍 ………………（235）
　　　一、Internet 概述 …………………………………（235）
　　　二、Internet 的应用 ………………………………（236）
　　　三、中国的互联网络 ………………………………（238）
　　　四、Internet 网络协议和网络地址 ………………（238）
　　　五、因特网的主要服务 ……………………………（239）

目 录

第八章 学术论文撰写及发表 (242)
第一节 学术规范 (242)
一、学术道德规范 (242)
二、学术法律规范 (245)
三、学术研究规范 (245)
四、学术引文规范 (245)
五、写作技术规范 (246)

第二节 学术论文的撰写 (246)
一、学术论文概述 (246)
二、学术论文的编写格式 (247)

第三节 学术论文的投稿 (252)
一、国际学术成果发表 (252)
二、国内核心期刊学术成果发表 (258)
三、文章的写作 (259)
四、审稿人与编辑的关系 (261)

第九章 信息检索综合运用——科技查新 (262)
第一节 科技查新概述 (262)
一、科技查新的定义 (262)
二、科技查新对象 (262)
三、科技查新的分类 (263)
四、科技查新作用 (263)
五、查新报告 (264)
六、科技查新新颖性的原则 (265)

第二节 科技查新工作流程及评价 (265)
一、新工作流程 (265)
二、查新质量评价体系 (266)

第三节 查新案例分析 (270)
一、查新要点的提炼 (270)
二、查新案例分析 (272)

三、查新结论撰写 …………………………………… (275)
附表　中国图书馆图书分类法 …………………………… (278)
参考文献 ……………………………………………………… (296)
致谢 …………………………………………………………… (298)

第一章 信息素质

现代网络资源环境下，信息素质作为生产要素、无形资产和社会财富，是继技术、资金、人才之后的第四成功要素。21世纪人类将迈入信息时代，高等教育必须对此做出积极回应与变革，注重培养大学生的信息素质，以适应信息时代发展的需要。在技术变革和信息爆炸的时代，不管是学术研究、日常工作还是生活，每个个体都面临着丰富繁杂的信息选择，就必须了解信息需求，知道如何及何时借助各种工具进行信息检索、评价和有效利用。由于信息素质对个体事业和生活的重要性，信息素质教育正在引起各国的广泛重视，并逐渐纳入到大学的教育目标和评估体系中，成为评价人才综合素质的重要指标。是否具有良好的信息素质，能够有效地获取、利用所需信息，已成为当代大学生学习能力、创新能力、创业能力的重要衡量标准。信息素质是对信息社会中人的信息行为和思维方式的整体描述，主要包含信息发现、评价、利用、交流等各种能力。

第一节 信息素质的概述

一、信息素质的概念

信息素质（Information Literacy，也称之为"信息文化"、"信息素养")一词的概念是从图书馆检索技能发展和演变而来的,最早是在 1974 年,由美国信息产业协会的主席保罗·泽考斯基(Paul Zurkowski)首次提出的。当时他对信息素质下的定义是:利用大量的信息工具及主要信息源使问题得到解答的技术和技能。发展到今天,对它最广泛性的解释为具有信息素质的人是那些"经过训练,掌握了利用大量信息工具及主要信息源解决问题的技术和技能"的人。他们必须具有一种能够充分认识到何时需要信息,并有能力有效地发现、检索、评价和利用所需要的信息,解决当前存在的问题。20 世纪 90 年代以来,对信息素质较有代表性的定义是:信息素质即是能熟练有效地利用现代化设备获取信息,能批判性地评价、利用和开发信息。目前,虽然学者们对信息素质的定义还没有达成统一,但基本共识是:信息素质是人们在有目的地捕捉、选择、存储、加工和利用信息的过程中所具备的一种复合品质,是社会成员的信息意识、信息道德、信息能力、信息潜能等多项基本素质的有机结合,也是人们获取信息、利用信息的一种基本技能。简单的定义为:人们能够敏锐地察觉信息需求,并能进行相应的信息检索、评估以及有效利用所需信息的水平。信息素质就是人们从各种信息源中检索、评价和使用信息的能力,是信息社会劳动者必须掌握的终身技能,是全球信息化需要人们必须具备的一种基本能力。

二、信息素质的内涵

信息素质的内涵包括三个方面:信息意识、信息能力、信息道德。

1. 信息意识

信息意识是指人们对信息的敏感程度。是人们在认识世界和改造世界过程中,捕捉和利用信息的观念和自觉性,是人作为信息的主体对信息交流活动在社会中的地位、价值、功能和作用的认识,是人们凭借对信息与信息价值所特有的敏感性和亲和力,主动利用

第一章 信息素质

现代信息技术捕捉、判断、整理、利用信息的意识。具体包括对信息的敏锐感受力、对信息价值的判断力、对自身信息需求的自我意识能力。同样重要的信息，有的人善于抓住，有的人却漠然视之，这是由于个人的信息意识强弱不同所造成的。有无信息意识决定着人们捕捉、判断和利用信息的自觉程度，而信息意识的强弱对能否挖掘出有价值的信息、对信息获取能力的提高起着关键性的作用。

2. 信息能力

信息能力主要是指人们对信息的检索与获取能力、整理与分析能力、评价与利用能力，是信息素质的重要组成部分。信息能力的加强和提高，有利于促进开放式信息思维的形成，培养纵向、横向、立体思维的能力，使人的创造力得到更大的发挥。具体包括信息技术能力、信息认知能力、信息资源的熟悉能力、信息获取能力、信息组织利用能力等。信息技术能力是指可以熟悉应用计算机、互联网、多媒体等信息技术处理问题的通力；信息认知能力是指对信息的内涵与特征、信息的功能、信息在社会与经济发展中的作用、信息源的类型与特点、信息的组织与管理等的认知，是信息获取与利用的基础；信息资源的熟悉能力是指能够根据信息需求合理选择可用信息资源的通力；信息获取能力是指熟练掌握信息检索的方法技巧、能通过制定成功的检索策略来获取信息的能力；信息组织利用能力是指对收集到的信息进行合理整理、分析、评价和能力，能够应用获取的信息进行正确决策和解决具体问题的能力，能够将获得的信息纳入到自己现在的知识体系中的能力，能够将获得的信息消化吸收创造新的知识的能力。一个信息能力较强的人，应当能够根据工作需要和自身需求选择最合适的信息源，通过成功的检索策略获取信息，能分析、鉴别和评价检索到的信息，并且能综合、组织、交流信息，采用批判性思维利用信息解决各种问题。

3. 信息道德

信息道德是在信息活动中应遵循的行为规范。它可以促使社会成员按照一定的信息道德准则来规范自身的信息行为活动。可以调节信息创造者、信息服务者、信息使用者之间的相互关系，使人们遵循一定的信息伦理与道德准则来规范自身的信息行为活动。包括信息主体的活动目标应与社会整体目标协调一致，承担相应的社会责任和义务，遵守信息法律法规与抑制违法信息行为，在信息活动中坚持公平、平等、真实原则，尊重他人知识产权，正确处理信息创造、传播、使用之间的关系，恰当使用与合理发展信息技术，保守群众信息秘密和尊重他人隐私等。开展信息道德教育，应该通过多途径、多渠道进行。加强信息社会中应遵循的法律法规的宣传，提倡尊重他人的知识产权，自觉抑制违法的信息行为，合理使用与发展信息技术。避免由于缺乏相应的信息道德，在其参与信息产业与信息经济开发活动中引起诸如信息泄密、信息犯罪等社会性问题。

三、信息素质教育概况

1. 国外的信息素质教育

信息素质教育是关系到培养高素质创新人才和提高一个国家综合实力的重要问题，因此，各国学者纷纷展开了有关信息素质教育的研究和讨论。一些国家还把信息素质列入国家教育发展战略之中。美国的信息素质教育从最初的提出，到美国国家信息素质论坛的正式建立，以及各大学相继启动了信息素质教育项目，一直处于世界领先水平。英国的信息素质教育在欧洲起着重要的作用。在高等教育中，有关信息素质的项目形式多样，有作为一门独立课程的，有以 Web 为导航的，也有相关和综合性指导的。在信息素质课程建设方面，目前的发展趋势越来越多地强调老师与图书馆馆员的合作和充分利用现代通信技术。澳大利亚的信息素质教育在采纳美国大学与研究图书馆学会的信息素质标准的同时，制定出本国的信息素质标准，并将信息素质决策综合到许多大学的机构计划中，并把信息素质作为毕业生一个主要的衡量指标，并列为本科生课程的一部分。德国根据英美的信息素质教育

第一章 信息素质

模式，研究出较理想的信息素质教育教学的方法和互动模型，以项目为目标，将信息素质与学习相结合的研究，教师以辅助的角色出现，并开发了在线指导课程软件，为学生自学和与图书馆馆员进行交流提供辅助性支持。日本的信息意识一直很强，他们意识到必须依靠自己的国力开发研究各项技术，迫切需要具有善于思考和独立能力的人才，因此，在信息素质教育方面提出了一系列的计划，建立了适应高度信息化社会的各项实验项目，全面提高国民的信息素质。从国外信息素质教育发展的经历和经验可以看出，信息素质已成为各级教育乃至全民教育的重要内容，成为增强教育潜力和经济目标的一种手段，成为加强个人能力必不可少的一种工具。同时也可以看出，信息素质不仅仅是孤立的诸如信息获取、信息检索、信息表达、信息交流等的信息技能，更是以独立学习的态度和方法，在信息社会中合理生活、学习的责任，将这些信息技能用于解决信息问题和进行创新性思维的综合性信息能力。

2. 国内的信息素质教育

我国信息素质教育一直落后于一些发达国家，高校对大学生的信息素质教育主要是以开设文献检索课的形式开展。近几年，教育部大力提倡包括信息素质教育在内的素质教育，不断深化文献检索课教学，充分发挥高校图书馆在信息资源、信息查询、信息网络、信息人才、信息教学等多方面优势，为大学生的信息素质教育营造一个良好的教育环境，信息素质教育遇到前所未有的发展契机。目前大学图书馆积极以信息检索课为基础，开展教学研究，对学生在教学内容和形式上进行深化与改革。同时大力推进现代化教学，通过网络运用多媒体教学课件进行教学。但有些地区和学校对信息素质教育未给予高度重视，在课程的设置、师资的配备、教材的建设、教学的管理等方面尚未达到规范化标准。总之，我国的信息素质教育正处于蓬勃发展时期，面临着新的机遇与挑战，有很大的发展空间。

第二节 信息素质的标准

一、国内外主要的信息素质标准

国外的信息素养标准很多，其中以美国 ACRL 标准、澳大利亚与新西兰 ANZIIL 标准以及英国 SCONUL 标准最为著名。

（1）ACRL 标准　美国的大学与图书馆协会（ACRL）在 2000 年颁布的美国高校信息素质能力指标体系，共包括 5 个一级指标，22 个二级指标和 86 个具体的三级指标构成。

（2）ANZIIL 标准　澳大利亚与新西兰的高校信息素质联合工作组（ANZIIL）在 2004 年颁布的澳大利亚与新西兰高校信息素质能力指标体系，它由 6 个一级指标，19 个二级指标和 67 个三级指标组成。

（3）SCONUL 标准　英国国家与大学图书馆标准协会（SCONUL）在 1998 年提出的信息素质能力模式，该模式在名称上不是指标体系，但实际上是一个高校信息素质能力的指标体系，由 7 个一级指标和 17 个二级指标组成。

（4）《北京地区高校信息素质能力指标体系》　作为北京市高校学生信息素养评价的重要指标，由 7 个维度，19 项标准，61 条具体指标组成，是我国第一个比较完整、系统的信息素养能力体系。

国内外主要信息素质标准比较

项目	美国 ACRL（2000 年）	澳大利亚与新西兰 ANZIIL（2004 年）	英国 SCONUL（1998 年）	北京地区高校信息素养标准
信息意识				能够了解信息以及信息素养能力在现代社会中的作用、价值与力量

第一章 信息素质

(续表)

项目	美国 ACRL (2000 年)	澳大利亚与新西兰 ANZIIL (2004 年)	英国 SCONUL (1998 年)	北京地区高校信息素养标准
信息需求	能确定所需信息的种类和程度	能确认信息需要并决定所需信息的信息种类和程度	识别、明确信息需求的能力；有辨别信息源的能力	能够确定所需信息的性质与范围
信息获取	能有效地获取所需的信息	能够高效地获取所需的信息	有拟定信息策略的能力；检索并存取信息的能力	能够有效地获取所需要的信息
信息评价	能批判性地评价信息和信息源，并有选择地将信息融入自身的知识库和知识体系	能够批判地评价信息和搜寻信息的过程	比较信息和评估信息的能力	能够正确地评价信息及其信息源，并且把选择的信息融入自身的知识体系中，重构新的知识体系
完成任务	能独立地或作为小组成员有效地利用信息完成特定的任务			能够有效地利用信息来完成一项具体的任务
信息组织管理		能够管理所收集或者产生的信息	组织信息和应用信息的能力	能够有效地管理、组织与交流信息
信息创新	能批判性地评价信息和信息源，并能将所选择的信息融入自身的知识库和价值体系	能将初始的信息和新信息应用到构建新概念或创新知识中	信息的整合和创新的能力	能够正确地评价信息及其信息源，并且把选择的信息融入自身的知识体系中，重构新的知识体系

（续表）

项目	美国 ACRL（2000 年）	澳大利亚与新西兰 ANZIIL（2004 年）	英国 SCONUL（1998 年）	北京地区高校信息素养标准
信息道德	理解围绕信息和信息使用的经济、法律和社会问题，并能合理合法地获取和使用信息	能在使用信息时，懂得和遵守与使用信息相关的文化、道德、经济、法律和社会问题		了解与信息检索、利用相关的法律、伦理和社会经济问题，能够合理合法地检索和利用信息

将以上四项标准进行比较可以看出，几个标准共同的信息素养能力包括信息需求、信息获取、信息评价、信息创新。SCONUL没有提出信息道德的指标，而ACRL、ANZIIL强调了信息道德是构成信息素养能力的重要维度，这与网络信息安全面临的信任危机有关。ANZIIL标准没有提出信息意识方面的考察。另外，可以发现ACRL标准中还有1项是考核利用信息完成特定任务能力，该项能力是信息创新能力的衍生，是信息应用能力具体衡量。北京的标准体系基于美国的ACRL标准的指标，细化了在信息意识方面的指标。

二、信息素质的评判标准

美国全国图书馆协会和教育传播与技术协会在1998年制定了学生学习的九大信息素质标准，这一标准分信息素质、独立学习和社会责任三个方面表述，丰富了信息素质的内涵。借鉴这一标准，一般认为信息素质的评判标准如下。

（1）信息素质　标准一：具有信息素质的人能够高效地获取信息。

标准二：具有信息素质的人能够熟练地、批判性地评价信息。

标准三：具有信息素质的人能够精确地、创造性地使用信息。

（2）独立学习　标准四：作为一个独立的学习者具有信息素

质，并能探求与个人兴趣有关的信息。

标准五：作为一个独立的学习者具有信息素质，并能欣赏作品和其他对信息进行创造性表达的内容。

标准六：作为一个独立的学习者具有信息素质，并能力争在信息查询和知识创新中做得最好。

（3）社会责任　标准七：对学习社区和社会有积极贡献的人具有信息素质，并能认识信息对社会的重要性。

标准八：对学习社区和社会有积极贡献的人具有信息素质，并能实行与信息和信息技术相关的符合伦理道德的行为。

标准九：对学习社区和社会有积极贡献的人具有信息素质，并能积极参与活动来探求和创建信息。

三、国内信息素质的培养目标

针对国内教育的实际情况，学生的信息素养培养主要有以下五个方面的内容。

（1）热爱生活，有获取新信息的意愿，能够主动地从生活实践中不断地查找、探究新信息。

（2）具有基本的科学和文化常识，能够较为自如地对获得的信息进行辨别和分析，正确地加以评估。

（3）可灵活地支配信息，较好地掌握选择信息、拒绝信息的技能。

（4）能够有效地利用信息、表达个人的思想和观念，并乐意与他人分享不同的见解或信息。

（5）无论面对何种情境，能够充满自信地运用各类信息解决问题，有较强的创新意识和进取精神。

四、信息素养的表现能力

信息素养主要表现为以下八个方面的能力。

（1）运用信息工具　能熟练使用各种信息工具，特别是网络传播工具。

（2）获取信息　能根据自己的学习目标有效地收集各种学习资料与信息，能熟练地运用阅读、访问、讨论、参观、实验、检索等获取信息的方法。

（3）处理信息　能对收集的信息进行归纳、分类、存储记忆、鉴别、遴选、分析综合、抽象概括和表达等。

（4）生成信息　在信息收集的基础上，能准确地概述、综合、履行和表达所需要的信息，使之简洁明了，通俗流畅并且富有个性特色。

（5）创造信息　在多种收集信息的交互作用的基础上，迸发创造性思维的火花，产生新信息的生长点，从而创造新信息，达到收集信息的终极目的。

（6）发挥信息的效益　善于运用接收的信息解决问题，让信息发挥最大的社会和经济效益。

（7）信息协作　使信息和信息工具作为跨越时空的、"零距离"的交往和合作中介，使之成为延伸自己的高效手段，同外界建立多种和谐的合作关系。

（8）信息免疫　浩瀚的信息资源往往良莠不齐，需要有正确的人生观、价值观、甄别能力以及自控、自律和自我调节能力，能自觉抵御和消除垃圾信息及有害信息的干扰和侵蚀，并且完善合乎时代的信息伦理素养。

五、信息素质的测试

Discovery Education（http://discoveryeducation.com）是美国 Discovery Communications 有限责任公司的分支机构。该机构以使教育更有效、学生成绩提高、打造连接教室和家庭的学习世界等为目标。该机构面向学校及家庭提供数字资源，公司为 AHS 学生提供在线信息素质商数（information literacy quotient，ILQ）测试。学生打开网址，在线回答 20 个问题并提交后，就能得知自己的信息素质商数。其网址：http：//school.discoveryeducation.com/quizzes10/lynnejwebb/AHSILQ.html，您不妨一试。

第三节 信息素质教育的方法和途径

一、信息素质教育的重要意义

社会已进入到信息化时代，面对爆炸式增长的信息量，人们犹如逆水行舟，不及时有效地处理和获取自己所需的信息，就将被这个时代所淘汰，信息素养作为信息时代的一种必备能力，正日益受到世人的重视。信息素养教育在科技的迅猛发展和信息资源急剧增长的今天，其重要作用日益明显。在信息社会中，人们在学习、研究、工作和生活等各个方面都面临着种类繁多、数量巨大的信息选择，越来越多的未经过滤的信息使人们对其真实性、可靠性及合法性产生了质疑，同时也对人们认识、选择和评价信息提出了新的挑战。如果缺乏有效利用信息的能力，大量丰富的信息就得不到有效应用。因此，广泛开展信息素质教育具有重要的意义。

（1）信息素质教育可为学生终身学习奠定基础。

（2）信息素质教育可以培养学生认识、判断、评价和利用信息的能力。

（3）信息素质教育可以提高学生的创新能力。

（4）信息素质教育可以规范学生的信息活动行为。

二、信息素质教育的方法

（1）将信息素质教育与大学生课程结合起来，增强学生对信息源选择、数据库检索和因特网资源评估等理念的理解。

（2）提供基于可视化生动环境下的信息素质教育教程，该教程将交互式的学习训练和各种多媒体元素（如声音、动画、短片等）有机结合在一起。

（3）围绕特定课程目标，教授信息素质技能，个性化的教程帮助学生们完成课程作业，开发其信息能力。

三、信息素质培养的途径

1. 加大宣传，介绍图书馆的信息资源

宣传是提高学生信息意识的一个非常重要的途径。没有宣传，就没有了解，更没有使用。图书馆每年花费上百万元甚至几百万元的资金购买众多的电子资源，如各种中、外数据库，真正有多少学生知道并了解这些数据库、有多少学生能熟练地使用这些数据库？很多学生从入学到大学毕业用过的数据库寥寥无几，甚至就会用中国期刊网，或者直接到百度里面去搜索，其结果既多又杂，很少有学术参考价值高的文献资料。图书馆要加大宣传力度，采用多种形式宣传，提高大学生信息意识。如向学生免费发放各种数据库的使用指南、图书馆利用小册子、在宣传板上张贴宣传资料、定期举办图书馆宣传日、开设讲座、网上有奖答题活动等。

2. 开设文献检索课教学

20 世纪 80 年代前期，我国开始注重大学生的信息素质教育。1983 年教育部印发了《关于在高等学校开设文献检索课的意见》的通知，规定凡有条件的学校可将《文献检索与利用》作为必修课，不具备条件的学校可作为选修课或开设专题讲座。根据教育部高校图工委统计，我国已有 700 多所高校开设了包括必修课、选修课的文献信息选修课教育，各种自编教材达 674 种。客观地说，文检课的开设是培养大学生的信息意识，提高大学生信息检索能力的一个重要途径。但是，随着社会的发展、时代的变化，特别是随着计算机技术、网络技术、通讯技术的发展，传统的文检课教学存在着许多的问题，教学的内容、方法等已经不能适应当今社会发展的需要，急需改革。以往的文检课教学基本上是以手工检索为重点，目的是教会学生如何使用各种检索工具，而对于信息意识、信息道德教育基本空白。目前，文检课教学除了要教会学生使用各种计算

第一章　信息素质

机检索的方法、技巧以及各种数据库的使用外，还要注重培养学生的信息意识及信息道德教育。此外，文检课教学的方法、模式也应该多样化、媒体化、网络化，这也是文检课教学适应社会和时代发展的需求。

3. 网络在线教学

所谓"网络在线教学"是指采用现代计算机技术，将文献信息检索课的教材内容（如教学课件，习题，习题答案等）发布到网络上，设计在线交互式的教学方案，采用模拟实习模式、网络考核评价系统等实施文献信息检索网络教学。网络在线教学一方面方便了学生自主学习，学生可在教室里和宿舍里通过终端进行学习，如有疑难问题，可直接或通过网络向教师提出咨询得到解答；另一方面又可以弥补文检课教学无法同时满足大量学生进行信息学习的矛盾，解决了传统文检课在时间和空间上以及师资和教学设备上的限制，可以满足具有不同层次的信息素质背景学生的个性化要求。这种具有创新性和互动性的自主学习模式，已得到普遍认可，也是今后信息素质教育的发展趋势。

4. 新生入学教育

一般说来，大学生一迈进校园，首先就会对图书馆表现出关心、了解和利用的极大兴趣与愿望。图书馆应根据大学生的这个心理特点，除了加大宣传的力度外，还应该组织所有入校的新生进行图书馆新生入学教育。新生入学教育可以多种多样，通过讲座、录像、参观、印发图书馆指南等方式，向学生宣传图书馆在大学教育中的地位和作用，使他们了解有关文献的基本知识，图书馆的服务内容和布局，馆藏文献组织和书目检索系统。经过新生入学教育，大学生会对图书馆有了一个基本的认识和了解，为以后更高程度地利用图书馆打下一个良好的基础。

5. 为大学生尽可能地提供信息服务的机会

高校图书馆可以与学校学生工作处配合，合理利用大学生课余时间，以勤工俭学等形式让一些学生到图书馆参与一些简单的信息服务，从中来熟悉馆藏文献、掌握文献分类及排序上架体系。也可以在图书馆馆员的指导下，让学生参加一些较高层次的服务，例如：本馆特色数据库或自建数据库的建设项目。这对于提高他们的信息意识，培养其实际检索信息的能力起着非常重要的作用。

6. 定期地组织免费读者培训

图书馆可以根据本校的学科、专业的设置情况及特点，定期地开展一些面向师生的读者培训。例如：东北农业大学每学期都开展的"90 分钟讲座"，图书馆老师一般讲 60 分钟，然后留下 30 分钟给读者上机实习或解答读者的咨询。讲课的内容是多种多样的，既有一些数据库的使用方法，也有一些有关计算机实际操作的讲座，还有一些读者比较感兴趣知识和技能，例如：如何制作 Flash 动画，如何制作网页，如何修饰图片等，极大地调动了读者学习的积极性和热情。如果读者有些特别的培训要求，可以通过与图书馆预约后，为其开展特殊化的服务。

四、开展信息素质教育应注意的几个问题

1. 各级领导要给予充分的重视

信息素质作为 21 世纪人才必须具备的基本素质或基本生存能力，目前还没有引起社会各界包括高等院校足够的重视。尽管多数院校开设了文献检索课，但大多停留在从形式上落实了教育部要求，仅局限于课程的开设，并没有把信息素质教育上升到应有的高度来认识，没有充分认识到这关系到学生将来生存和发展能力的培养。素质教育能否搞得好，在很大的程度上取决于高校领导，特别是教学主管部门的认识。不能将信息素质教育仅局限在图书馆和信息管理部门进行讨论和实施，它必须引起大家的广泛关注和重视，上至各级领导，下至普通的图书馆工作人员，都要重视信息素质教育问题。要把开展信息素质教育纳入到综合素质教育中去，纳入到教学改革中去，纳入到图书馆工作的长久目标中去，使之成为与提高教育水平及人才素质密切相关的重要

第一章 信息素质

工作。

2. 注重信息道德教育

信息素质教育不能只培养学生获取信息、利用信息的能力，还应该注重培养他们的法律意识，使学生在信息活动中，遵循法律法规，尊重他人知识产权，自觉抵制违法及学术不端的信息行为，合理使用与发展信息素质教育。图书馆要尽量减少网络中一些落后文化对学生的负面影响，通过制定严格的规章制度，规范网络行为，净化网络环境，切实加强对网络的管理，对有害的信息进行过滤，为广大学生的健康成长营造一个良好的环境。

3. 建立专用的信息素质教学实验实习基地

加强信息素质教育离不开硬件的支撑。图书馆的电子阅览室，由于需要满足读者的日常检索需要，一般也不适合做信息素质实验实习基地。所以，建立专门的信息检索的实验实习基地，对于满足信息素质教育是非常必要的，该基地不仅能满足学习现代信息技术的需要，而且也能满足检索工具的实习需要。因此，建议图书馆在资金、场地许可的情况下，最好建立专用的信息素质教学实验实习基地，这样才会更加有利于图书馆的信息素质教育。

4. 图书馆馆员与专业教师相结合，共同参与信息素质教育的重任

目前，国内的文检课教学多数是图书馆工作人员单独完成，没有与他们所学的专业结合起来，也没有院系和教学管理人员之间的协作。实际上，图书馆这样的信息素质教育的教师队伍有其不合理之处，比如，涉及专业内容的检索实习课，由于图书馆馆员没有相关的专业背景，有些勉为其难。所以，应该建立一支由图书馆馆员与专业教师相结合的信息素质课教师队伍，发挥各自的特长，由图书馆馆员承担文献信息检索与利用的基本原理的教学部分，由专业教师和图书馆馆员共同承担专业检索实习的教学内容。

5. 信息素质教育应针对不同人员层次进行教育

在进行信息素质教育的过程中，应根据不同学生的级别、专业来区别对待。例如，对大多数专业来说，一、二年级的学生学习的主要内容为学科的基础理论、基础知识，这些知识一般比较成熟，因而低年级学生对图书馆等信息源的利用明显少于高年级学生，此时安排他们进行图书馆方面的信息教育比较合适；对高年级学生，则安排与专业相关的参考工具书、专业的数据库等文献信息检索等方面的教学内容更为恰当；对于硕士和博士，则更应该与专业的教师或其导师相配合，共同针对较深入的专业知识进行教学。

第二章 信息与信息资源

第一节 信息及相关概念

一、信息的概念、属性、类型

1. 信息的概念

信息是普遍存在于自然界、人类社会和人类思维活动中变化和特征的最新反映以及经过传递后的再现。它是信息源体存在方式或运动状态以一定形式与外界进行交流的信号；它是通过一定的物质载体形式反映出来的，是事物存在的状态、运动形式、运动规律及其相互联系、相互作用的表征。人们正是通过信息来认识事物的运动现象及其规律的。

2. 信息的属性

客观性：信息是客观世界一切事物存在方式和运动状态的属性表征，世界上只要有事物存在，就有其存在方式和运动状态，也就有信息存在。信息是不依赖于人类感知而客观存在的。

普遍性：信息广泛存在于自然界、人类社会和思维活动中，它与客观事物一样无处不在、无时不在、无人不用。

可知性：信息不是虚无缥缈的东西，也非可以随意想象和创造的事物，信息是可以为人们感知感受并利用的。

无限性：客观世界是不断变化发展的，事物的发展变通是无限的，因此信息也将无限扩充。

存储性：人类可以利用不同的载体存储信息。由于信息的可存储性，人类的文化遗产才得到保存，人类文明得到延续，使人们可以在前人智慧的基础上去发展和创造新的文明。

传递性：信息可以在时间上或空间上从某一点转移到另一点，可以通过语言、动作、文献等各种渠道和媒介进行传递。任何信息只有从信息源出发、经过信息载体传递后才能被信宿接收并加工处理和运用。

共享性：同一内容的信息可以在同一时间被两个或两个以上的用户使用。信息的提供者并不是因为提供了信息而失去原有的信息内容和信息量。各用户分享的信息份额也不因为分享人数的多少而受影响。信息共享极大地缩短了人类认识世界和改造世界的时间，节省了人力、物力和财力。

聚集增值性：信息的作用有一条特殊规律：全部大于部分之和。一方面，人们进行决策时，收集到的信息越多，汇集起来比分别应用的作用越大，越容易做出正确的决策。进行科学研究时，在信息集中的地方，更容易出成果。另一方面，人们通过互相交流，认识会得到深化，知识会得到发展。这些都是因为信息是可以聚集增值的。

开发性：信息是一种可开发的宝贵资源，存储与传递信息的目的是为了开发利用信息资源。人们正是在开发和利用信息资源的基础上改造客观世界，从而促进科学技术的进步和社会的发展。

时效性：是指信息发出、接收到利用的时间间隔及其效率，还包括信息本身更新的速度。信息的价值对时间的灵敏度很高，一条及时的信息可能价值连城，一条过时的信息可能分文不值。一般情况下，随着时间的失衡，信息会逐渐失去其新颖性，一些特别强调时效性的信息，如新闻、预告等，会随着时间的流逝失去其价值。

所以，我们应该迅速传递信息，及时开发利用信息。

3. 信息的分类

按信息的性质分：语法信息、语义信息和语用信息。

按信息的生成领域分：自然信息、机器信息、社会信息和思维信息。

按信息在认识中的地位分：主观信息和客观信息。

按信息与应用过程的时间关系分：先导信息、实时信息和反馈信息。

按记录信息的符号分：文字信息、语音信息和图像信息。

按信息的应用部门分：工业信息、农业信息、军事信息、政治信息、文化信息、科技信息、经济信息和管理信息等。

按信息的逻辑意义分：真实信息、虚假信息和不定信息。

按信息的作用分：有用信息、无用信息和干扰信息。

二、信息的相关概念

（1）知识　是人们在改造世界的实践中所获得的认识和经验的总和，是人的大脑通过思维重新组合的系统化的信息集合。知识来源于信息，是信息的一部分。知识具有认识功能、教育功能和生产功能。

（2）情报　是为了解决一个特定的问题所需要的激活了的、活化了的特殊知识或信息。情报具有知识性、传递性和效用性等三个基本属性。

（3）文献　是指记录有知识的一切载体，即以文字、图像、符号、声频、视频等作为记录手段，对信息进行记录或描述，能起到存储和传播信息情报与知识作用的载体。文献由知识信息、物质载体、符号系统和记录方式四个基本要素构成。

（4）信息与知识、情报、文献间的关系　知识来源于信息，是理性化、优化和系统化的信息；情报是解决特定问题的知识和智慧，是激活的那部分知识；文献是它们的载体。

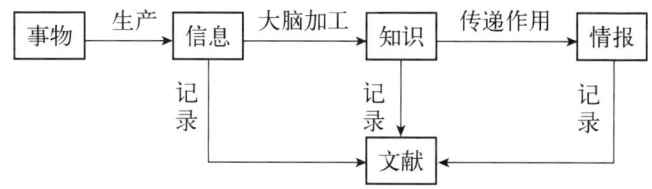

第二节 信息资源

一、信息资源

1. 信息资源的含义

信息资源是"信息"和"资源"两个概念整合以后衍生出来的概念。如前所述,信息是客观世界一切事物存在方式与运动状态的表征;资源是自然界及人类社会中一切对人类有用的资财。信息资源这一概念最早是由美国学者于20世纪60年代末提出来的,我国对其研究始于20世纪80年代中期。目前,国内外关于信息资源的概念尚未达成共识,但综合起来其基本观点大体可分为对信息资源的狭义理解和广义理解两种。对信息资源的广义理解认为:信息资源是指人类社会活动中积累起来的信息及其信息生产者和信息技术等信息活动要素的集合。这种观点把信息及其活动的相关要素都归入信息资源的范畴,包括信息内容本身和与信息紧密相关联的信息设备、设施、人员、组织等要素。对信息资源的狭义理解认为:信息资源就是信息内容本身所构成的有序化集合,是人类社会经济活动中经过加工处理有序化并大量积累起来的有用的信息集合。如科技信息、气象信息、政策法规信息、社会发展信息、市场信息、金融信息等。

2. 信息资源的特征

(1) 有限性与无限性并存　信息是普遍的、无限的,世界上有物质的地方就一定有信息存在,物质不灭,信息就会随物质一起存在。信息资源仅是信息中的一部分,是经过人类选择的有用的那部分信息。由于人的智能的有限性,决定了信息资源也是有限的。另一方面,从信息资源的时间延续和储量而言,信息资源是无限的。信息资源产生于人类的社会实践活动,而人类的社会实践活动是一个永不停息的过程,因此信息资源也呈现出永不枯竭的特点。

(2) 人工性　信息作为物质或事物存在和运行的状态与方式,无论人类是否感知它,它都是自然客观存在的,信息要资源化,离不开人类的参与,信息资源是人类脑力劳动的产物,信息资源生产、形成乃至组织、建设、开发、利用无不打上人类加工的烙印。信息资源的人工性特点正是我们建设、开发、利用信息资源的理论依据。

(3) 有序性　信息浩瀚如海,但却杂乱无章,处于一种混乱无序状态。面对这些纷繁杂乱的信息,人们发出"信息爆炸"、"信息海洋"的感叹。大量无序的信息,常常造成信息通道的"拥塞",使信息的传递发生迟滞性干扰,人类也无法利用。而信息资源则是人类按照一定的次序开发与组织起来的信息,是有序化的信息集合。

(4) 积累性　信息资源是有用信息的总和。一条信息或几条信息构不成信息资源。只有经过一定时间的积累,使信息达到一定的丰度和凝聚度,才能成为信息资源。正是这种积累性,才使不断流动在空间和时间中的信息,能汇集到信息机构,跨越时间和空间的限制,从不同角度、不同的方向满足人们特定的信息需求。

3. 信息资源的类型

(1) 按信息资源的来源划分为自然信息资源和社会信息资源　自然信息资源广泛存在于自然界中,是物质运动和生物生存活动的结果。社会信息资源则存在于人类活动之中,是社会的直接产物,是人类从事各种活动的基础。

(2) 按信息资源的开发程度划分为潜在信息资源和现实信息资源　潜在信息资源是指人在学习、认知和实践中,在认识事物和思维活动过程中，储存在大脑中的信息资源。现实信息资源是潜在信息资源经个人表述之后，能够为他人所利用的信息资源。现实信息资源依据表述信息的方式和载体的不同，可划分为个人信息资源（口语信息资源和体语信息资源）、实物信息资源和文献信息资源三种类型。

二、文献信息资源

1. 文献信息资源的概念

文献信息资源是指人类用文字、数据、声频、视频等方式记录在纸张、胶片、磁盘、光盘等各种物质载体上的信息资源。文献信息资源是现代社会最常用的、最重要的信息资源，它不依附于人而依附于物质载体，只要这些载体不损坏或消失，文献信息资源就可以跨越时间和空间，无限制地为人类所利用。

2. 文献信息资源的特点

（1）易用性　文献所承载的信息固定、明确、便于人们通过阅读、视听等方式接收利用，并且利用文献信息资源不受时空的局限，用户可根据个人需要随意选择利用文献的时间、地点和方式，遇到问题还可以有充分的时间反复思考，并可对照其他文献进行补充印证。

（2）稳定性　文献中的信息是固化在一定的物质载体上的，表述较准确，在传播使用过程中有较强的稳定性，不易变形和失真，可为人们的认识与决策活动提供较准确可靠的依据。

（3）系统性　文献信息资源数量非常庞大，所记载的知识和信息内容大多比较深入、完整和系统。

（4）可控性　文献信息的管理和控制比较方便，人类可以按照一定的需求将其加工整理成具有优化结构的文献信息资源体系，有利于人们进行多方面的开发和利用。

（5）时滞性　由于文献生产需要花费一定的时间，因而出现了文献时滞问题，文献时滞过长将导致文献内容老化过时，丧失其作为信息资源的使用价值。

3. 文献信息资源的类型与特点

（1）文献的物质载体和记录形式　可划分为手写型、印刷型、缩微型、声像型和机读型五种。

① 手写型文献：是指以手工抄写制作的文献，主要是指雕版印刷发明之前的古代文献和今天没有正式印刷的手写文稿。如古代的甲骨文、金文、钟鼎文、竹木简、拓片等，今天的手稿、日记、书信、账簿、公文、会议记录等。手写文献一般保留作者对其内容的增删、订正之处，有助于了解文献的形成过程。重要著作和历史人物的手稿往往有着巨大的历史价值。古代的手写文献在历史收藏品中占有极其重要的地位，对学术研究具有重要的参考作用。

② 印刷型文献：是一种古老而历史悠久的传统文献形式，也是最常见、最常利用的一种文献形式。它主要是指以纸张为存储介质，以印刷（油印、铅印、胶印、石印等）、复印、打印等为记录手段而产生出来的一种文献形式。其优点是可直接阅读，不受设备和时间、地点的限制，方便使用且流传广泛。其缺点是较笨重、存储的信息密度低、收藏占用空间大、加工保存等花费人力物力大、且容易破损，在加工、识别、提取和利用过程中难以实现自动化。由于纸质文献阅读的方便性，印刷型文献不会在社会上消失。据统计，美国在信息发达的今天，纸质文献发行量不但没少反而逐年增加。

③ 缩微型文献：是以感光材料为存储介质、以印刷型文献为母本，采用光学缩微技术将文字、图像等缩小并存储在感光材料上而产生的一种文献形式。它包括缩微胶卷、缩微平片、缩微卡片和全息胶片等，其优点是体积小、重量轻、存储密度高，节省存储空间，传递方便。在存储相同信息的情况下，普通的缩微胶片比纸质文献节省空间98%。由于激光和全息照相技术的应用，目前出现缩微率极高的超级缩微胶片，一张很小的全息照片可以存储20万页文献。其缺点是不能直接阅读，需要借助缩微阅读机才可阅读文

献。某些信息收藏单位一般将需要长期保存的文献资料转成缩微胶片进行保存。

④ 声像型文献：又称视听型文献或音像资料，是以磁性材料或感光材料为存储介质，借助特殊的机械装置（如摄像机、录音机、录像机等），以磁录技术或光学技术为手段，直接记录声音或图像信息而产生出来的一种文献形式。它包括：唱片、录音带、幻灯片、电影胶卷、录像带、电视片、激光唱盘、多媒体学习工具等。其优点是：存储密度高，有声音、图像、色彩等信息，可以闻其声、观其貌、见其景、直观真切，图文声色并茂，形象生动，使人有身临其境的感觉。其缺点是不能直接阅读和观赏，需要借助放映机、电视机等技术设备，而且制作成本较高。声像型文献在帮助人们观察科技、辨别事物以及语言学习、艺术学习及娱乐等方面具有其独特的作用。

⑤ 机读型文献：又称电子文献，是以磁性材料为存储介质，以键盘输入、文件拷贝、下载、刻录或光学扫描等为记录手段，并通过计算机处理而产生出来的一种文献形式。它包括联机型、光盘型和网络型三种类型。其优点是信息存储密度高，存取速度快，识别和提取易于实现自动化，还能提供声音、图像、动画等信息，具有某些声像型文献的特点。此外，机读型文献便于随时对内容进行增、删、改，易于转化成印刷型文献，还可以高速、远距离传递，便于信息资源的交流和共享。缺点是必须借助于计算机及其他技术设备才能阅读和利用，机读型文献的迅速发展是信息时代的重要标志。目前，随着计算机技术、通信技术和网络技术的飞速发展，机读型文献呈现出种类多、数量急剧增长、发展迅猛的趋势，成为增长最快的文献信息资源。

（2）文献的出版形式和内容　可划分为图书、期刊、报纸、科技报告、会议文献、专利文献、标准文献、学位论文、政府出版物、产品资料和档案文献等类型。

① 图书：是指具有独立的内容体系，有相当篇幅的、有完整

装帧形式和正式出版的非连续性的出版物。不包括封面和封底在49页以上的，具有特定书名、有国际标准书号、有定价并取得版权保护的出版物。包括专著、丛书、教科书和工具书等。

特点：内容系统、全面，论点成熟、可靠，但传统的印刷图书出版周期较长，传递信息速度慢，电子图书可弥补这一不足。

分类：阅读性图书包括教科书、专著、文集等。它提供系统、完整的知识，有助于全面、系统地了解某一领域的历史发展和现状，将人们正确地引入自己所不熟悉的领域；工具性图书包括词典、百科全书、手册、年鉴等。它提供经过验证、浓缩的知识，是信息检索的工具；检索性图书如以图书形式刊行的书目、题录、文摘等，供人们查找一定范围内文献线索的出版物。

识别要素：书名、著者、出版地、出版社、出版时间、总页数、国际标准书号（ISBN）等。

标注方式：编著者姓名. 书名［M］. 国际标准书号（可省略）. 出版地：出版社名称, 出版年份.

如：左文革, 吴秀爽. 农业信息检索与利用［M］. 北京：中国农业出版社, 2006.6.

② 期刊：又称杂志，是指有固定名称、统一开本、装帧一致、按一定的编号顺序、定期或不定期连续出版、每期内容不重复并由多名责任者撰写不同文章的出版物。

特点：有固定的名称和版式，有连续的出版序号，有专门的编辑机构。与图书相比，出版周期短、刊载速度快，信息量大，内容新颖、丰富，能及时反映各学科发展的最新动向和科学研究的最新成果，是当代各学科研究工作者极为重视的文献类型，但期刊论文的内容不及图书系统、完整、成熟。

分类：学术与技术性期刊由学术团体编辑出版，报道生产、科研方面的学术论文及研究成果等，信息量大、利用与参考价值高，如各种学报、通报、汇刊、评论、进展等；检索性期刊专门报道二次文献信息；快报性期刊刊载最新技术和研究成果的短文，报道新产品、新工艺以及学术动态等信息，内容简洁、报道速度快，如各种通信，短信等。

识别要素：期刊名称、期刊出版的年、卷、期，国际标准刊号（ISSN）等。我国正式出版的期刊都有国内统一刊号（CN）。

标注方式：著者姓名．文献篇名［J］．原文所在刊名，年，卷（期）：页码．

如：唐杰波，徐晶．免费获取网络英文科技文献资源［J］．重庆图情研究，2009（2）：36~38．

③ 报纸：是专门刊载新闻报道和时事评论为主的定期出版物，但有些报纸同时也刊载学术论文和其他信息。

特点：报纸具有时事性、时效性、普及性、大众性、出版周期短、传递信息快、传播范围广，是不容忽视的文献信息源。

识别要素：报纸名称，报纸的出版日期（版次）。

标注方式：著者姓名．文章篇名［N］．原文所在报纸名，年-月-日（版）．

④ 学位论文：是高等院校和科研院所的本科生、研究生为获得学位资格（博士、硕士、学士）而撰写的学术性较强的研究论文。其中，硕士、博士学位论文具有较高的学术参考价值，是数据库主要的收录对象，本科生的学士学位论文很少被收藏和检索。

特点：学位论文选题新颖，理论性、系统性较强，阐述详细；参考文献多、全面，有助于相关文献进行追踪检索。

识别要素：学位名称、导师姓名、学位授予机构等。

标注方式：著者．论文篇名．学位名称，授予学位的机构，地址．授予学位的时间．

⑤ 会议文献：指在学术会议上宣读或书面交流的报告、论文、会议记录、会议纪要等有关资料。各种学术会议是科学交流的一条重要渠道，是科学工作者了解学科发展动态，获取学科最新信息的窗口。

第二章 信息与信息资源

特点：会议文献具有水平高、针对性强、发表快的特点，不少论文常常在正式发表前先提交学术会议交流，观点可能不成熟，但内容新颖，是了解某学科水平动态的重要情报源。目前，有许多学术会议在互联网上举行。

分类：按会议的范围划分为国际性会议、全国性会议、地区性会议和行业性会议；按时间划分为会前文献和会后文献，会后文献包括会议录、会议论文集、会议论文汇编、会议丛刊、丛书等。

识别要素：会议名称、会址、会期、主办单位、会议录的出版单位等。

标注方式：著者．会议论文题名．会议录名称．会议举行的地点，时间．

⑥ 专利文献：是实行专利的国家、地区及国际专利组织在审批专利过程中产生的官方文件及出版物，包括专利说明书、专利权利要求书、专利公报、专利分类表、专利检索工具等。

特点：数量庞大、报道快、学科领域广阔、内容新颖、具有实用性和可靠性。

分类：分为发明专利、实用新型专利和外观设计专利三种。

识别要素：专利号 = 国别代码（2位字母）+顺序号（7位数字）+法律状态码（1位字母）、中国专利公开号、公布号及专利申请号。

标注方式：专利名称．发明人．专利权人．专利号．专利公布日期．总页数．

⑦ 标准文献：是技术标准、技术规格和技术规则等文献的总称。它们是记录人们在从事科学试验、工程设计、生产建设、商品流通、技术转让和组织管理时共同遵守的技术文件。

特点：标准文献能较全面地反映标准制定国的经济和技术政策，技术、生产及工艺水平，自然条件及资源情况等；能够提供许多其他文献不可能包含的特殊技术信息；是准确了解该国社会经济领域各方面技术信息的重要参考文献。它们具有严肃性、法律性、时效性和滞后性。

分类：标准文献按内容划分有基础标准、产品标准、方法标准、安全卫生标准等；按成熟程度划分有法定标准、推荐标准、试行标准；按使用范围划分有国际标准、区域标准、国家标准、行业标准和企业标准等。

识别要素：标准级别、标准名称、审批机构、标准号、颁布时间和实施时间等。

标注方式：标准号．标准名称．版次．页数．价格代码．技术委员会编号．

⑧ 政府出版物：是指各国政府部门及其设立的专门机构发表、出版的行政性文件（如法令、座谈会政策、统计资料等）和科技文献（包括政府所属各部门的科技研究报告、科技成果公布、科普资料及技术政策文件等）。

特点：具有正式性、权威性的特点，内容可靠，它与国际国内政治经济形势密切相关，对于了解一个国家科技政策、经济政策以及科技活动和水平，具有一定的参考价值。

分类：分为行政性文献和科技文献。行政性文献（包括立法、司法文献）主要有政府法令、方针政策、规章制度、决议、指示、统计资料等，主要涉及政治、法律和经济等方面。科技性文献主要是政府部门的研究报告、标准、专利文献、科技政策文件、公开后的科技档案等，有些研究报告在未列入政府出版物之前已经出版过，与其他类型的文献有重复。政府出版物的公开部分一般可以从出版该书或政府网站上免费获取。

⑨ 科技报告：又称研究报告或技术报告，是科学技术工作者围绕某个课题研究所取得的成果的正式报告，或对某个课题研究过程中各阶段进展情况的实际记录。目前，国际上较著名的科技报告是美国政府的四大报告，即 PB 报告、AD 报告、NASA 报告和 DOE 报告。

特点：内容新颖、详细、专业性强、出版及时、传递信息快、

第二章 信息与信息资源

每份报告自成一册，有专门编号，发行范围控制严格，具有保密性，不易获取原文。

分类：按时间划分为初期报告、进展报告、中间报告、终结报告；按流通范围划分为绝密报告、机密报告、秘密报告、非密限制发行报告、公开报告和解密报告。

识别要素：报告名称、报告号、研究机构、报告来源、完成时间。

标注方式：著者姓名，报告篇名，报告类型，报告号，收藏单位的入藏登录号，提供报告的团体机构名称，地址，出版时间。

⑩产品资料：是指各国厂商为推销产品而出版发行的各种商业性宣传资料，如公司介绍、产品目录、样本、说明书等。产品目录包含产品生产制造商、供应商、出口商名录、并含有丰富的产品行业信息；样本是由商家策划、专人设计、随产品投放市场一起提供给消费者的宣传广告册，是目前为生产厂家广泛采用的一种商业促销手段。产品说明书是对一种产品的性能、规格、构造、用途、使用方法等所作的说明。

特点：其内容主要是对产品的规格、性能、特点、构造、用途、使用方法等的介绍和说明，所介绍的产品多是已投产和正在行销的产品，反映的技术比较成熟，数据也较为可靠、内容具体、通俗易懂，常附较多的外观照片和结构简图，形象、直观，但产品样本的时间性强，使用寿命较短，且多不提供详细数据和理论依据。大多数产品样本以散页形式印发，有的则汇编成产品样本集，还有些登载于企业刊物、外贸刊物中。

⑪档案文献：指各级政府机构、企事业单位和某些个人在实践工作中形成立卷归档、集中保管、有历史价值的，文字、图表、声像等形态的原始文献资料，它是科技、政治、经济、历史的真实记录，是科技工作者进行科研的重要参考资料。

特点：档案一般为内部使用，不公开发行，有些有密级限制，因此，在参考文献和检索工具中极少使用。

分类：从档案形成领域的公、私属性角度，可划分为公务档案和私人档案；从档案形成时间的早晚以及档案作用的角度划分为历史档案和现行档案；从档案内容属性角度划分为文书档案、科技档案、人事档案和专门档案等。

第三章　信息检索原理及技术

第一节　信息检索

在当今社会中,信息像我们呼吸的空气、喝的水一样重要,它与物质、能源并列成为世界的三大要素。信息检索,就是从浩如烟海的信息海洋中查找所需信息的过程。它不仅是一种技能,而且已发展成为一门学科。从初期的手工检索到计算机检索、再发展到现在的网络化信息检索,现代信息检索已成为一个独立的领域。而在这个信息时代中,无论是学生、教师还是科研工作者,甚至工人和农民,都需要了解信息检索的理论与技术,熟练掌握信息检索的技能,这是信息时代对每个公民基本素质的必然要求。

一、信息检索的含义

信息检索通常是指从以任何方式组成的信息集合中,查找特定用户在特定时间和条件下所需信息的方法和过程。

二、信息检索的原理

广义的信息检索就是指利用计算机存储和检索的过程。包括以下两个部分的内容:

（1）信息标引和存储过程　将收集到的原始文献进行主题概念分析，并根据一定的检索语言抽取出主题词、分类号以及文献的其他特征进行标识或写出文献的内容摘要，然后再把这些经过处理的数据按一定格式输入计算机存储起来，计算机在程序指令的控制下，对数据进行处理，形成机读数据库，完成数据的加工存储的过程。

（2）信息的需求分析和检索过程　用户对检索课题加以分析，明确检索范围，弄清主题概念，然后运用系统检索语言来表示主题概念，形成检索标识及检索策略，输入到计算机中进行检索的过程。计算机按照用户的要求将检索策略转换成一系列提问，在专用程序的控制下进行高速逻辑运算，选出符合要求的信息输出。计算机检索过程实际上是一个比较、匹配的过程，检索提问只要与数据库中的信息特征标识及逻辑组配关系相一致，就属"命中"，即找到了符合要求的信息检索结果。

三、信息检索的类型

由于用户的信息需求多种多样，信息检索技术也在不断发生变化，进而产生了多种类型的信息检索。

（1）根据检索的内容和查找的对象　信息检索可分为数据检索、事实检索、文献检索、全文检索、图像检索和多媒体检索。

数据检索：以数值形式表示检索内容的信息检索。其检索系统中存储有大量数据，以便检出专门的数字资料，这种专门的数据经过专家的测试、评价及筛选，用户检索到的各种数据可直接使用或进行定量分析。

事实检索：以文献中抽取的事实为检索内容的信息检索。其检索系统中存储有从各种原始信息资料中检出的特定事实材料，一般为事物的性质、定义、原理与事件发生的地点、时间及因果关系等。

文献检索：以文献线索为检索对象。检索系统一般为书目、索

第三章　信息检索原理及技术

引、文摘等二次文献。它们是对文献的外部表征与内容特征的描述，信息用户通过检索获得的是与检索课题有关的一系列文献线索，然后通过阅读决定取舍。相对于后面的几种检索方式而言，文献检索是产生较早的检索类型。

全文检索：以原始文献中所含的全部信息作为检索内容的信息检索。即是以文献全文作为检索内容的信息检索。检索的内容可以是全文，也可以是部分内容，并可进行各种频率的统计和内容分析，它通常用自然语言表达检索课题。全文检索是现代信息检索的发展方向，它与文献信息检索最根本的区别是它对文献进行最全面的描述。

图像检索：以有关人、事、物的形象，包括图像和图文信息为检索内容的信息检索。它利用计算机数据库存储信息图像，检索系统在辅助教学、科研、医疗诊断、参观导游以及各种宣传广告方面发挥着重要的作用。

多媒体检索：通常是以文字、图像、数据和声音为检索内容的信息检索。这种多媒体数据库存储与检索技术发展十分迅速，它可以对数据库中的文字、图像、动画等信息进行实时集成处理。

(2) 根据信息检索手段划分　手工信息检索和机器（计算机）信息检索。

手工信息检索：利用各种印刷型检索工具书及检索刊物来查找所需信息的一种方式，这是一种传统的检索方式，具有广泛的适应性、方便性及灵活性，其缺点在于检索速度慢、效率低、不易查全、不能实现资源共享。

计算机信息检索：利用计算机及网络来处理和查找信息的现代化信息检索方式，现已成为信息检索的主流。

(3) 根据检索要求区分　信息检索分为强相关检索和弱相关检索。

(4) 按照检索的运行性质　信息检索分为定题检索和回溯

检索。

（5）按照检索的信息形式　信息检索分为文本检索和多媒体检索。

四、信息检索方法

信息检索的方法很多，分别适用于不同的检索目的、检索要求和检索环境与条件。具体的研究方法也都是针对传统的文献检索而言的。具体的选择哪种检索方法，是由客观情况和条件的限制而决定的，归纳起来常用的检索方法主要有：工具法、引文追溯法和循环法。其中工具法又分为顺查法、倒查法和抽查法。在这里，具体内容不做详细介绍。

五、信息检索工具

信息检索工具是用来存储、报道和检索文献线索的工具，具有存储和检索两个基本功能，存储过程是使信息由分散到集中的过程，即将无序的一次文献整理加工成有序的二次文献的过程；检索过程是按照一定的检索方法，查找所需要文献线索的过程。信息检索工具的类型按照不同的标准划分不同的类型，最常见的有以下三种划分方式。

（1）按照著录的内容划分　可以分为目录、题录和文摘三种类型。

目录：是以一个完整的出版单位或收藏单位为著录范畴。目录所揭示的出版物是编制目录的单位所拥有，并且不反映文献内容，具有及时、数量较大等特点。目录的种类很多，对于文献检索来说，主要有国家书目、联合目录、馆藏目录、专题文献目录等。

题录：是对文献外部特征的记载和描述，用于查找单篇文献。大多按篇报道，著录项目比较简单，一般只有篇名、著者、出版项等，不反映本馆实际收藏。主要是指一些新刊题录和题录刊物。

文摘：是在题录的基本上发展起来的，其内容除题录信息外，还有以简明扼要的文字来描述文献的主要内容和原始数据，向读者报道最新的研究成果，传递文献信息和查找文献线索。文摘型检索工具有指示性文摘、报道性文摘、评论性文摘等；索引型检索工具有主题索引、分类索引、著者索引等。

（2）按照处理信息的手段来分　可分为手工检索工具和计算机检索工具两种。手工检索工具是指用手工方式来处理和查找文献信息的一切工具，如卡片目录等；计算机检索工具是指借助于计算机等技术手段进行信息检索的工具，如计算机检索系统、国际联机检索系统等。

（3）按照报道的学科内容范围划分　信息检索工具可分为包含多学科的综合性检索工具和单学科的专业性检索工具。

六、信息检索步骤

七个步骤：分析研究课题—选择检索系统/数据库—确定检索标识—编制检索提问式—确定检索途径—查找文献线索—获取原始文献。

（1）分析研究课题　分析课题的研究目的，明确检索要求，掌握与课题有关的基本知识、名词术语以及需要检索的文献范围（包括文献类型、所属学科、时间年代、语言种类等）。

（2）选择检索系统/数据库　根据课题分析所确定的学科范围和文献范围，选择合适的检索系统/数据库。

（3）确定检索标识　确定检索系统或数据库后，根据不同检索系统的要求，利用主题词表、分类表、索引指南等进行标引，确定检索标识。

（4）编制检索提问式　检索提问式是信息检索中用来表达用户检索提问的逻辑表达式。一般一个课题需要用多个检索词表达，并且将这些检索词用一定的方法确定关系，以完整表达一个统一的检索要求。常用的检索词间的关系采用逻辑运算符、位置运算符等方法表示。

（5）确定检索途径　检索途径的选择应根据课题的已知条件和检索系统/数据库的结构等几个方面综合考虑，常用的检索途径有主题/关键词途径、分类途径、作者途径、代码途径和来源途径等。

（6）查找文献线索　按照确定的检索标识和检索途径，利用检索系统/数据库的检索界面，进行文献检索。在检索过程中，要根据查找的具体情况不断分析，调整检索标识和检索途径，直到满意为止。

（7）获取原始文献　对检索到的文献线索进行研究和筛选，如果检索系统提供了原始文献，可以直接根据链接找到原文；如果检索系统只提供摘要，则可以根据文摘、题录等提供的文献来源，向文献收藏单位获取原始文献（多数图书馆都提供文献传递的服务）。

第二节　信息检索语言和工具

所谓的信息检索语言就是信息组织与信息检索时用的语言。信息资源在存储过程中，其内部特征（分类、主题）和外部特征（书名、刊名、题名、作者等）按照一定的语言习惯来表达，检索文献的提问也按照一定的语言习惯来表达，为了使检索文献过程快速、准确，检索用户与系统需要统一的标识系统，这种在文献的存储和检索过程中，共同使用、共同理解的统一标识，就是检索语言。

一、信息检索语言的作用

信息检索语言的作用表现在两个层次上，示意如下：

第三章 信息检索原理及技术

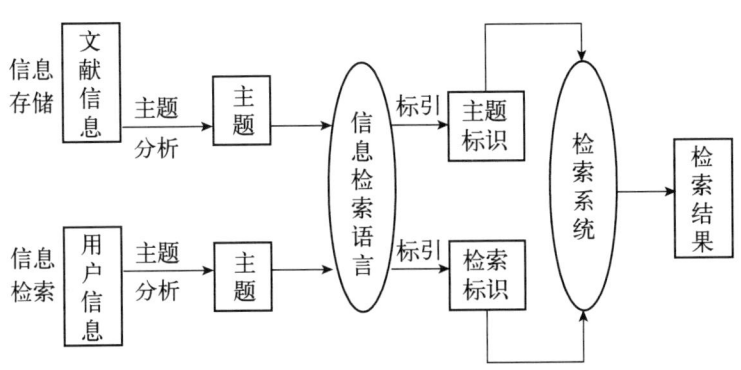

二、信息检索语言的种类和工具

检索语言主要分为分类检索语言和主题检索语言。

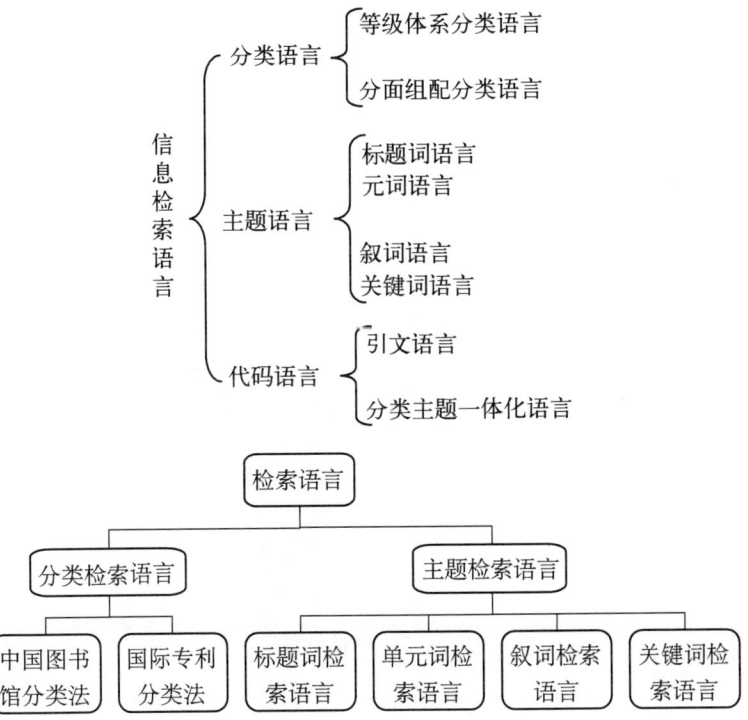

（1）分类检索语言　分类检索语言是以学科为基础按类分等级编排的一种直接体现知识分类等级概念的标识语言，一般以字母和数字作为标识。著名的分类检索方法有《中国图书馆图书分类法》《杜威十进制分类法》《美国国会图书馆图书分类法》和《国际专利分类法》等。下面简要介绍具有代表性的两种。

①中国图书馆分类法：简称中图法，是我国图书馆和情报部门普遍使用的一部综合性的分类法。它将图书分为5个基本部类，22个基本大类。分类如表3.2.1。

表3.2.1　中国图书馆分类法简表

5个基本部类	分类法	22个基本大类
马克思主义、列宁主义、毛泽东思想、邓小平理论	A	马克思主义、列宁主义、毛泽东思想、邓小平理论
哲学、宗教	B	哲学、宗教
社会科学总论	C	社会科学总论
	D	政治、法律
	E	军事
	F	经济
	G	文化科学、教育、体育
	H	语言、文字
	I	文学
	J	艺术
	K	历史、地理
自然科学	N	自然科学总论
	O	数理科学和化学
	P	天文学、地球科学
	Q	生物科学
	R	医药、卫生
	S	农业科学
	T	工业技术
	U	交通运输
	V	航空、航天
	X	环境科学、安全科学
综合性图书	Z	综合性图书

第三章 信息检索原理及技术

在 22 大类基本大类（一级类目）下，又根据各类知识学科的性质，逐级划分下级类目；二级以下类目采用拉丁字母和数字混合编制，例如：

G 文化、科学、教育、体育（一级类目）
 G4 教育（二级类目）
  G42 教学理论（三级类目）
   G423 课程论（四级类目）
    G423.1 教学计划（五级类目）

再如：工业技术内容丰富，T 类又分为 TB、TD 等 16 个类，分类如表 3.2.2。

表 3.2.2 T 类细分

类号	内容	类号	内容
TB	一般工业技术	TL	原子能技术
TD	矿业工程	TM	电工技术
TE	石油、天然气工业	TN	无线电电子学、电信技术
TF	冶金工业	TP	自动化技术、计算机技术
TG	金属学与金属工艺	TQ	化工工业
TH	机械、仪表工艺	TS	轻工业、手工业
TJ	武器工业	TU	建筑科学
TK	能源与动力工程	TV	水利工程

又如：
TP 自动化技术、计算机技术
 TP3 计算技术、计算机技术
  TP39 计算机的应用
   TP391 信息处理（信息加工）
    TP391.1 文字信息处理
     TP391.12 汉字处理系统

了解中图分类法的编制，有助于我们从科学的角度查询信息，在确定信息所属的主要和重要学科或专业的范围时，要将被确定的学科或专业范围在分类表中从大类到小类，从上位类到下位类，层层缩小查找范围，直到找出课题相关类目及分类号为止。

目前，教师、学生、科研人员等，在撰写完论文的投稿；学位论文等、诸多地方都要用到中图分类法来查询自己的学术成果所属的类别，标注出分类号；在图书馆的各大阅览室中，若想方便快捷地查找到自己所需要的图书，知道了分类号，到所在架位马上就能找到所要的图书；在数据库的检索中，若对分类号比较熟悉，可以用这一检索途径进行检索。

注：中国图书馆图书分类法详表附后。

②国际专利分类法：为便于检索专利，世界各国建立了各种各样的专利分类体系，如美国、日本及欧洲专利局均拥有自己的分类体系。国际专利分类法（International Patent Classification，IPC）是目前国际上占主导作用的专利分类法，也是专利文献检索的重要的检索字段之一。国际专利分类法体系由部、大类、大组、小组等部分组成，该体系把整个学科分为八个部，部的类号用字母 A-H 表示，如表 3.2.3。

表 3.2.3　IPC 分类表的八个部

类号	内容
A 部	人类生活必需
B 部	作业；运输
C 部	化学；冶金
D 部	纺织；造纸
E 部	固定建筑物
F 部	机械工程；照明；加热；武器；爆破
G 部	物理
H 部	电学

每个部又分为若干大类，每个大类又分为若干小类……直至最细的复分类为止，下面介绍 A 部的某一小组的细分。

A：部，人类生活必需

A01：大类，农业；林业；畜牧业；打猎；诱捕；捕鱼

A01B：小类，农业或林业的整地；一般的农业用机械或工具

的部件、零件或附件

A01B1/00：大组，手动工具

A01B1/16：小组，除杂草根的工具

（2）主题检索语言　主题检索语言是根据信息内容的主题特征来组织排列信息的语言，它以词语作为检索标识，按字顺排列。著名的主题检索语言有《汉语主题词表》、Subject Headings for Engineering（简称 SHE，EI 数据库的配套词表）。

主题检索语言又可分为标题词检索语言、单元词检索语言、叙词检索语言和关键词检索语言等。

①标题词检索语言是指采用规范化名词术语表示文献的内容概念，以事物或过程为中心，收集有关文献信息，按标题词的字母顺序编排和进行检索的一种检索语言。

②单元词检索语言又叫元词检索语言，是以单元词作为文献内容的标识和检索依据的主题语言。所谓单元词，是指从自然语言中选取，经过规范化处理，具有独立概念的最基本的词汇单位，即在字面上不能再分的名词术语。

③叙词检索语言又称主题词检索语言，是指以叙词（即主题词）作为文献内容的标识和检索依据的主题语言，是目前使用最广泛的主题语言。所谓叙词，是指从自然语言中优选出来并经过规范化处理的名词术语。

④关键词检索语言是指将文献原来所有的能描述其主题概念的那些关键性词语抽出，不加规范或作少量规范化处理，按字顺排列，以提供检索途径的主题检索语言。所谓关键词是从文献内容或文献篇名中直接选取的名词术语。

第三节　信息检索技术

一、确定检索系统

根据对检索课题的分析，明确课题的检索范围和要求之后，就要选择合适的检索系统。

选择检索系统需要考虑以下三个方面的因素。

一是明确检索课题的具体要求，包括所需要的学科、主题范围，对语种、年代、资源类型和要求以及对查全、查准、查新方面的具体要求。

二是要考虑检索系统的类型和性能，包括其收录的范围、报道内容及倾向、可获得性、存储年限、更新周期、所具有的检索功能等方面。

三是要考虑检索者对检索系统的熟悉程度。

综合上述三个方面的考虑因素，选择匹配性最佳的检索系统。

二、选择检索途径

信息检索与信息存贮是互逆的过程，存贮在检索工具和系统中的数据，有些著录项或标引字段是可以提供检索的，这些著录项或标引字段就是检索的入口。常用的检索途径有分类途径、主题途径、著者途径、题名途径、号码途径、时间途径等。若检索要求泛指性强，所需要文献范围较广，则适宜选择分类途径；若检索要求专指性强，所需文献范围比较专深，则适宜选择主题途径；若事先知道文献著者、题名、分子式等条件，则可以利用著者途径、题名途径、分子式途径等进行检索。

分类途径是指按文献内容的学科分类体系查找文献的途径。在计算机检索系统中，把文献按分类聚类，通过层层点击进行检索或者利用系统提供的分类号进行检索。

主题词/关键词途径是指按表达文献主题内容的主题词或关键词作为标识查找文献的途径。计算机检索系统多数都提供此途径，输入某一主题词或关键词，可检索出文献标题、文摘或正文中包含该主题词或关键词的文献。

题名途径是根据文献的标题或名称，包括书名、刊名、篇名等来查找文献的途径。

著者/作者途径是根据已知文献著（编、译）者的名称查找文献的途径。

号码途径是指根据代码，如标准号、专利号、ISSN 号等查找文献的途径。

时间途径是指以文献发表的时间范围查找文献的途径。

代码途径是指利用事物的某种代码编成的索引来查找文献的途径，如分子式等。

总之，在实际的检索过程中，应注意检索系统所提供的检索途径与功能，不拘于一种途径进行检索，可采用多种检索途径及交叉综合，以提高检索结果的质量。

三、检索词的确定

检索词是表达文献信息需求的基本元素，也是计算机检索系统中进行匹配的基本单元，恰当的检索词是标准的、专业的叙词或主题词等专业术语。在计算机信息检索系统中，虽然各数据库提供给用户的检索界面其检索功能各不相同，但比较通用的有浏览、简单检索和高级检索和专业检索等功能界面。

通常由检索词和各种逻辑算符、词间位置算符及系统规定的其他连接符号构成一个检索表达式。面对一个研究课题，不应该只从现有的课题名称中抽取检索词或词组，而应对课题名称进行分词、删除、替换、补充和组合，生成一个好的检索表达式，才能达到比较理想的检索效果。

分词：即是对课题包含的词进行最小单元的分割。

删除：对过分宽泛或过分具体的词、无实质意义的连词、虚词应予以删除。

替换：对表达不清楚或容易造成检索误差的词应予以替换。

补充：是将课题筛选出的词进行同义词、近义词、隐含词的扩充。

组合：把检索词用逻辑算符、词间位置算符、截词符号等连接组合成检索表达式。

调整：根据检索的结果，随时调整检索词和检索字段，以达到最佳检索效果。

例如：检索"超声波在污水处理中的应用研究"的相关文献。

分词：超声波 在 污水 处理 中 的 应用 研究。

删除：在、处理、中、的、应用、研究。

补充：污水的同义词"废水"。

组合：超声波 AND（污水 OR 废水）。

四、检索表达式的构造

检索表达式是指在计算机信息检索过程中用来表达用户检索提问的逻辑表达式，是由检索词和各种组配符号按照特定检索系统的语法规则组配连接在一起的形式。在数据库中的专业检索界面中，就需要检索者构建出专业的检索表达式。

1. 布尔逻辑检索

布尔逻辑组配算符是采用代数中的逻辑"与"、逻辑"或"、逻辑"非"等算符，指定文献标引词中必须存在的条件或不能出现的条件，凡符合布尔逻辑所规定条件的文献，即是命中文献，不符合的为非命中文献。

（1）逻辑"与"（AND，*） 若用逻辑"与"把检索项 A、B 组配起来，则逻辑式为"A AND B"或者"A * B"。这表示被检索的文献必须同时含有以上两个检索项才能被命中。

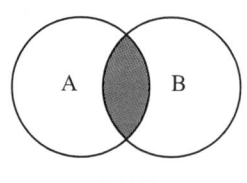

A AND B

（2）逻辑"或"（OR，+） 检索项 A、B 若用逻辑"或"组配，其逻辑式为"A OR B"或者"A + B"。这表示被检索的文献只要含有其中一个检索项或者同时含有这两个检索项,那么它将被命中。

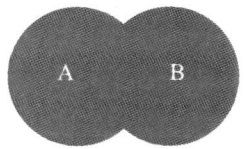

A OR B

(3)逻辑"非"(NOT,-) 检索项A、B若用逻辑"非"组配;则组成逻辑式"A NOT B"或"A-B"。这表示被检索文献在含有检索项A而不含有检索项B时才被命中。

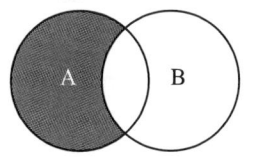

A NOT B

布尔逻辑检索在计算机检索中广泛采用,通常有两种执行方式,一是按照逻辑算符的优先级执行,一般是先逻辑非、再逻辑与、最后才是逻辑或的顺序执行。二是按逻辑算符排列的先后顺序来运算。到底采用哪种方式运算,各个数据库有所不同。

2. 截词检索

截词检索是利用检索词的词干或不完整的词形进行检索。截词检索是预防漏检提高查全率的一种常用检索技术,大多数系统都提供截词检索的功能。截词是指在检索词的合适位置进行截断,然后使用截词符进行处理,这样既可节省输入的字符数目,又可达到较高的查全率。尤其在西文检索系统中,使用截词符处理自由词,对提高查全率的效果非常显著。在截词检索技术中,较常用的是后截词和中截词两种方法。如果按所截断的字符数目来分,有无限截词和有限截词两种。截词算符在不同的系统中有不同的表达形式,需要说明的是并不是所有的搜索引擎都支持这种技术。

任意截词：是指检索词串与被检索词实现部分一致的匹配。常用"*"来表示一串字符，截断形式有前截词（后方一致）、后截词（前方一致）和中间截词。

（1）前截词　如以 * ology 作为检索提问，可以检索出含有 physiology、pathology、biology 等的文献。

（2）后截词　是指检索结果中单词的前面几个字符要与关键字中截词符前面的字符相一致的检索。具体包括：

① 有限后截词：主要用于词的单、复数，动词的词尾变化等。如 books 可用 book? 代表，其中截词符"?"（也称为通配符）可以用来代替 0 个或 1 个字符，因此，book? 可检索出包含有 book 或 books 词的记录；acid?? 可检索出含有 acid，acidic 和 acids 的记录。

② 无限后截词：主要用于同根词。如 solubilit 用 solub? 处理，可检索出含有 solubilize，solubilization，soluble 等同根词的记录。由此可知，在词根后加一个"?"，表示无限截词符号。如以 child* 作为检索提问，可以检索出含有 child、children、childhood 等词的文献。

（3）中间截词　中截词也称屏蔽词。一般来说，中截词仅允许有限截词，主要用于英、美拼写不同的词和单复数拼写不同的词。如 organi?ation 可检索出含有 organisation 和 organization 的记录。由此可知，中截词使用的符号为"?"，即用"?"代替那个不同拼写的字符。

从以上各例可知，使用截词检索具有隐含的布尔逻辑或（OR）的运算功能，可简化检索过程。

3. 词间位置检索

位置算符又称邻接算符（adjacent operators），适用于两个检索词以指定间隔距离或者指定的顺序出现的场合，比如，以词组形式表达的概念；彼此相邻的两个或两个以上的词；被禁用词或特殊符号分隔的词等。位置算符是调整检索策略的一种重要手段。按照两

第三章 信息检索原理及技术

个检索词出现的顺序和距离，可以有多种位置算符，而且对同一种位置算符，检索系统不同，规定的位置算符也不同。例如：Compendex 光盘数据库使用的位置算符"（N）"（表示其两侧的检索词必须紧密相连，除空格和标点符号外，不得插入其他词或字母，两词的词序可以颠倒）、"（F）"（表示其两侧的检索词必须在同一字段出现。例如：同在题目字段或文摘字段中出现，两词的词序可以颠倒）、"（S）"（表示其两侧的检索词必须在同一句子中出现，两词的词序可以颠倒）和"（W）"（表示其两侧的检索词必须紧密相连，除空格和标点符号外，不得插入其他词或字母，两词的词序不可以颠倒）等四种情况。

（1）(nW) 算符　表示两个检索词（关键词、主题词）中间可以插入"n"个词，但他们之间的顺序不能颠倒，允许有一空格或标点符号。

（2）(nN) 算符　表示两个检索词（关键词、主题词）中间可以插入"n"个词，且词序可以颠倒。

（3）(F) 算符　表示两个检索词（关键词、主题词）必须出现在同一个字段内，但两词的词序和中间插入的词数不限。

（4）(S) 算符　表示两个检索词（关键词、主题词）必须出现在同一个子字段内，但两词的词序和中间插入的词数不限。

注意：在不同的数据库中，位置算符检索功能及算符的表达形式会有所不同，应参照数据库的使用说明。

4. 字段限定检索

字段限定检索是指限定检索词在数据库记录中的一个或几个字段范围内查找的一种检索方法。在检索系统中，数据库设置的可供检索的字段通常有两种：表达文献主题内容特征的基本字段和表达文献外部特征的辅助字段。基本字段包括篇名、文摘、叙词、自由标引词四个字段。辅助字段包括除基本字段以外的所有字段。每个字段都有用2个字母表示的字段标识符（表3.3.1）。在DIALOG检索系统的命令检索模式中，使用字段限制检索时，基本字段用后缀表示，辅助字段用前缀表示。例如：computer and network/TI，DE，表示将检索式限定在篇名字段（TI）和叙词字段（DE）中；要查找著者 Smith D. 发表的文献，检索式可表示为 AU = Smith, D.。在多数检索系统中，如果用户不对检索式注明字段限定范围，系统会默认在四个基本字段中检索。常用的字段限定符有"="、"in"、"."、":"、","等，字段限定检索分为后缀方式和前缀方式两种。如后缀方式：apple in AB；前缀方式：AU = wang。

表 3.3.1　常见的字段名称、字段代码和字段的中文名称

字段名称	字段代码	字段中文名称
Title	TI	题名（篇名）
Subject	SU	主题词
keyword	KW	关键词
Author	AU	作者姓名
Author affiliation	AF	作者机构
abstracts	AB	文摘内容
Source	SO	文献来源
Publication year	PY	出版年代
langue	LA	语种
Address of author	AD	作者地址
Accession number	AN	记录存储号
Classification code	CL	分类号
Coden	CN	期刊代码
ISSN	IS	国际标准刊号

5. 加权检索

加权检索是某些检索系统中提供的一种定量检索技术。加权检索同布尔检索、截词检索等一样，也是文献检索的一个基本检索手段，但与它们不同的是，加权检索的侧重点不在于判定检索词或字符串是不是在数据库中存在、与别的检索词或字符串是什么关系，而是在于判定检索词或字符串在满足检索逻辑后对文献命中与否的影响程度。加权检索的基本方法是：在每个提问词后面给定一个数

值表示其重要程度，这个数值称为权，在检索时，先查找这些检索词在数据库记录中是否存在，然后计算存在的检索词的权值总和。权值之和达到或超过预先给定的阈值，该记录即为命中记录。运用加权检索可以命中核心概念文献，因此它是一种缩小检索范围提高检准率的有效方法。但并不是所有系统都能提供加权检索这种检索技术，而能提供加权检索的系统，对权的定义、加权方式、权值计算和检索结果的判定等方面，又有不同的技术规范。

五、检索策略的调整

检索策略就是在分析信息检索需求的基础上，选择恰当的数据库并确定检索途径和检索词，确定各词间的逻辑关系与检索步骤的一种计划或思想，它可以制定出检索表达式并在检索过程中随时修改和完善检索表达式。

从广义上讲，检索策略是指实现检索目标而制订的全盘计划和方案；从狭义上讲，是指检索表达式，因此，检索表达式是检索策略的综合体现。

在实际检索时，很难做到一次获得理想的检索效果。初次检索后，应及时分析检索结果是否与检索要求一致，如果不一致，则应对检索策略做相应的修改和调整，直至得到比较满意的结果。

（1）检索结果信息量过多的原因　对所选的检索词的截词截得太短，未加字段限定或限定太过宽泛，使用了过多的相关词或上下位概念词等。在这种情况下，就要考虑缩小检索范围，提高检索结果的查准率。调整检索策略的方法有：减少同义词与同族相关词；增加限制概念，采用逻辑"与"连接检索词；使用字段限定，将检索词限定在某个或某些字段范围；使用逻辑"非"算符，排除无关概念；增加语种限制以及缩短检索期限；调整位置算符，由松变严；将截词的词根变长或减少截词算符的使用。

（2）检索结果信息量过少的原因　选用了不规范的主题词或某些产品的俗称、商品名称作为检索词，同义词、相关词、近义词没有运用全,上位概念或下位概念没有完整运用,字段限定太多,逻辑"与"、"非"用得过多,检索概念专指度过高,数据库选择不当,前人研究较少等。这些情况要考虑扩大检索范围,提高检索结果的查全率,调整检索策略的方法有:选全同义词与相关词并用逻辑"或"将它们连接起来,增加网罗度;减少逻辑"与"和逻辑"非"的运算,丢掉一些次的或者太专指的概念;去除某些字段限制;增加上位概念;重新选择更合适的数据库;调整位置算符,由严变松;增加截词算符的使用。

(3)检索结果中误检率过高的原因　检索词本身的多义性,主题词分析错误,使用了不规范的缩写等。调整检索策略的方法有:对叙词进行相关的限定,如学科限定;提高用户分析课题的能力,确定核心检索词;尽量少使用全文字段检索;正确使用缩写词。

六、获取原文

通过以上的检索技术和检索步骤可获得符合检索要求的原始文献。一是从已购买的全文数据库中直接获取;二是向文献的收藏单位联系,通过馆际互借或文献传递获取原文;三是可直接向作者索取;四是利用提供流量计费下载的全文数据库网站获取;五是向出版发行单位购买等方式获取原始文献。

第四节　检索效果的评价

检索效果的评价主要是指信息检索的最终结果是否满足用户需求或满足程度如何。每个信息检索用户都希望高效率的检索,但实际检索时效率有时会比较低,因此,信息用户应对检索效果进行评价及分析,找出检索效果差的症结所在提高检索效率,对检索效果的评价是根据一定的评价指标对实施信息检索活动所取得的成果进行客观、科学的评价,以进一步完善检索工作的过程。

第三章　信息检索原理及技术

一、检索效果的评价指标

检索效果是指检索结果的有效程度，反映了检索系统的检索性能和检索能力。我们每提交一次检索，任何一个检索系统都会出现4个相关量，即：检出的相关信息量、未检出的相关信息量、检出的非相关量、未检出的非相关量。各相关量汇总于下表。

系统匹配性＼用户相关性	相关信息量	非相关信息量	合计
检出的信息量	a	b	a+b
未检出的信息量	c	d	c+d
合计	a+c	b+d	a+b+c+d

评价检索效果常用的指标有收录范围、查全率、查准率、漏查率、误检率、响应时间、用户负担和输出形式等，其中，查全率和查准率是最重要的、最常用的评价指标。

查全率（Recall Ratio）是指检索出的相关信息量与系统中的相关文献总量之比，又称"命中率"。是所需信息被检出程度的信息量指标。用"R"表示，其计算公式为：$R = a \div (a+c) \times 100\%$

漏查率（Omission ratio）是指未被检出的相关信息量与信息系统中的相关信息总量之比。是衡量漏查所需信息的程度指标。用"O"表示，其计算公式为：$O = c \div (a+c) \times 100\%$

查全率与漏查率是互补关系，即查全率相对高，则漏查率相对就低；查全率相对低，则漏查率相对就高。实际上由于检索系统的数据更新迅速、采用关键词进行特征标引等，作为用户不可能清楚系统中相关信息的实际数量，因此，查全率与漏查率实际上均为模糊的指标。

查准率（Precision ratio）是指检索出的相关信息量与检索出的信息总量之比，又称"相关率"，是衡量拒绝非相关信息的指标。用"P"表示，其计算公式为：$P = a \div (a+b) \times 100\%$

误检率（fall-out ratio）是指检索出的非相关信息量和检索出的信息总量之比，是衡量误检出非相关信息的程度指标，用"F"表示，其计算公式为：$F = b \div (a+b) \times 100\%$

查准率与误检率也是互补关系，即查准率相对高，则误检率相对就低；反之，查准率相对低，则误检率相对就高。

理想的检索结果是查全率和查准率都高，但这是难以实现的，只能趋近于高。在实际的检索中，查全率和查准率之间存在互逆相关性，当查全率趋近于100%时，查准率则相对会低。因此，若要提高查全率就会降低查准率，反之，若要提高查准率，查全率必然会降低。检索系统的任务就是要努力提高其检索效率，使查全率和查准率相对都尽可能地高，以达到检索的最佳效果。

二、影响检索效果的因素

影响检索效果的因素是多方面的，有客观方面的因素，也有主观方面的因素。归纳起来大概有以下几个方面。

（1）检索工具的质量　检索工具中存储的文献是否齐全，索引系统是否完善、标引过程中失误率、正确度、全面度、深度等诸多方面都直接影响检索结果的查全率和查准率。比如：检索系统存储文献不全、收录遗漏现象严重、索引的词汇缺乏控制、词表不够完善、词间关系含糊或不正确、标引内容不全、标引前后不一致、标引遗漏了原文重要的概念或用词不当等，都会降低查全率。如果检索系统中标引缺乏专指性、不能精确地描述文献主题，或组配规则不严密，或概念间关系描述不正确，或标引过于详尽等都会影响其查准率。

（2）检索语言与标引语言的一致性　文献信息检索是将检索标识与文献标识进行匹配比较的过程，为了达到二者的匹配一致，检索者使用的语言必须与文献标引语言一致，即必须使用检索工具中所采用的语言，否则就会达不到预期的效果，漏查率会增大。

（3）检索者的熟练程度　文献信息检索专业性很强，检索人员必须熟悉相关专业知识，才能准确分析课题，制定合适的检索策略，获得良好的检索效果。因此，检索者应该熟悉检索工具和检索方法，了解检索工具的收录范围和提供的检索途径，以便灵活处理各种情况，提高检索效率。

（4）检索策略的制定　在自然语言中存在大量的同义词和近义词、学名和俗称、新称和旧称、全称和简称、单数和复数，这些词必须视为与检索词的等同词，同时作为检索词使用，并且用逻辑"或"连接，才能保证查全率。自然语言中还存在着大量的一词多义，在检索过程中也需要考虑，不然会影响其查准率。用单一的词检索时会有较高的查全率和较低的查准率；用几个词同时进行组配检索，会有较高的查准率，而查全率会下降。正确的检索策略及检索表达式可以优化检索过程，有助于提高查全率和查准率，取得最佳的检索效果。

三、提高检索效率的措施

提高检索效率，一是要提高查全率和查准率，二是要降低漏查率和误检率。针对上述影响因素，提出如下几点措施。

（1）提高检索工具的编辑质量　力求做到收录文献齐全不遗漏，著录内容详细、准确、索引完善，用词恰当、规范，标引前后一致、正确全面。

（2）准确使用检索语言　用户使用的检索标识必须与检索工具中的检索标识采用相同的语言，才会命中所需文献。因此，用户所用的检索语言应能准确表达信息需求。采用泛指性强的检索概念，如上位分类号、上位主题以及相关主题词能提高查全率；采用专指性强的检索概念，如下位分类号、下位主题词以及经组配后的专指检索词，能提高查准率。

（3）提高检索者的检索水平，制定最优检索策略　首先要全面了解现有的、可得用的检索工具，根据需要，准确地选择检索工具；其次是充分利用现有检索工具和相关的网络资源信息，熟练掌握计算机检索技能，必要时辅以其他检索手段，以达互补之功效；三是尽量全面准确地表达检索要求，即为实现检索目标制定出全盘计划和方案，并根据试检索结果相应地调整检索策略；第四是要会对最新发表的文献，扩大检索范围。比如：利用有关学科的核心期刊查找最近的文献，利用参考文献追寻重要的参考资料，不仅可以弥补检索工具的不足，还可以随时参阅，以便准确判断所需的相关文献，扩大检索范围，获取宝贵的文献信息资源；充分利用好学位论文、会议论文、专利文献和学术论文集等重要的参考资料；利用好相关文献的引文检索等。上述诸多方面，都将影响检索结果的效率。

第四章　数据库资源检索

第一节　书生数字图书馆

书生数字图书馆是以书生全息数字化技术为核心而建立的一个全球性网上开架书报刊交易平台和中国信息资源电子商务平台，集成了图书、期刊、报纸、论文等各种出版物的（在版）书（篇）目信息、内容提要、精彩章节、全部全文。提供全文、标题、主题词等十种数据库检索功能以及 CN-MARC 格式数据套录功能。

一、系统登录

进入各大学图书馆主页（如东北农业大学图书馆主页，http://www.lib.neau.edu.cn/，在"资源检索"栏目中点击"图书"中的"书生数字图书馆"即可进入该电子图书数据库的主页面）。各图书馆栏目内容设置有所差异，但很容易找到，并进入数据库进行检索。

二、下载、安装书生阅览器 7.1

在书生数字图书馆登录界面上即可找到 下载阅读器 ，点击下载、安装阅览器。

三、书生阅读器使用方法

（一）书生阅读器界面菜单栏介绍

菜单栏位于窗口的顶部，包括文件、查看、视图、工具、收藏、帮助六项菜单。如图4.1.1所示。

图4.1.1 菜单栏

1. "文件"菜单

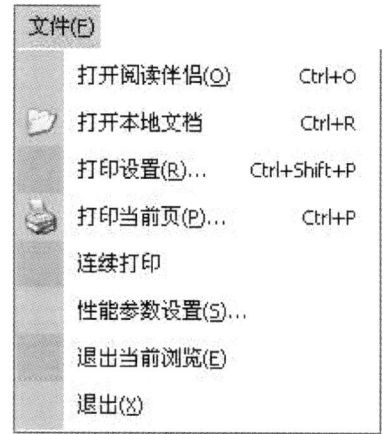

2. "查看"菜单

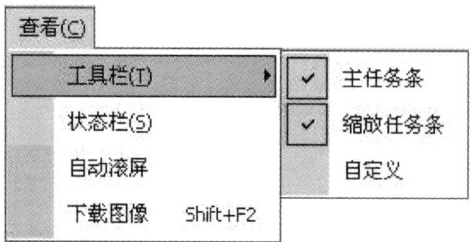

工具栏包括主任务条（图4.1.2）和缩放任务条。

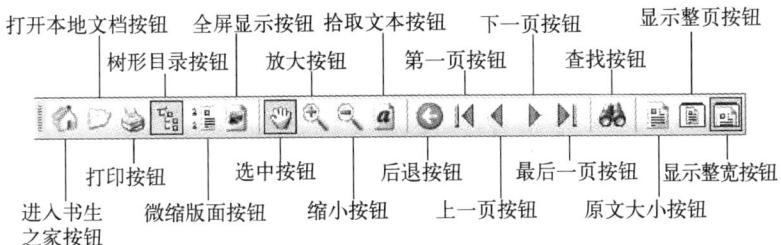

图4.1.2　主任务条及功能

缩放任务条 所有控件包括：直接放大按钮、直接缩小按钮、缩放比例下拉列表。

直接单击缩放任务条按钮以调整版面显示比例。

直接在缩放比例下拉列表选择调整版面显示比例。

3."视图"菜单

4. "工具"菜单

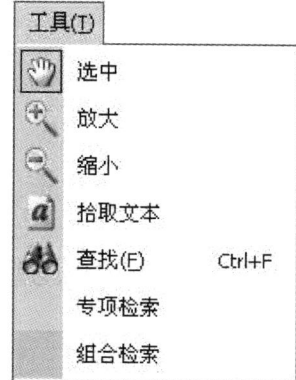

5. "收藏"菜单

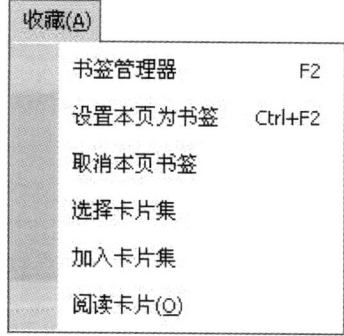

6. "帮助"菜单

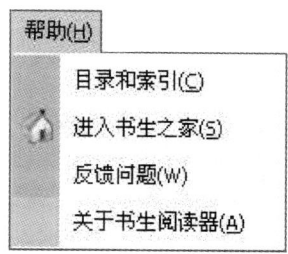

第四章　数据库资源检索

（二）书生阅读器常用功能介绍

1. 顺序阅读/自动换栏/自动转版/导读标志

不用人工干预即可自动找到下一屏或上一屏的版面，能够自动换栏、自动转版，还提供导读标志，为长文件的阅读带来了极大的便利。

2. 树形目录/栏目导航

独有的书内四级目录导航，由目录直接超链接到目录所对应的页面上，非常灵活、便捷。导航功能把信息按栏目或章节有序化，使读者可逐级检索所需内容，增强了检索的目的性和准确性，避免了"垃圾检索"。注意：双击导航与正文分割栏可以显示或隐藏树形目录。

3. 微缩版面

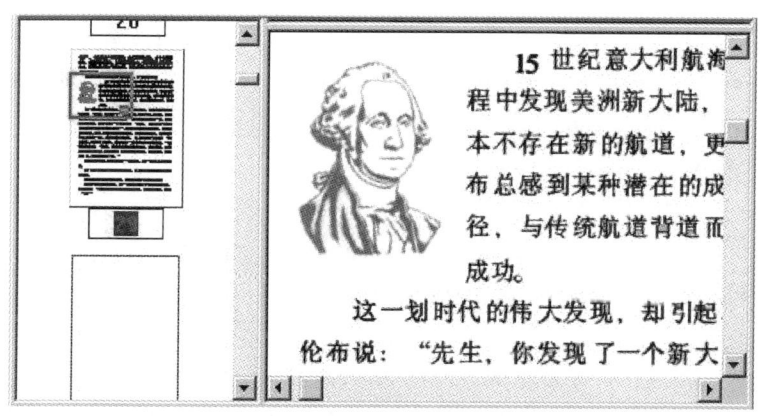

4. 全屏显示

方法1：在菜单栏上选择"视图→全屏显示"。

方法2：单击鼠标右键（在弹出的悬浮菜单上）选择"全屏显示"。

方法3：单击状态栏上的"全屏显示"按钮，版面即按全屏显示。

5. 翻页功能

方法1：选择"视图"菜单中的"第一页"、"上一页"、"下一页"、"最后一页"、"后退"命令即可转向指定版面。

方法2：单击主任务条上的相应按钮以完成同样操作。

方法3：使用键盘上的 CTRL + HOME、CTRL + END、PAGEUP、PAGEDOWN、BACKSPACE 以转向指定版面。

方法4：单击鼠标右键（在弹出的悬浮菜单上）选择相应命令以转向指定版面。

方法5：选择"视图"菜单中的"转到第…页"命令或使用键盘上的 INSERT 或单击屏幕底部状态栏中的第二个按钮 `49/126` ，弹出"转至…"对话框，输入版号后即可转向指定版面。

6. 缩放功能

方法1：使用键盘上的"+"、"-"键以调整版面显示比例。

方法2：选择"视图"菜单中的"原文大小"、"显示整页"、"显示整宽"命令或单击主任务条上的相应按钮以调整版面显示比例。

方法3：选择"工具"菜单中的"放大"、"缩小"命令或单击主任务条上的相应按钮以调整版面显示比例。光标变为放大镜或缩小镜后，每单击版面一次，版面就会放大或缩小一次。

方法4：选择"视图"菜单中的"自定义比例"命令，自定义版面显示比例。

方法5：直接单击缩放任务条按钮以调整版面显示比例。

方法6：选择缩放任务条上的缩放比例以调整版面显示比例。

7. 拾取文本

对于全息版数据，可以直接从版面上摘录文字。

对于扫描版数据做 OCR 时，可以做整页识别，可以连续多次拉框识别。

（1）全息版数据拾取文本

操作步骤如下：

第四章　数据库资源检索

①在菜单栏上选择"工具→拾取文本"或在主任务条中选中拾取文本按钮，此时光标变为"I"形式。

②在正文版面上拖动鼠标拾取文本，被拾取的文本显示成蓝色，被拾取的文本会被自动复制到系统剪贴板上。

（2）扫描版数据拾取文本

操作步骤如下：

①在菜单栏上选择"工具→拾取文本"或在主任务条中选中拾取文本按钮，此时光标变为"I"形式。

②在正文版面上，按下鼠标左键开始选择拾取区域起点，拖拽鼠标选择拾取区域，松开鼠标左键结束选择拾取区域。

③松开鼠标左键后，识别结果将显示在"识别结果"窗口中。

④单击"复制"按钮，识别结果将被复制到系统剪贴板上。

⑤单击"保存"按钮，识别结果将被保存在选定的文本文件中。

8. 下载图像

操作步骤如下：

（1）在菜单栏上选择"查看→下载图像"。注意：此时光标变为图像截取状。

（2）在当前（正文）版面中，按下鼠标左键开始选择下载区域起点，拖拽鼠标选择下载区域，松开鼠标左键结束选择下载区域。

（3）当光标重新变为手形光标时，表明下载区域已经选择成功。选定区域的图片已经自动复制到系统剪贴板上。

9. 自动滚屏

可以在整个文档内自动滚屏，单击鼠标右键可以停止与启动。

操作步骤如下。

（1）在菜单栏上选择"查看→自动滚屏"或单击鼠标右键（在弹出的悬浮菜单上）选择"自动滚屏"或单击状态栏上的"自动滚屏"按钮，版面即根据设置的速度开始自动滚动。

（2）在菜单栏上选择"查看→停止滚屏"或单击鼠标右键（在弹出的悬浮菜单上）选择"停止滚屏"或单击状态栏上的"停止滚屏"按钮，版面即停止自动滚动。

10. 自定义菜单和工具栏

可以方便地自定义菜单和工具栏（图4.1.3、图4.1.4），以便更好地满足您的需要。

（1）在菜单或工具栏上点击鼠标右键，执行右键菜单的"自定义"命令，打开自定义设置窗口，即可进行菜单和工具栏的个性化设置，而不必再拘泥于标准设置。

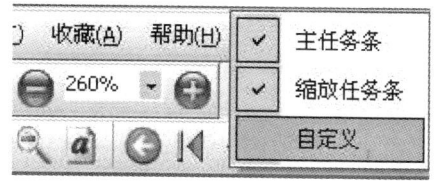

图4.1.3　自定义菜单

（2）工具栏（包括主任务条和缩放任务条）可以显示也可以隐藏。您可以从其当前位置拖开它，重新定位与主菜单栏上或者将其拖到文件窗口中，使其成为浮动板块。

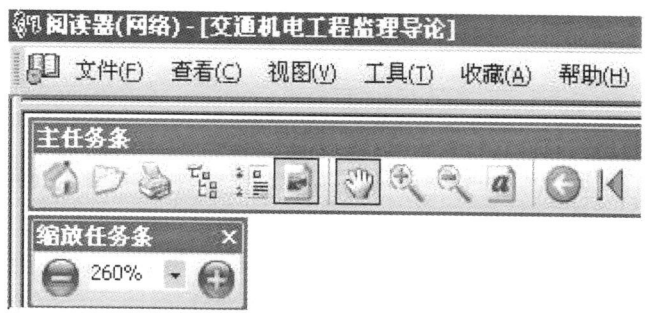

图4.1.4　工具栏

（3）可以通过自定义菜单以显示最近使用过的命令的简短列表，来适应您的个人工作风格。经过短暂延迟后，显示所有命令。可以根据需要更改该选项的默认设置。

可以调整一级菜单的显示顺序（图4.1.5）。

(4) 可以自定义菜单的显示效果。一般、阴影；可以自定义菜单的动画效果：一般、展开、滑动。

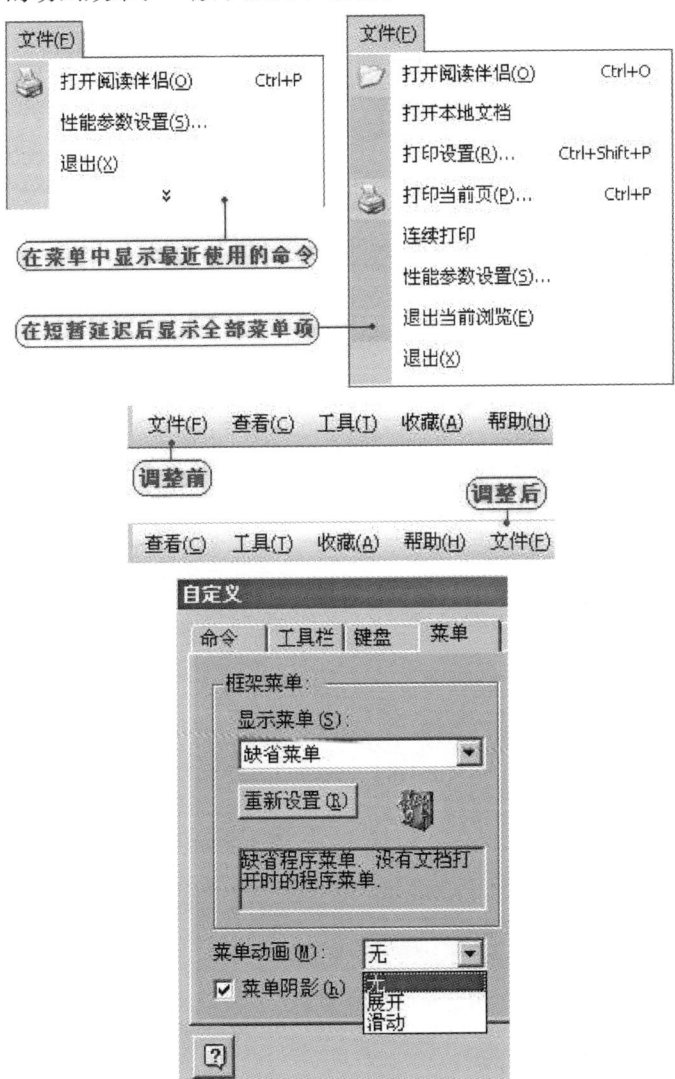

图 4.1.5　菜单调整

(5)可以指定菜单命令对应的热键。可以通过自定义热键，使操作更为便捷（图4.1.6）。

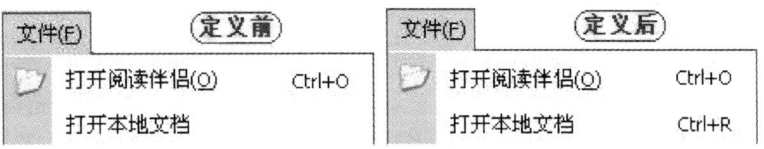

图4.1.6 菜单自定义热键调整

(6)查看或隐藏工具栏。第一次启动时，会出现菜单栏和标准工具栏。可以根据您的喜好，显示更多的工具栏或隐藏不需要的工具栏（图4.1.7）。

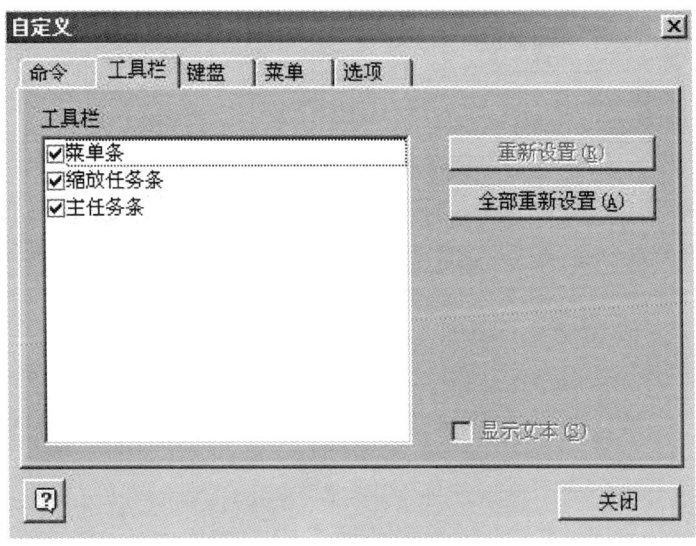

图4.1.7 查看或隐藏工具栏

11. 读书卡片

读书卡片可以用于保存书刊中重要的片段或编写书评。主要功能包括选择卡片集、加入卡片集、阅读卡片。

（1）选择卡片集　指选择一个已经存在的读书卡片集文件。

（2）加入卡片集　指将拾取文本加入读书卡片集。

可以将拾取文本保存为读书卡片，加入到读书卡片集中。

可以随意选择读书卡片集文件的保存路径。

可以随意命名读书卡片的名称（图4.1.8）。

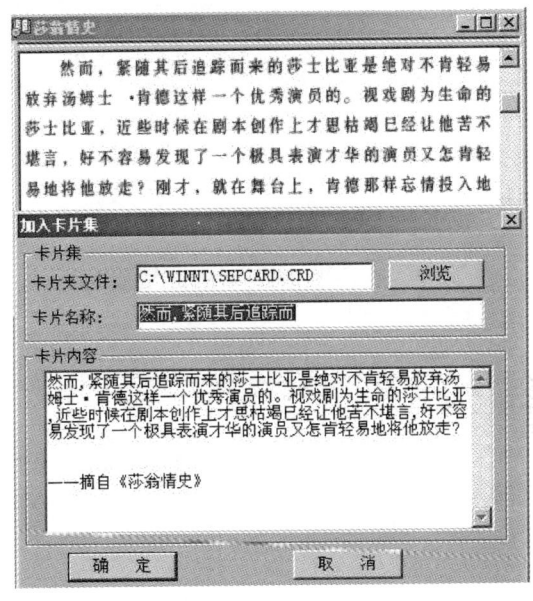

图 4.1.8　读书卡片

操作步骤如下：

①拾取一段文本。

②在菜单栏上选择"收藏→加入卡片集"。

③在弹出的"加入卡片集"窗口中，在"卡片集"区域中，在"卡片夹文件"文本框中输入读书卡片集文件的保存路径或单击"卡片夹文件"文本框右侧的"浏览"按钮，在弹出的"请选

择卡片集"窗口中,选择读书卡片集文件的保存路径;在"卡片名称"文本框中输入读书卡片的名称;在"卡片内容"文本框中输入书评(默认内容为拾取的文本)(图4.1.9)。

④单击"确定"按钮,回到主界面,即完成卡片集的加入。

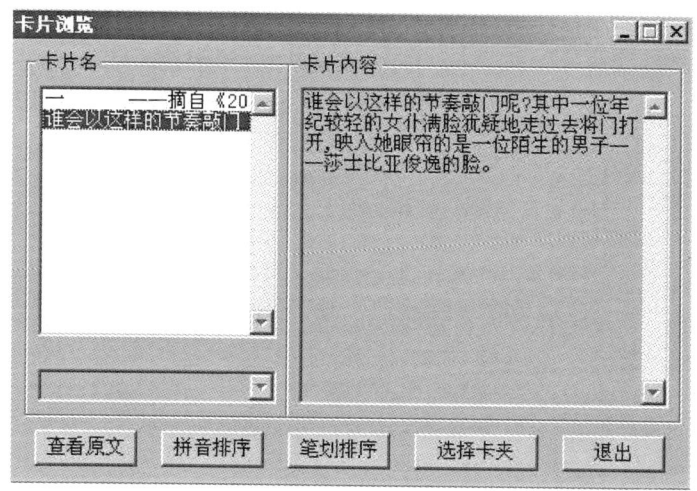

图4.1.9 卡片内容显示

(3)阅读卡片 包括查看原文、拼音排序、笔画排序、选择卡夹。

查看原文:查看当前选中读书卡片对应的图书原文。

拼音排序:将所有读书卡片按拼音序排列显示。

笔画排序:将所有读书卡片按笔画排列显示。

选择卡夹:选择读书卡片集文件保存路径。

12. 登录设置

操作步骤如下:

(1)在Windows系统菜单处选择"开始→程序→书生阅读器→书生阅读器",启动书生阅读器。

(2)在菜单栏上选择"文件→登录设置",进入"登录"窗口。

第四章 数据库资源检索

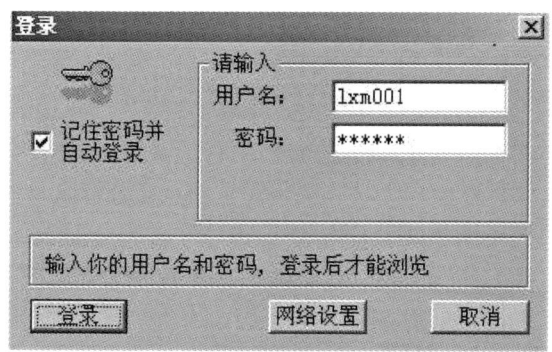

（3）在"登录"窗口中的"请输入"区域，如下图所示，在"用户名"文本框中输入身份验证时的用户名，在"密码"文本框中输入身份验证时的密码。

（4）若希望记住密码并自动登录，则如下图所示，选中"记住密码并自动登录"复选框选项。

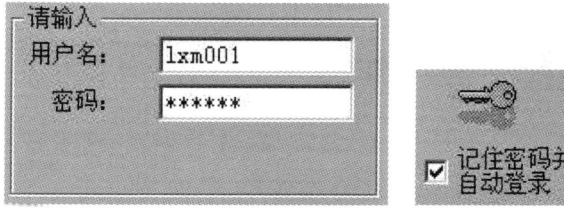

注意：如果选中该项，与该服务器连接时，系统将按保存的账号自动登录。

（5）单击"登录"按钮确认，即完成登录的设置。

第二节 NetLibrary 全文电子图书数据库

一、数据库介绍

NetLibrary 是美国 OCLC 联机计算机图书馆中心的下属部门，

是世界上向图书馆提供电子图书的主要供应商，提供综合性电子图书的浏览。NetLibrary处在美国科罗拉多州波尔德尔市，于1999年成立，2009年12月，EBSCO正式收购了旗下的NetLibrary。目前，世界上7 000多个图书馆通过NetLibrary存取电子图书，其中包括哥伦比亚大学、斯坦福大学、加州大学伯克莱分校以及世界上其他成千上万的大小图书馆。EBSCO的电子书eBook目前提供550多家出版社出版的27万多种电子图书，并且每月增加约2 000种。这些电子图书覆盖所有主题范畴，约80%的书籍是面向大学程度的读者。大多数的电子图书内容新颖，近90%的电子图书是1990年后出版的。EBSCO的电子书eBook是全球领先的图书馆电子图书和电子听书供应商，现在可提供27万余册电子图书和13 000余册电子听书，涵盖众多主题领域和专业。

注意：NetLibrary通过国际专线提供检索服务，校园网的用户检索、下载无需支付国际网络通信费。采用IP控制访问权限，不需要账号和口令。本数据库直接用IE即可查看全文数据。

二、数据库登录方法

在各高校或科研院所，只要订购了本数据库的单位主页（如东北农业大学图书馆主页http://www.lib.neau.edu.cn/，在"资源检索"栏目中点击"外文电子资源"中的"NetLibrary外文电子图书数据库"即可进入到EBSCO数据库的主页面）即可进行浏览和检索。

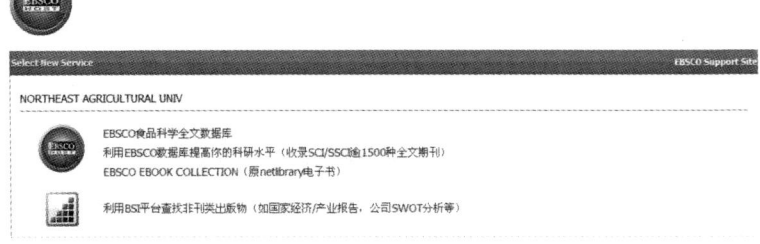

三、数据库的检索方法

1. 基本检索（Basic Search）

在页面检索框内，输入一个或多个关键词，使用逻辑算符或位置算符组配，点击"检索"按钮。关键词检索的范围为关键词（Keyword）、书名（Title）、作者（Author）、全文（Full Text）。

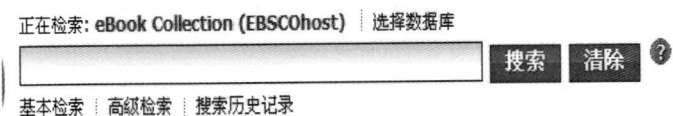

2. 高级检索（Advanced Search）（图 4.2.1）

在数据库页面上，点击"高级检索"（Advanced Search）即进

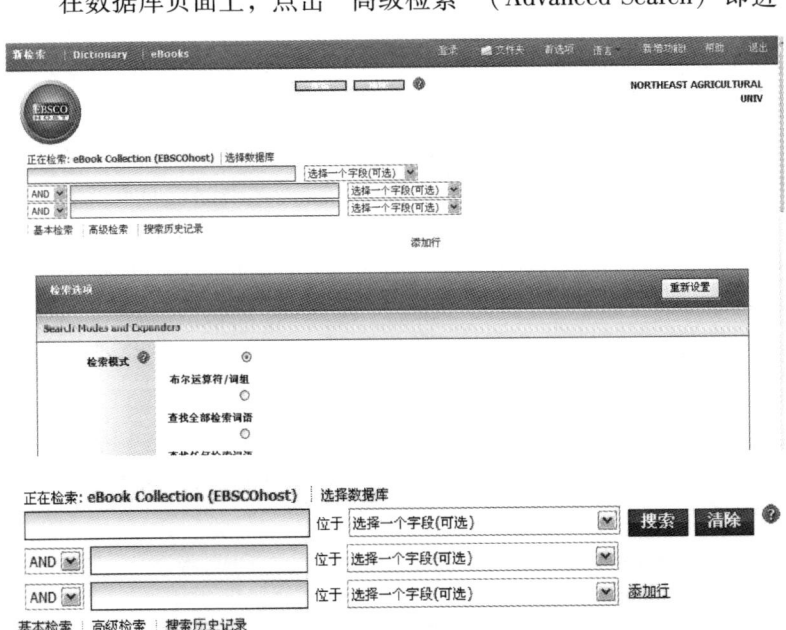

图 4.2.1　高级检索功能

入高级检索界面。检索途径有 Title（书名）、Author（作者）、Full Text（全文）、Subject（主题）等，可以在一个或多个检索字段中输入检索词，字段之间的逻辑关系可使用布尔运算符（与、或、非）以及限制（年份、出版商、语种、排序）等方法来建立较为复杂的检索。

四、检索技术

1. 检索字段与限制

（1）书名字段　在所有的书名中查寻所输入的检索词。可以输入确切的书名（例如：A Tale of Two Cities），也可以不考虑顺序而输入书名中的任何部分（例如：Huckleberry adventures），不必输入书名开头的冠词（例如：the、a 和 an 等）。

（2）作者字段　在所有的作者中查寻所输入的名字。可以按任何顺序输入名字，有没有标点符号和是否大小写都没有关系（例如：Twain, Mark 或者 mark twain；也可以是 Twain Mark）。

（3）全文字段　是从各电子书中逐字查寻所键入的检索词，目的是查看所要的词语是否出现在电子书的文本中，但是全文字段并不查寻书名或者其他的字段。使用时，检索词越明确越好。可以使用引号来查寻全文中的词组。例如：将 remote authentication 放在引号中构成"remote authentication"的词组，然后进行全文查寻，这样找到的所有电子书都会带有与 remote authentication 完全一样的词组。

（4）主题字段　是在美国国会图书馆主题标目中查寻所输入的检索词。可以输入一个检索词（例如：computer），也可以输入多个检索词（例如：civil war history）。

（5）ISBN（国际标准书号）字段　是在印刷版和电子版的书中查寻所输入的 ISBN 号。

（6）出版年份字段　是查寻所输入的出版日期或者日期范围。输入的日期必须是整年。例如：1998 是指 1998 年出版的，

第四章　数据库资源检索

1955—1995 指 1955 年到 1995 年之间出版的，—1960 指 1960 年或者 1960 年之前出版的，而 1960— 指 1960 年或者 1960 年之后出版的。

（7）出版商字段　是查寻所输入的出版商名字。

2. 在检索中使用布尔运算符

下面的布尔运算符是用来建立较为详细的检索。如果键入了好几个检索词而又没有规定在检索中用哪一个布尔运算符，一般说来，用的是"与（and）"。

"逻辑与（AND）"所取得的结果会同时包括两个检索词（例如：history and European）。

"逻辑或（OR）"所取得的结果是在检索词中只选一个（例如：heart or cardiac）。

"逻辑非（NOT）"所取得的结果会包括第一个而不是第二个检索词（例如：nursing not home）。

双引号""可以用来表示词组（例如："civil rights"）。

单星号 * 可以用来表示通配（例如：cook * 检索的是：cook，cooks，cooking，cookery，cookbook 等）。

双星号 ** 可以用来检索某个字的所有形式（例如：drive ** 检索的是：drive，drove，driving，driven 等）。

五、检索结果

检索结果是一份经过排序后的列表，既有符合检索的结果，又有其他功能和选项：

（1）结果　显示检索的结果数量，以及修改检索（Revise Search）和进行新的检索（New Search）的选项。

（2）排序（Sort）　告诉我们列表中的结果是如何排序的。如目前的排序是按"Title"排序。如果要重新排序，可以点击其他的选项链接，如按最新排序（Newest First）、按最旧排序（Oldest First）或按著者排序（Author）。

（3）页面导航选项 位于页面的底部。可使用下页和页号的链接，也可以选择"进入某页"的方法在检索结果的页面中浏览。

（4）"书名一览表" 包括书名、作者以及每一篇著作的出版信息。

（5）阅读这本电子书（View this eBook） 会直接进到"联机阅读"中去阅览电子书的全文。

（6）显示详细书目（Show Details） 会直接进到详细书目的页面中，从中可以看到这篇著作中其他的信息以及选项。

（7）放入我的书单（Add to My List） 会将著作放入书单中供以后参考。必须要有账号才能使用这项功能。

第三节 "中国知网"数据库平台

一、系统简介

CNKI 即是中国知识基础设施工程（China National Knowledge Infrastructure）。CNKI 工程是以实现全社会知识资源传播共享与增值利用为目标的信息化建设项目，由清华大学、清华同方发起，始建于 1999 年 6 月。CNKI 由中国学术期刊（光盘版）电子杂志社、清华同方知网（北京）技术有限公司主办，是基于《中国知识资源总库》的全球最大的中文知识门户网站，具有知识的整合、集散、出版和传播功能。CNKI 亦可解读为"中国知网"（China National Knowledge Internet）的英文简称。《中国知识资源总库》（简称《总库》）是中国知网的核心资源，是由杨振宁先生担任顾问委员会名誉主任，众多院士、科学家、专家学者参与策划、编纂的我国知识信息资源的大规模集成体。其目标是：在三年内将我国 80% 的知识信息资源数字化并通过互联网传播；通过知识元的提取，实现对各类知识资源的跨库、跨平台、跨地域检索和链接。目前，中国知网已实现了国内 25% 的知识资源的数字化和网络化共享。

"中国知网"包含的数字出版物有《中国学术期刊网络出版总库》《中国博士学位论文全文数据库》《中国优秀硕士学位论文全文数据库》《中国重要会议论文全文数据库》《中国专利全文数据库》等,囊括了期刊、博硕论文、报纸、会议、年鉴、工具书、中外标准、科技成果、专利等文献类型,经过整合而形成一个有机的资源整体,为读者提供多种检索途径。《中国学术期刊网络出版总库》出版内容以学术、技术、政策指导、高等科普及教育类期刊为主,内容覆盖自然科学、工程技术、农业、哲学、医学、人文社会科学等各个领域。收录国内学术期刊 7 700 多种,包括创刊至今出版的学术期刊 4 600 余种,全文文献总量 3 200 多万篇。核心期刊收录率 96%;独家或唯一授权期刊共 2 000 余种,约占我国学术期刊总量的 30%。收录自 1915 年至今出版的期刊,部分期刊回溯至创刊。

二、CNKI 专辑专题分类系统

以学科分类为基础,兼顾用户对文献的使用习惯,将数据库中的文献分为 10 个专辑,在各专辑基础上,又划分为 168 个专题(表 4.3.1)。

表 4.3.1 专题分类与名称

专辑代码	专辑名称	专题名称
A	理工 A	自然科学理论与方法、数学、非线性科学与系统科学、力学、物理学、生物学、天文学、自然地理学和测绘学、气象学、海洋学、地质学、地球物理学、资源科学
B	理工 B	化学、无机化工、有机化工、燃料化工、一般化学工业、石油天然气工业、材料科学、矿业工程、金属学及金属工艺、冶金工业、轻工业、手工业、一般服务业、安全科学与灾害防治、环境科学与资源利用

(续表)

专辑代码	专辑名称	专题名称
C	理工 C	工业通用技术及设备、机械工业、仪器仪表工业、航空航天科学与工程、武器工业与军事技术、铁路运输、公路与水路运输、汽车工业、船舶工业、水利水电工程、建筑科学与工程、动力工程、核科学技术、新能源、电力工业
D	农业	农业基础科学、农业工程、农艺学、植物保护、农作物、园艺、林业、畜牧与动物医学、蚕蜂与野生动物保护、水产和渔业
E	医药卫生	医药卫生方针政策与法律法规研究、医学教育与医学边缘学科、预防医学与卫生学、中医学、中药学、中西医结合、基础医学、临床医学、感染性疾病及传染病、心血管系统疾病、呼吸系统疾病、消化系统疾病、内分泌腺及全身性疾病、外科学、泌尿科学、妇产科学、儿科学、神经病学、精神病学、肿瘤学、眼科与耳鼻咽喉科、口腔科学、皮肤病与性病、特种医学、急救医学、军事医学与卫生、药学、生物医学工程
F	文史哲	文艺理论、世界文学、中国文学、中国语言文字、外国语言文字、音乐舞蹈、戏剧电影与电视艺术、美术书法雕塑与摄影、地理、文化、史学理论、世界历史、中国通史、中国民族与地方史志、中国古代史、中国近现代史、考古、人物传记、哲学、逻辑学、伦理学、美学、心理学、宗教
G	政治军事与法律	马克思主义、中国共产党、政治学、中国政治与国际政治、思想政治教育、行政学及国家行政管理、政党及群众组织、军事、公安、法理、法史、宪法、行政法及地方法制、民商法、刑法、经济法、诉讼法与司法制度、国际法
H	教育与社会科学综合	社会科学理论与方法、社会学及统计学、民族学、人口学与计划生育、人才学与劳动科学、教育理论与教育管理、学前教育、初等教育、中等教育、高等教育、职业教育、成人教育与特殊教育、体育

第四章 数据库资源检索

(续表)

专辑代码	专辑名称	专题名称
I	电子科学与信息科学	无线电电子学、电信技术、计算机硬件技术、计算机软件及计算机应用、互联网技术、自动化技术、新闻与传媒、出版、图书情报与数字图书馆、档案及博物馆
J	经济与管理	宏观经济管理与可持续发展、经济理论及经济思想史、经济体制改革、经济统计、农业经济、工业经济、交通运输经济、企业经济、旅游、文化经济、信息经济与邮政经济、服务业经济、贸易经济、财政与税收、金融、证券、保险、投资、会计、审计、市场研究与信息、管理学、领导学与决策学、科学研究管理

三、"中国知网"的新版 KDN（知识发现网络平台）

为了满足广大用户的需求，KDN 知识发现网络平台在 KNS 基础上进行了全新改版。KDN 的主要目标是更好的理解用户需求，提供更简单的用户操作，实现更准确的查询结果。KDN 着重优化页面结构，提高用户体验，实现平台的易用性和实用性。实现检索输入页面、检索结果页面的流畅操作，减少迷失度和页面噪声干扰。提供标准化的、具有风格一致性特点的检索模式，提供多种检索方式，多角度，多维度检索方式，帮助用户快速定位文献。

主要新特性如下：

系统的智能提示功能给用户带来了极大的方便，而且能智能建议检索词对应的检索项。

在线阅览是 KDN 推出的一项新功能，该功能极大地满足了读者的需求，让用户第一时间预览到原文，快捷方便。

改版后的文献导出功能能实现多次检索结果一次性导出，并生成检索报告。

平面式分类导航帮助用户快速找到数据来源。

用户可以方便把自己感兴趣的文献分享到新浪、人人网、开心网等各网站的微博。

推送功能可以关注文献的引文频次更新、检索主题的更新、几种期刊的更新、email、手机短信订阅更新提醒功能等。

1. 文献分类目录导航

系统启用了文献分类目录导航，分类详细。为突出学术文献的检索优势、契合大众使用习惯，主界面中"文献分类目录"采用鼠标滑动式展现，既节省页面空间又一目了然，用户能快速找到检索范围。如图 4.3.1 所示。

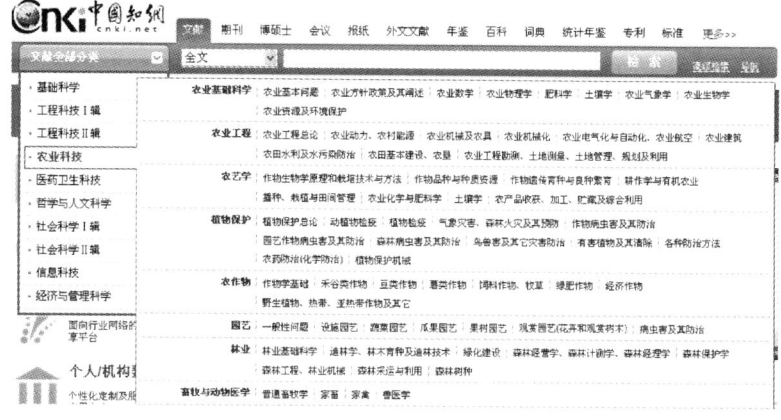

图 4.3.1　目录导航

2. 平面式分类导航

系统首页点击"导航"进入导航首页，如下图所示：在检索框输入想要检索的期刊、报纸等数据来源名称即可快速检索出用户需要的检索结果（图 4.3.2）。

3. 一框式检索

KDN 首页提供了"一框式检索"界面，所有的数据库检索都

第四章　数据库资源检索

使用统一的检索平台，用户提供越多的检索条件，检索出来的结果越精确。首页上只列出常用的几个数据库，可随意切换其他数据库（图 4.3.3）。

图 4.3.2　检索结果

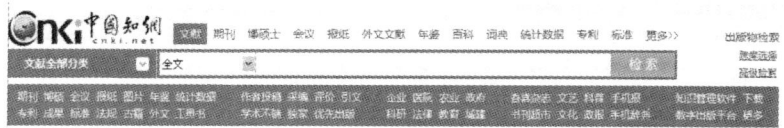

图 4.3.3　数据库切换

　　基于对文献内容的详细标引，CNKI 文献搜索提供了对标题、作者、关键词、摘要、全文等数据项的搜索功能；文献搜索还提供了多种智能排序算法。相关性排序考虑了文献引用关系、全文内容、文献来源等多种因素，使排序结果更合理。被引频次排序是根据文献的被引频次进行排序；期望被引排序通过分析文献过去被引用的情况，预测未来可能受到关注的程度；作者指数排序则是根据作者发文数量、文献被引用、发文影响因子等评价作者的学术影响力，并据此对文献进行排序。

4. 智能提示

系统的检索都有智能提示，提供相关热词，能够使用户很快的输入相关检索词。系统不但可以提供简单智能检索功能，而且能识别拼音字母的智能提示。例如：分别以检索项"全文"、"作者"来检索"图"这个关键词，提示的内容会根据检索项的性质发生变化，检索的提示部分都是姓"图"的学者。

系统还具有理解关键词类别的功能。当检索项类型与系统理解的关键词类型不一致时，系统给出相应建议。例如：在主题下检索"清华大学"，检索出来的结果可能不满意，系统自动根据输入检索词和检索结果进行提示。

5. 在线预览

KDN 提供的在线预览功能极大地满足了读者的需求，使读者由原来的"检索-下载-预览"三步走，变成"检索-预览"两步走，节省了读者的宝贵时间，让用户第一时间预览到原文，快捷方便（图4.3.4）。

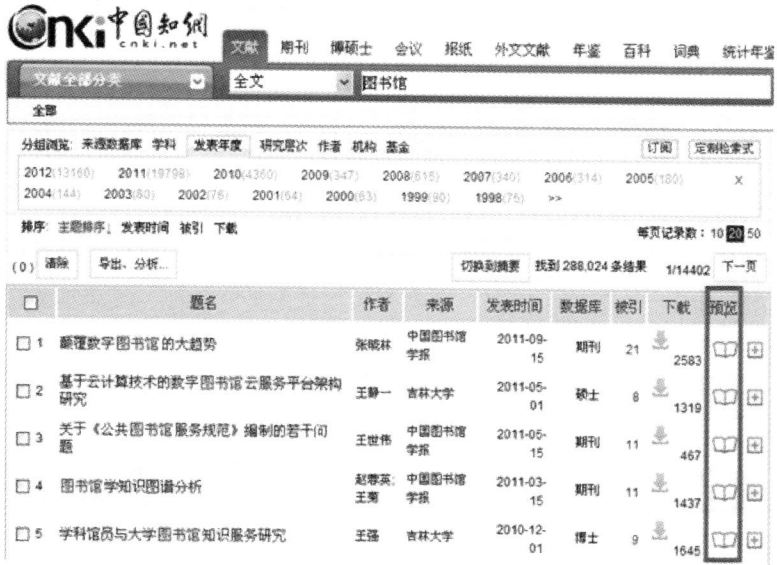

图 4.3.4　在线预览

第四章　数据库资源检索

6. 知网节

在检索结果中点击文献题名进入知网节页面，知网节页面包括的内容很多，右侧有浏览历史、下载历史可以参考，还可以下载、推送、分享。页面下半部分为相关文献和参考文献。可帮助用户快速发现相关文献，点击文献进入相应知网节页面。点击作者进入作者相关文献的页面（图4.3.5）。

图4.3.5　知网节作者文献相关页面

7. 文献分享、推送

用户可以方便把自己感兴趣的文献分享到新浪、人人网、开心网等各网站的微博。推送功能可以关注文献的引文频次更新、检索主题的更新、几种期刊的更新、email、手机短信订阅更新提醒功能。

8. 指数

CNKI指数是根据发文量、被引量、用户下载量等指标所设计并计算统计数据，以图形化的方式来展现关键词的关注情况。共设有关注度、学科分布、研究进展、机构分布等栏目，帮助用户理解关键词的研究趋势，方便查找相关文献进行研究

(图4.3.7)。

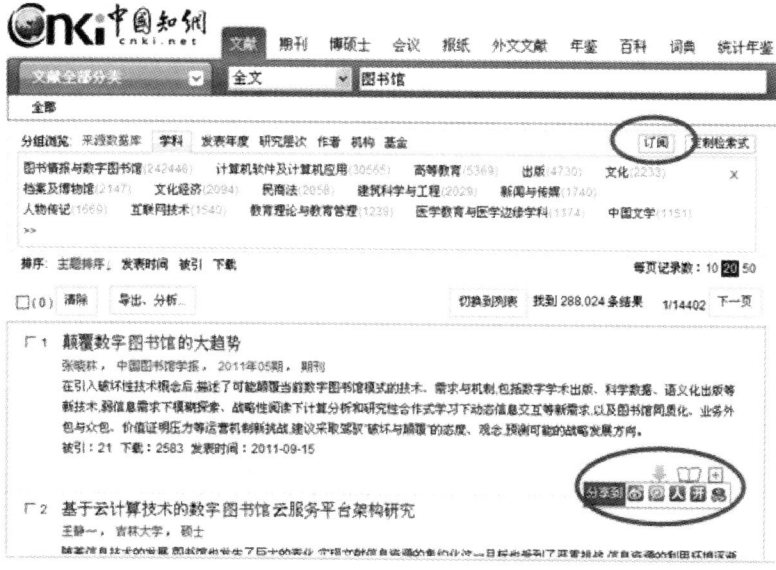

图4.3.6 文献分享、推送

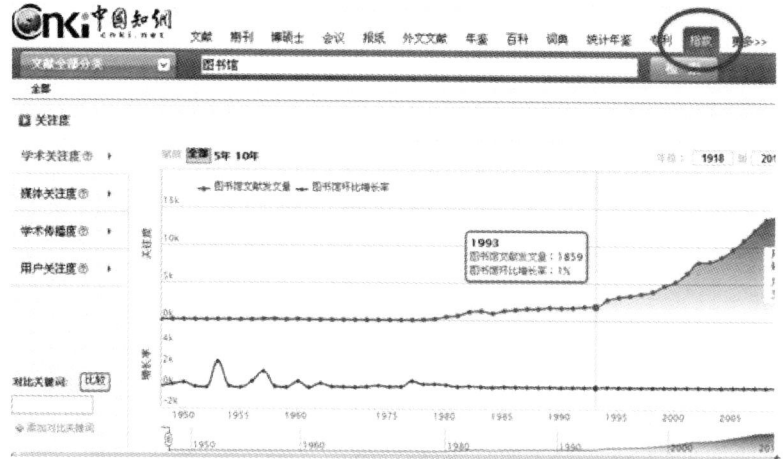

图4.3.7 CNKI指数示意图

9. 检索报告

生成检索报告的页面如图4.3.8。

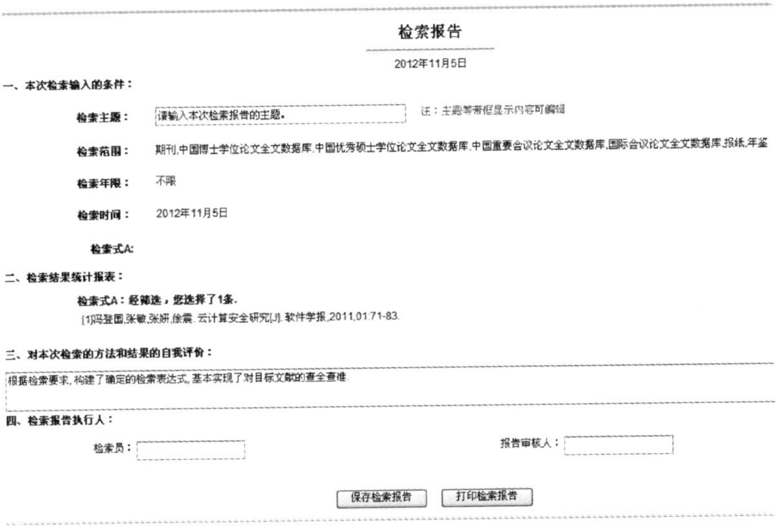

图 4.3.8　检索报告示意图

第四节　维普中文期刊数据库

一、系统简介

重庆维普资讯有限公司的前身为中国科技情报研究所重庆分所数据库研究中心，是中国第一家进行中文期刊数据库研究的机构。重庆维普资讯有限公司的主要产品《中文科技期刊数据库》收录了中国境内历年出版的中文期刊12 000余种，全文3 000余万篇，引文4 000余万条，分三个版本（全文版、文摘版、引文版）和8个专辑（社会科学、自然科学、工程技术、农业科学、医药卫生、经济管理、教育科学、图书情报）定期出版发行，目前拥有高等院校、中等学校、职业学校、公共图书馆、科研机构、政府部门、信息机构、医疗机构、企业等各类用户 6 000 多家，覆盖海内外数千万用户。《中文科技期刊数据库》已经成为文献保障系统的重要组成部分，是科技工作者进行科技查新和科技查证的必备数据库。

维普期刊资源整合服务平台（V6.5），是中文科技期刊资源一站式检索及提供深度服务的平台，是一个由单纯提供原始文献信息服务过渡延伸到提供深层次知识服务的整合服务系统。包括但不限于以下功能：中刊检索、文献查新、期刊导航、检索历史、引文检索、引用追踪、H 指数、影响因子、排除自引、索引分析、排名分析、学科评估、顶尖论文、搜索引擎服务等。

维普期刊资源整合服务平台（V6.5）是维普公司集合所有期刊资源从一次文献保障到二次文献分析再到三次文献情报加工的专业化信息服务整合平台，兼具为机构服务功能在搜索引擎的有效拓展提供支持工具。

二、维普期刊资源整合服务平台的功能模块

维普期刊资源整合服务平台如图 4.4.1 所示。

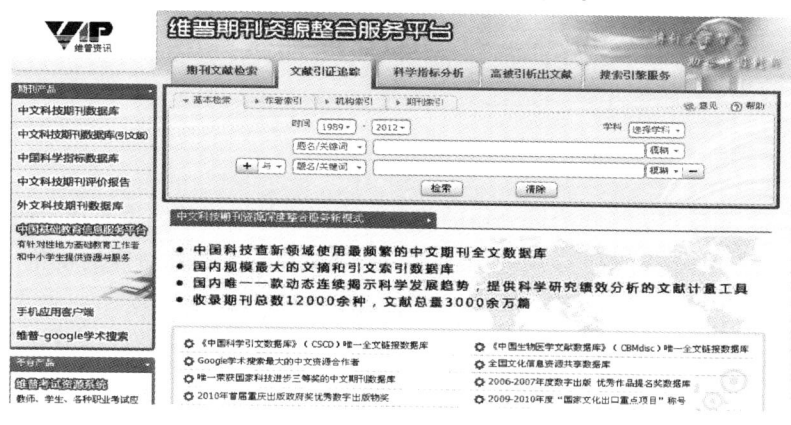

图 4.4.1　维普期刊服务平台

第四章 数据库资源检索

1. "期刊文献检索"模块

有效继承原《中文科技期刊数据库》检索查新及全文保障功能,并进行检索流程梳理和功能优化,新增文献传递、检索历史、参考文献、基金资助、期刊被知名国内外数据库收录的最新情况查询、查询主题学科选择、在线阅读、全文快照、相似文献展示等功能。

2. "文献引证追踪"模块

"文献引证追踪"模块是维普期刊资源整合服务平台(V6.5)的重要组成部分,是目前国内规模最大的文摘和引文索引型数据库。该产品采用科学计量学中的引文分析方法,对文献之间的引证关系进行深度数据挖掘,除提供基本的引文检索功能外,还提供基于作者、机构、期刊的引用统计分析功能,可广泛用于课题调研、科技查新、项目评估、成果申报、人才选拔、科研管理、期刊投稿等用途。

该功能模块现包含维普所有的中文科技期刊数据,引文数据回溯加工至2 000年,除帮助客户实现强大的引文分析功能外,还采用数据链接机制实现到维普资讯系列产品的功能对接,极大提高资源利用效率。

3. "科学指标分析"模块

"科学指标分析"模块是目前国内规模最大的动态连续分析型事实数据库,提供三次文献情报加工的知识服务,通过引文数据分析揭示国内近200个细分学科的科学发展趋势、衡量国内科学研究绩效,有助于显著提高用户的学习研究效率。该功能模块是运用科学计量学有关方法,以维普中文科技期刊数据库近10年的千万篇文献为计算基础,对我国近年来科技论文的产出和影响力及其分布情况进行客观描述和统计。从宏观到微观,逐层展开,分析了省市地区、高等院校、科研院所、医疗机构、各学科专家学者等的论文产出和影响力,并以学科领域为引导,展示我国最近10年各学科领域最受关注的研究成果,揭示不同学科领域中研究机构的分布状态及重要文献产出,是致力于为用户提供具有高端分析价值的精细化产品,专门为辅助科研管理部门、科研研究人员等了解我国的科技发展动态而倾力打造,适用于课题调研、科技查新、项目评估、成果申报等用途。同样采用数据链接机制实现到维普资讯系列产品的功能对接及定位,显著提高资源利用的效率。

4. "高被引析出文献"模块

高被引析出文献是一个基于期刊参考文献筛选出的一次文献资源数据库。从国内出版的 12 000 多本期刊,近 20 年的 9 000 余万条参考文献中,解析出 800 万篇各个领域中高被引量的文献资源,并提供这些文献的全文资源保障。包括学位论文、会议论文、标准、专利、图书等。可帮助读者更便捷地利用这些被其他研究者高度关注的析出文献资源。

5. "搜索引擎服务"模块

为机构用户基于谷歌和百度搜索引擎面向读者提供服务的有效拓展支持工具,既是灵活的资源使用模式,也是图书馆服务的有力交互推广渠道;通过开通该服务可以使图书馆服务推广到读者环境中去——"读者在哪里,图书馆的服务就在哪里",让图书馆服务无处不在。图书馆可以通过公司授权的后台对该单位的信息进行定期更换。

三、各功能模块介绍

为方便您进行全文阅读,请先下载安装阅读器(PDF 文件浏览器)。

1. 功能模块之一:期刊文献检索

检索方式:基本检索、传统检索、高级检索、期刊导航、检索历史。期刊数据库检索页面,如图 4.4.2。

① 基本检索:登录系统后,默认功能模块为期刊文献检索,默认检索方式为基本检索;在基本检索首页使用下拉菜单选择时间

第四章　数据库资源检索

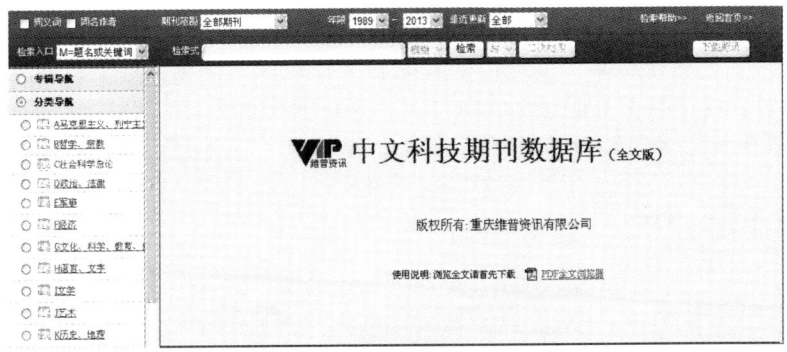

图 4.4.2　期刊数据库检索页面

范围、期刊范围、学科范围等检索限定条件；选择检索入口，输入题名、关键词、作者、刊名等检索内容条件；点击"检索"进入检索结果页，查看检索结果题录列表，反复修正检索策略得到最终检索结果（图 4.4.3）；根据题录信息判断文献相关性，可筛选导出文献题录，也可点击题名进入文献细览页查看详细信息和知识节点链接（图 4.4.3）；在检索结果页或文献细览页都可以通过点击

图 4.4.3　筛选文献

85

下载全文、文献传递、在线阅读按钮获取全文。

② 传统检索：可进行中文期刊文章题录文摘浏览、下载及全文下载（图4.4.4）。

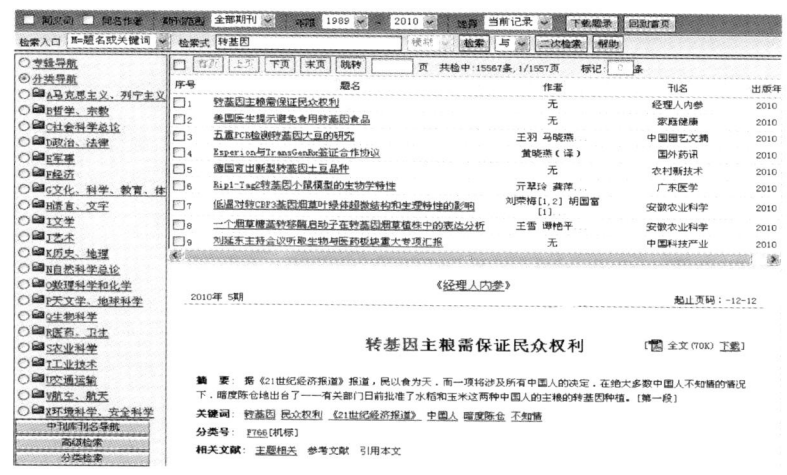

图4.4.4　传统检索

③ 高级检索：提供向导式检索和直接输入检索式检索两种方式（图4.4.5、图4.4.6）。运用逻辑组配关系，查找同时满足几个检索条件的中文期刊文章。

向导式检索：向导式检索为读者提供分栏式检索词输入方法。可选择逻辑运算、检索项、匹配度外，还可以进行相应字段扩展信息的限定，最大程度地提高了"检准率"。向导式检索的检索操作严格按照由上到下的顺序进行，用户在检索时可根据检索需求进行检索字段的选择。

直接输入检索式检索：读者可在检索框中直接输入逻辑运算符、字段标识等，使用更多检索条件并对相关检索条件进行限制后点"检索"按钮即可。

第四章 数据库资源检索

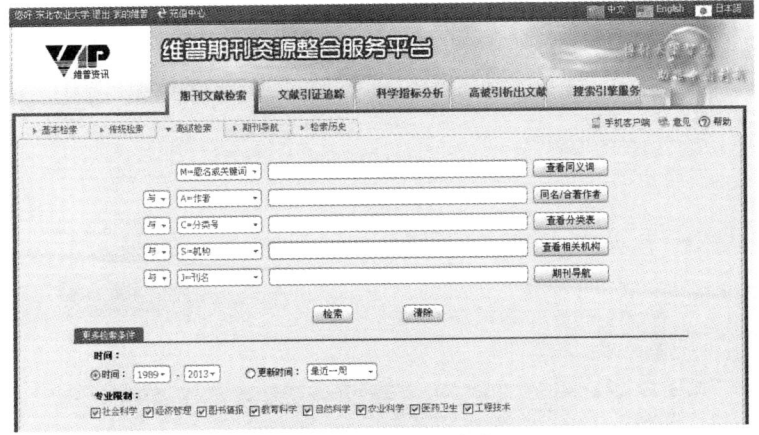

图 4.4.5 向导式检索

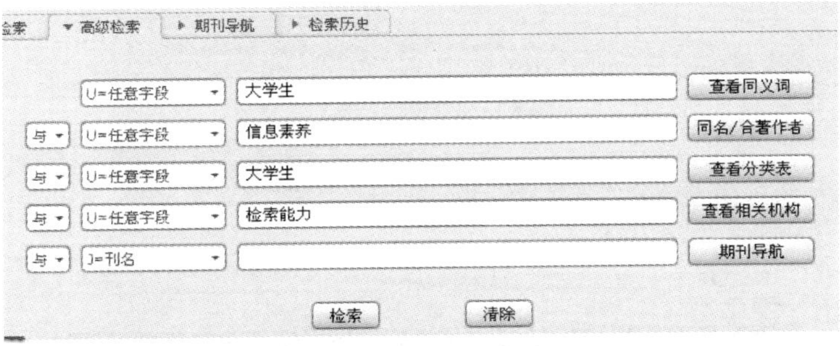

图 4.4.6 直接检索

④ 期刊导航分检索和浏览两种方式（图 4.4.7）。

检索方式：提供刊名检索、ISSN 号检索查找某一特定刊，按期次查看该刊的收录文章，可实现刊内文献检索、题录文摘或全文的下载功能，同时可以查看期刊评价报告。

浏览方式：提供按刊名字顺浏览、期刊学科分类导航、核心期刊导航、国内外数据库收录导航、期刊地区分布导航，其中新增核心期刊导航，反映最新核心期刊收录情况，同时更新国内外知名数据库最新收录期刊情况。

87

信息检索实用指南

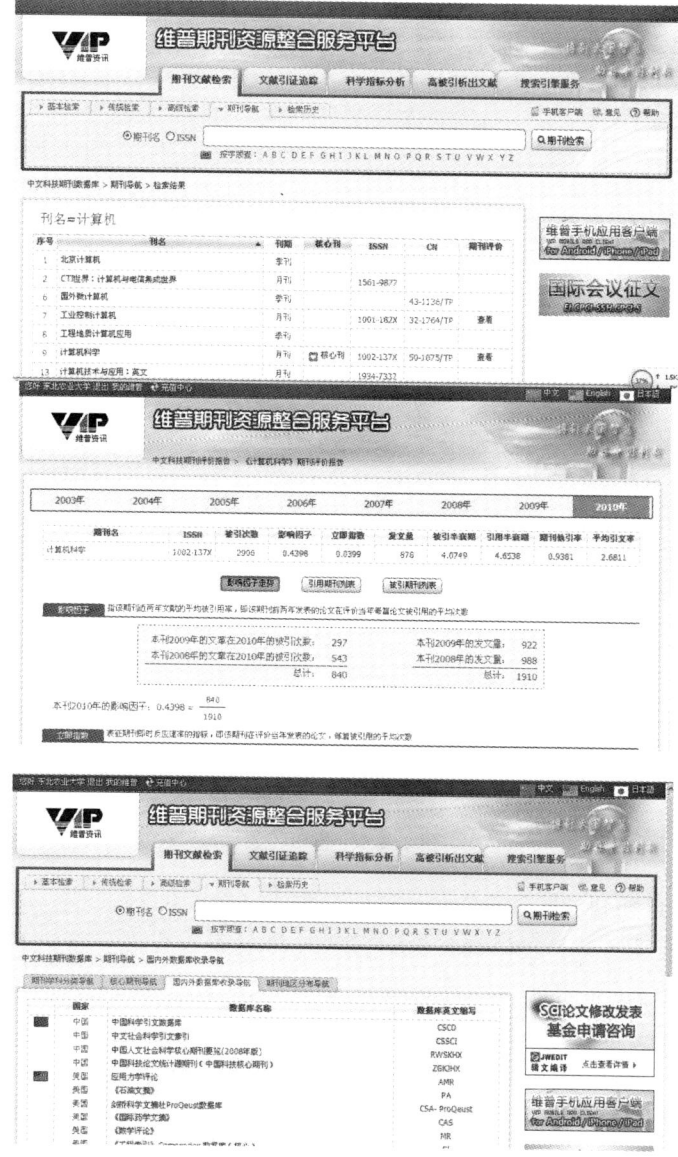

图 4.4.7　期刊导航

第四章 数据库资源检索

⑤ 检索历史：系统对用户检索历史做自动保存，点击保存的检索式进行该检索式的重新检索或者"与、或、非"逻辑组配。

2. 功能模块之二：文献引证追踪

期刊文献引用分析平台，快速获取主题线索。

文献引证追踪模块提供的检索方式有：基本检索、作者索引、机构索引、期刊索引。文献引证追踪功能模块默认的检索方式，针对所有文献按被引情况进行检索，快速定位相关信息。从一篇高质量的文献出发通过"参考文献"或者"引证文献"或是"耦合文献"的查询来获取科学研究的发展脉络。

基本检索：简便快捷的一步式引文检索方式。

作者索引：提供关于作者的期刊文献产出及被引情况分析汇编，在作者层面做引文分析统计。

机构索引：提供关于机构的期刊文献产出及被引情况分析汇编，在机构层面做引文分析统计。

期刊索引：提供关于期刊的发文及被引情况分析汇编，在期刊层面做引文分析统计，全面展示期刊的学术贡献与影响力。

3. 功能模块之三：科学指标分析

中国国内论文科学指标分析：针对国内期刊论文对中国学者、机构、地区、期刊及国内科学发展动态和趋势做定量化的指标分析。

（1）排名分析　学者：针对国内各学科发展中有影响力的学者做科学指标的定量分析，并反映出各学科的核心研究群体及研究成果和方向。

机构：针对国内各高校、科研院所和部分大型工业企业等对学科发展产生较深影响的机构做科学指标的定量分析，并反映这些机构的产出对学科的贡献值。

地区：针对各省、直辖市及各地级市做关于科学指标的定量分析，由此揭示各地区不同学科的发展状况。

期刊：针对 4 000 多种国内科技期刊做科学指标的定量分析，用以揭示各期刊对相应的学科产生的贡献大小及各期刊对读者的学术影响力。

（2）学科评估　学科排名：反映35个一级学科、457个二级学科按发文、被引、平均被引量的整体排名情况，给出各学科按时间变化的论文产出及影响力变化的趋势统计。

学科基线：给出各学科能够入选高影响力学者、机构、地区、期刊、文章的阈值条件。

研究前沿：基于近5年内，多学科范围的高被引论文根据被共同引用的程度形成的核心文献集合，以此描述学科研究领域发展趋势。

（3）顶尖论文　高被引论文：依据论文的总被引频次，每年各学科分别取前50%的文章集合，揭示10年内被高度关注的研究热点。

热点论文：对近2年发表的论文，在论文发表后的短时间里被高度关注即可视为当前的研究热点。

4. 功能模块之四：高被引析出文献

各学科高被引论文揭示的是某一学科近10年来最受关注的研究成果（图4.4.8）。

图4.4.8　高被引折出文献查询

5. 功能模块之五：搜索引擎服务

维普-Google Scholar 期刊数据库产品（简称 VGSD 使用方案），是维普中文期刊数据库的远程网络使用方案，是维普公司为高校图书馆和社会信息服务单位提供的个性化网络定制服务模式。

VGSD 基于维普《中文科技期刊数据库》与 Google 检索的无缝嵌入，使读者随时随地均可享受用户单位、google、维普所提供的三位一体的整合服务。一方面可以帮助图书馆和社会信息服务单位增加一种中文期刊资源的网络服务渠道，更好地适应用户习惯，另一方面通过信息发布的交互功能，可以使用户单位的各种服务嵌入到用户环境中，既是灵活的资源使用模式，也是用户单位各种服务的有力推广渠道。同时，基于云端的服务模式可以帮助用户单位摆脱设备投入、更新维护等后台工作，节省精力做好对读者的影响与互动。

第五节　国研网数据库

一、数据库简介

国务院发展研究中心信息网（简称"国研网"）由国务院发展研究中心主管、国务院发展研究中心信息中心主办、北京国研网信息有限公司承办，创建于 1998 年 3 月，并通过 ISO9001：2000 质量管理体系认证，是中国著名的专业性经济信息服务平台。

国研网以国务院发展研究中心丰富的信息资源和强大的专家阵容为依托，与海内外众多著名的经济研究机构和经济资讯提供商紧密合作，以"专业性、权威性、前瞻性、指导性和包容性"为原则，全面汇集、整合国内外经济金融领域的经济信息和研究成果，本着建设"精品数据库"的理念，以先进的网络技术和独到的专业视角，全力打造中国权威的经济研究、决策支持平台，为中国各级政府部门、研究机构和企业准确把握国内外宏观环境、经济金融运行特征、发展趋势及政策走向，从而进行管理决策、理论研究、微观操作提供有价值的参考。

国研网已建成了内容丰富、检索便捷、功能齐全的大型经济信息数据库集群，包括：对国务院发展研究中心1985年以来的研究成果、国研网自主研发报告、与国内知名期刊、媒体、专家合作取得的信息资源进行数字化管理和开发而形成的《国研视点》《宏观经济》《金融中国》《行业经济》《区域经济》《企业胜经》《高校参考》《基础教育》等六十几个文献类数据库；以及全面整合国内外权威机构提供的统计数据，采取先进的数据挖掘分析工具，加工形成的《宏观经济》《对外贸易》《工业统计》《金融统计》《财政税收》《固定资产投资》《国有资产管理》等四十多个统计类数据库。同时针对党政用户、高校用户、金融机构、企业用户的需求特点开发了《党政版》《教育版》《金融版》《企业版》4个专版产品，并应市场需求变化推出了《世经版》以及《经济·管理案例库》《战略性新兴产业数据库》《国务院发展研究中心行业景气监测平台》几款专业化产品。上述数据库及信息产品已经赢得了政府、高校、金融机构、企业等社会各界的广泛赞誉，成为他们在经济研究、管理决策过程中的重要辅助工具。

二、国研网教育版介绍

"国研网教育版"是国研网针对高校用户设计的专版，旨在以"专业性、权威性、前瞻性、指导性和包容性"为原则，全面汇集、整合国内外经济、金融和教育领域的动态信息和研究成果，为全国各高等院校的管理者、师生和研究机构提供高端的决策和研究参考信息。它由全文数据库、统计数据库、研究报告数据库、专题数据库四大数据库集群组成。

1. 全文数据库

该库包括《国研视点》《宏观经济》《金融中国》《区域经济》《行业经济》《企业胜经》《世经评论》《高校参考》《基础教育》《经济形势分析报告》《发展规划报告》《经济普查报告》《政府工作报告》《政府统计公报》《中国国情报告》和《财政预决算及审计》等16个数据库。

2. 统计数据库

该库包括最新数据、每日财经、金融数据、世经数据、重点行业数据、宏观数据、对外贸易数据、区域经济数据（市级）、产品产量数据、中国教育经费数据、工业统计数据等内容。

3. 研究报告数据库

通过持续跟踪、分析国内外宏观经济、金融和重点行业基本运行态势、发展趋势，准确解读相关政策趋势和影响，及时研究各领域热点/重点问题，致力于为客户提供研究和战略决策需要的高端信息产品。该报告数据库包括《宏观经济分析报告》《金融中国分析报告》《行业季度分析报告》和《行业月度分析报告》四大子库。

4. 专题数据库

该库由"重点专题数据库"和"热点专颢数据库"两部分组成。

此外，国研网还有"党政版"、"综合版"、"金融版"、"企业版"、"世经版"等。

三、检索功能介绍

1. 快速检索

在首页上方有快速检索入口，输入检索词即可（图4.5.1）。

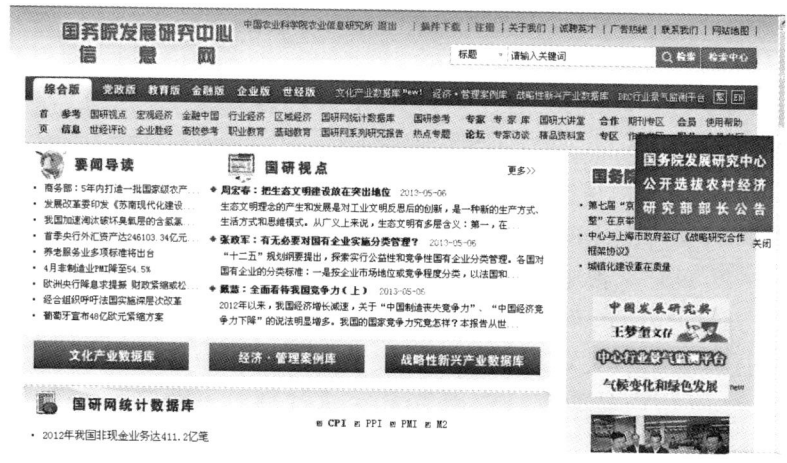

图 4.5.1 快速检索

2. 检索中心

可以根据需要，选择对应数据库，在检索框内输入检索词，获取检索结果（图4.5.2）。

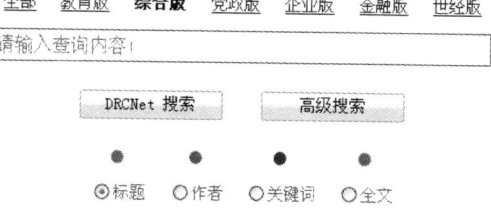

图 4.5.2 检索中心

3. 高级搜索

可以在左侧的导航栏中，选择对应的数据库范围，来精确检索结果。在右侧的检索限定条件中，可以根据给出的限定框，进行选择（图4.5.3）。

第四章 数据库资源检索

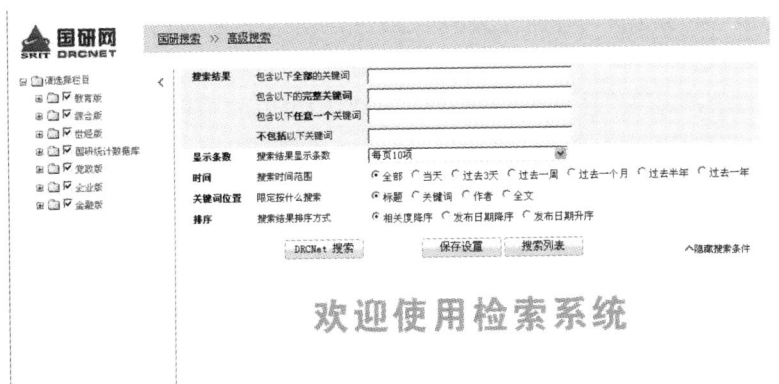

图 4.5.3 高级检索

4. 搜索结果列表

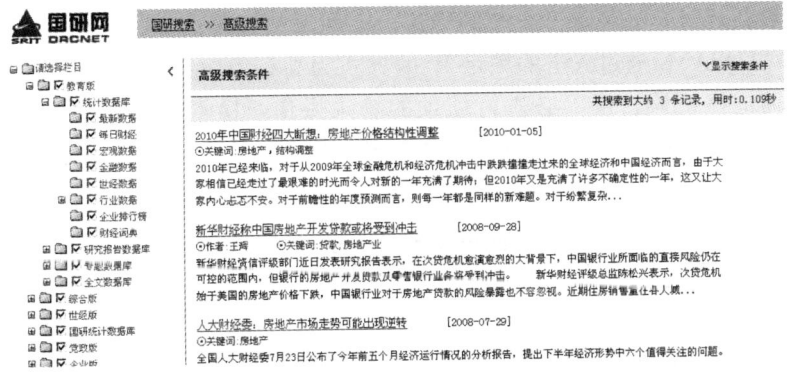

第六节 中国资讯行高校财经数据库

一、简介

INFOBANK 于 1995 年在香港成立，是一家专门收集、处理及传播中国商业、经济信息的香港高科技企业。经过十余年的数据积累，IN-

FOBANK 数据库已经拥有逾 200 亿汉字的信息储备,信息范围涵盖 19 个领域、197 个行业。INFOBANK 通过网络、光盘、纸版等多种媒体向全球客户提供信息服务,成为目前全球最大的中文信息提供商之一。

INFOBANK 致力于高校图书馆数字化建设工作和为企业提供信息服务两大领域。与教育部和"中国高等教育文献保障系统(CALIS)"建立了良好的长久合作关系,在教育网内专为内地的高等院校开通了高校财经数据库网站(www.bjinfobank.com),以便内地高校图书馆使用 INFOBANK 高校财经数据库系统。

为确保数据的准确与权威,INFOBANK 与国家经贸委、外贸部、国家工商局、路透社等近百家中国政府部门和权威资讯机构建立了战略联盟。INFOBANK 高校财经数据库系统包括 12 个大型专业数据库、超过 1 200 万篇的商业资料藏量,数据库容量逾 150 亿,每日新增逾 2 000 万汉字,范围涵盖 19 个领域、197 个行业。更新及时:采用每日新增的方法,日新增数据量逾 2 000 万汉字。INFOBANK 通过先进的锁定 IP 的方式为高校提供服务,使用者不需记住密码,也不必进行烦琐的登录操作。检索效率高,INFO-BANK 数据库资源完全采用文本格式,检索速度快,并且支持全文检索,可直接下载,进行拷贝再编辑工作。

二、包含的"子数据库"介绍

1. 中国经济新闻库

收录时间:1992 年至今。

收录了中国地区及海外商业财经信息,以媒体报道为主。数据来源于中国千余种报刊及部分合作伙伴提供的专业信息,内容按 197 个行业及中国各省市地区分类。

2. 中国统计数据库

收录时间:1986 年至今。

收录国家及各省市地方统计机构的统计年鉴、海关统计、经济统计快报等月度及季度统计,其统计数据可追溯到 1949 年,亦包括海外地区统计数据。数据按行业及地域分类。

3. 中国商业报告库

收录时间：1993年至今。

收录了经济学家关于中国宏观经济、中国金融、中国市场及中国各个行业的评论文章和研究文献，以及政府的各项年度报告全文。可提供专业的研究资料。

4. 中国法律法规库

收录时间：1903年至今。

收录以中国法律法规文献为主，兼收其他国家法律法规文献。收录自1949年以来中华人民共和国中央及地方的法律法规，以及各行业有关条例和案例。可提供最及时的法律参考。

5. 中国上市公司文献库

收录时间：1993年至今。

收录了在沪、深交易所上市公司（包括A股、B股及H股）的资料，网罗深圳和上海证券市场的上市公司各类招股书、上市公告、中期报告、年终报告、重要决议等文献资料。

6. 中国医疗健康库

收录时间：1995年至今。

收录了中国一百多种专业和普及性医药报刊的资料，向用户提供中国医疗科研、新医药、专业医院、知名医生、病理健康资讯。

三、检索功能

1. 简单检索

确定命题，选择关键词（图4.6.1）。

注意：避免因关键词不同而引起的信息漏查，可多个关键词定义多种逻辑关系同时进行检索，多个关键词之间用空格隔开。例如：了解房地产行业的情况，可定义检索关键词为"房地产"。

选择数据库资源，即数据库类型。如经济新闻库。定义检索：以"房地产"为关键词，输出检索结果。

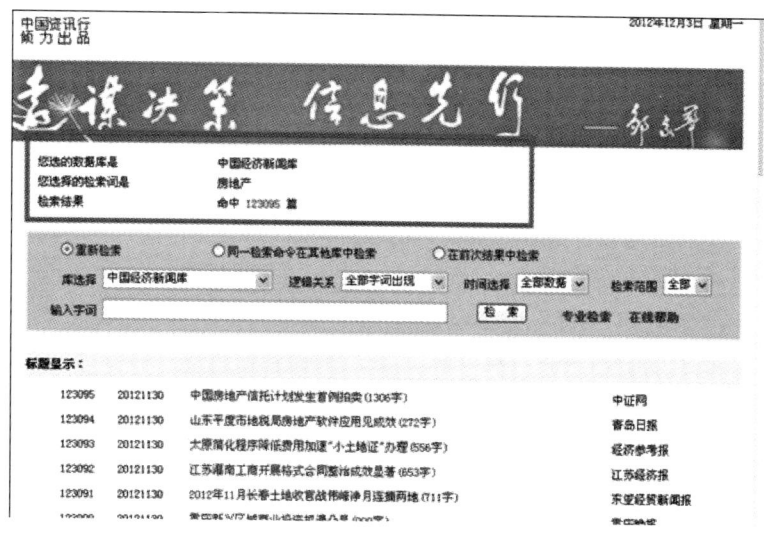

图 4.6.1 简单检索

2. 二次检索

在前次结果中检索"经济适用房",以缩小信息查找范围。

注意:在检索框中同时输入"房地产"、"经济适用房"(多个词之间用空格隔开),定义词间逻辑关系,检索结果同之前 2 次操作的内容一致(图 4.6.2)。

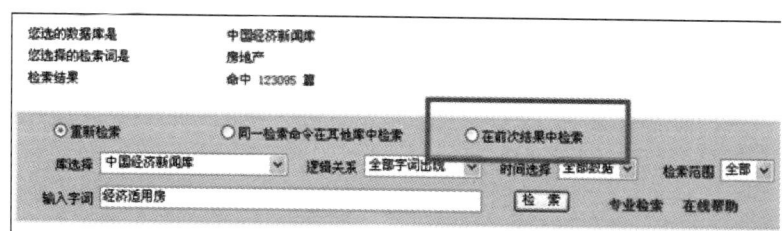

图 4.6.2 二次检索

在其他数据库中查找信息,如中国商业报告库:选择"同一

第四章　数据库资源检索

检索命令在其他库中检索",在"库选择"下拉列表中选择"中国商业报告库",点击检索(图 4.6.3)。

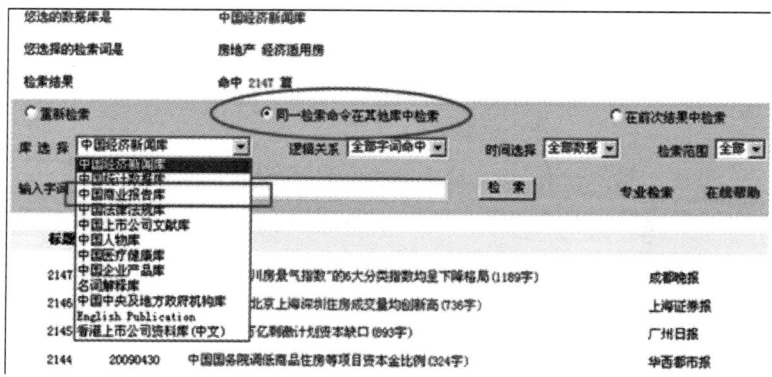

图 4.6.3　在其他数据库检索

3. 专业检索

通过首页进入专业检索途径(图 4.6.4)。

图 4.6.4　专业检索

选择数据库,如查找北京商品房 2010 年销售价格,选择中国统计数据库。

进行行业分类选择:房地产
地区分类:北京
关键字词:商品房 销售价格
逻辑关系:全部字词命中
起始日期:查询 2010 年的数据,注意修改日期

检索比较细节的信息,就要学会使用专业检索。同时在行业/地区/时间等各方面尽可能的缩小查询范围。当命题中有 2~3 个检索指令时,最好一个一个找,注意选择"在前次结果中检索",这样便于查询结果越来越符合要求。

第七节 Science Direct 数据库

一、Science Direct 数据库概况

爱思唯尔(Elsevier)公司是全球最大的知名科学文献出版商,出版的期刊是世界公认的高品位学术期刊,大多数都是 SSCI 类期刊,于 1580 年在荷兰创立。收录了 2 200 多种优秀学术期刊,其中,1 400 多种期刊被 SCI 所收录。Science Direct(简称 SD)是 Elsevier 公司的核心产品,是全学科的全文数据库,数据库涵盖数学、物理、化学、天文学、医学、生命科学、商业及经济管理、计算机科学、工程技术、能源科学、环境科学、材料科学、社会科学等 24 个学科领域。用户可以通过 WWW(http://elsevier.lib.tsinghua.edu.cn)免费检索和保留全文。通过 Elsevier 的 ScienceDirect 数据库,用户可以得到相当多的高水准的教育技术类文献。首页界面如图 4.7.1 所示。

第四章 数据库资源检索

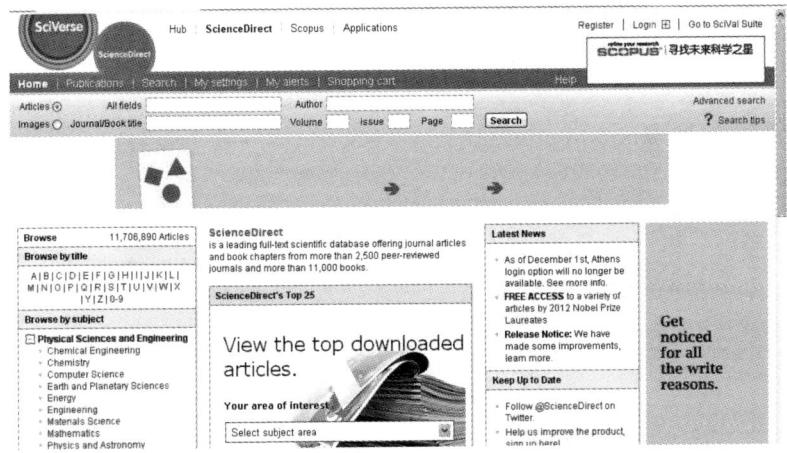

图 4.7.1 Science Direct 首页

二、数据库检索

1. 浏览

在 SD 的主页左侧的"Browse"栏目下,可以直接通过字母以及学科进行浏览(图 4.7.2),或者在主页菜单上点击"publications"进入浏览界面(图 4.7.3),提供按字母、按学科以及按喜好三种浏览方式。

(1)按字母浏览(Browse Alphabetically) 数据库将所有文献资源按照字母顺序排列,用户可以按照文献名称直接阅读到自己需要的期刊以及图书的全文。界面会直接显示资源类型(Content Type)是图书或者期刊,以及全文权限(full-text),即绿色钥匙的文献资源可以阅读全文,白色钥匙的文献资源只能阅读文摘。

(2)按学科浏览(Browse by Subject) 数据库将所有的文献资源按 4 大类 24 个学科领域数百个主题进行分类。用户可以根据需要逐级浏览,在浏览的学科或者主题前勾选,可多选,然后点击

"Apply",系统就会自动提供所选学科或主题的文献资源列表供用户浏览(图4.7.4)。

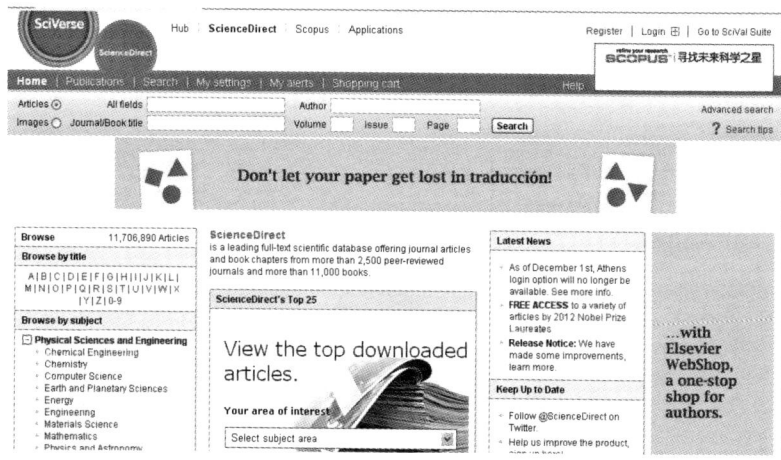

图 4.7.2　Science Direct 首页浏览

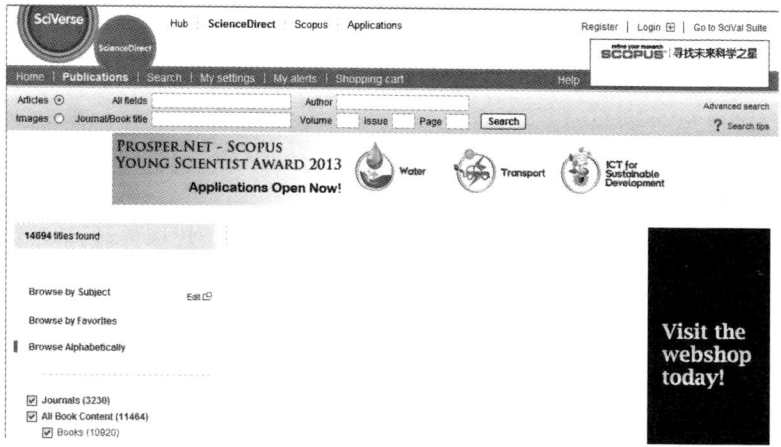

图 4.7.3　Science Direct 浏览页

第四章 数据库资源检索

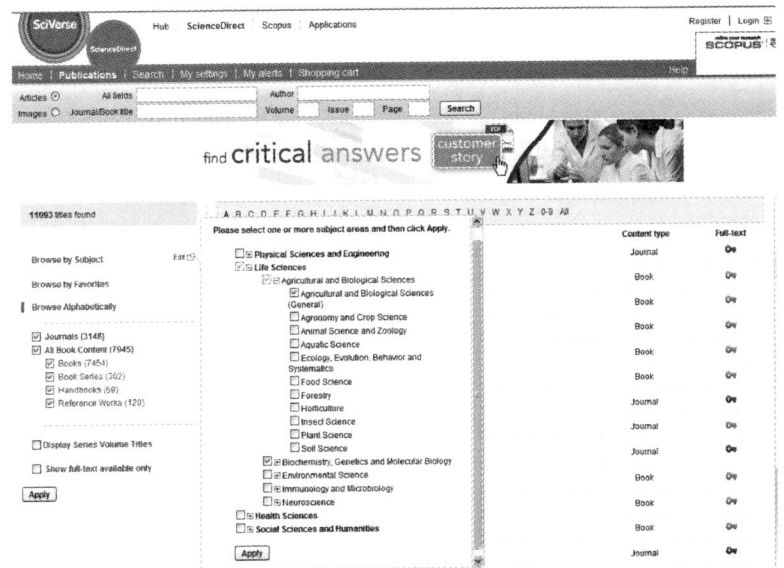

图 4.7.4 Science Direct 学科浏览页

（3）按喜好浏览（Browse by Favorites） 按喜好进行浏览是 SD 数据库浏览的新功能，是 SD 个性化服务的重要组成部分。注册用户登录以后，可以将自己感兴趣的文献资源，如期刊，直接添加成自己的喜好（Add to Favorite），此后再点击"按喜好浏览"，系统就会自动提供给用户已添加的所有文献资源列表。

2. 检索

在 SD 的主页上点击"Search"进入检索界面（图 4.7.5），提供快速检索（Quick Search）、高级检索（Advanced Search）和专业检索（Expert Search）三种检索功能。

（1）快速检索（Quick Search） SD 数据库任一页面上都有快速检索栏，在 All fields（所有字段）输入框中输入检索词，并且可以在 Author（作者）、Journal/book title（刊名/书名）、Volume

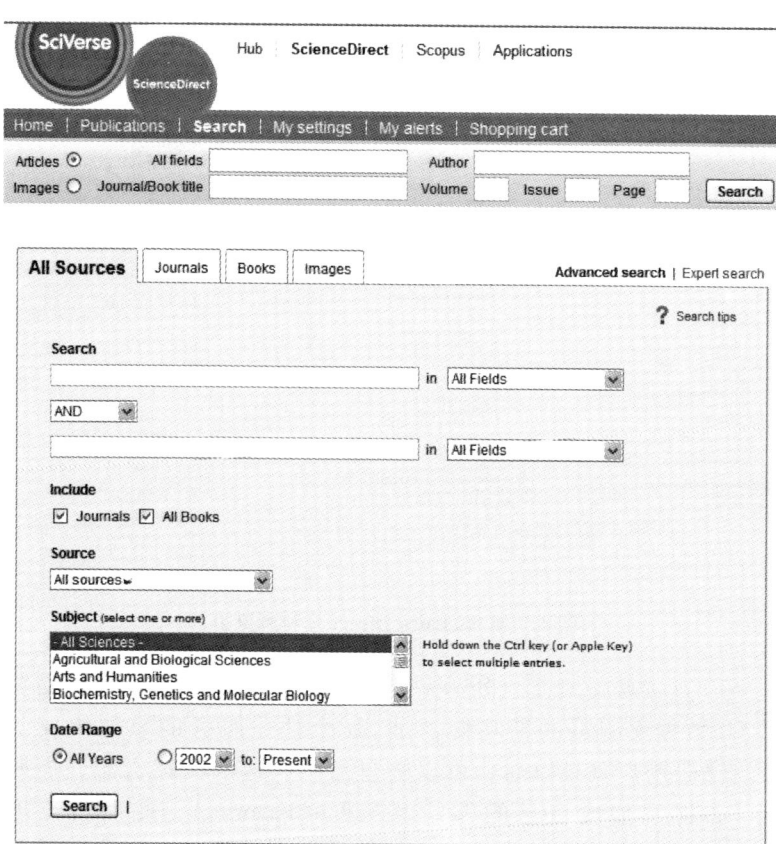

图 4.7.5　Science Direct 检索界面

（卷）、Issue（期）、页码（Page）字段进一步限制检索，然后点击"Search"执行检索，并显示检索结果。

（2）高级检索（Advanced Search）　SD 数据库的高级检索提供不同文献资源的检索，如期刊、图书以及图片，并且输入检索词后，可以选择其出现在特定字段中（图 4.7.6），例如 All fields（所有字段）、Abstract，Title，Keywords（文摘，篇名，关键词）、Authors（作者）、Specific author（特定作者）、Source Title（刊名/

第四章 数据库资源检索

书名)、Title(篇名)、Keywords(关键词)、Abstract(文摘)、References(参考文献)、ISSN(国际标准刊号)、ISBN(国际标准书号)、Affiliation(单位)、Full Text(全文)等。与此同时,可以进一步限定检索结果的学科范围和出版时间,最后点击"Search"即开始执行高级检索。

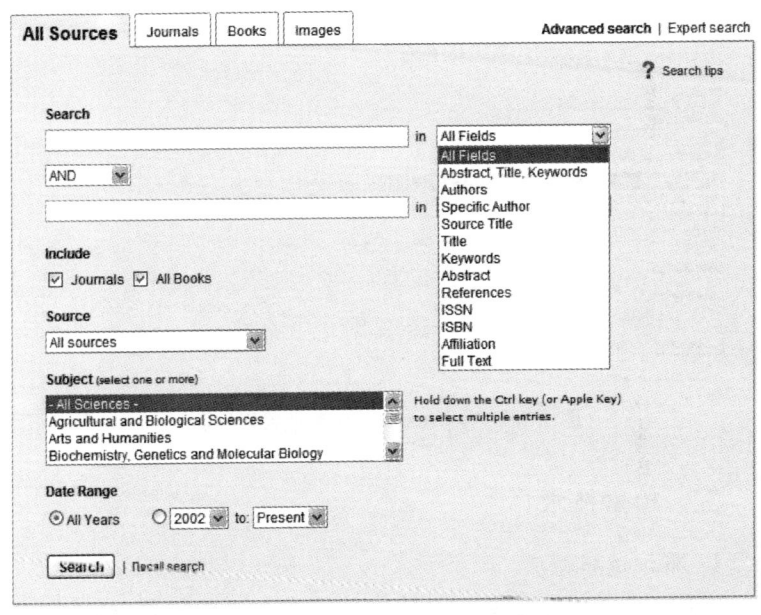

图 4.7.6 Science Direct 高级检索界面

(3) 专业检索(Expert Search) SD 数据库还为用户提供专业检索入口。如果一个检索课题有两个或两个以上的检索词,用户就可以将检索词限定在不同字段中,并且通过布尔逻辑算符将检索词连接成一个检索表达式。与高级检索类似,用户进一步限定检索结果的学科范围和出版时间后,点击"Search"就开始执行专业检索(图 4.7.7)。

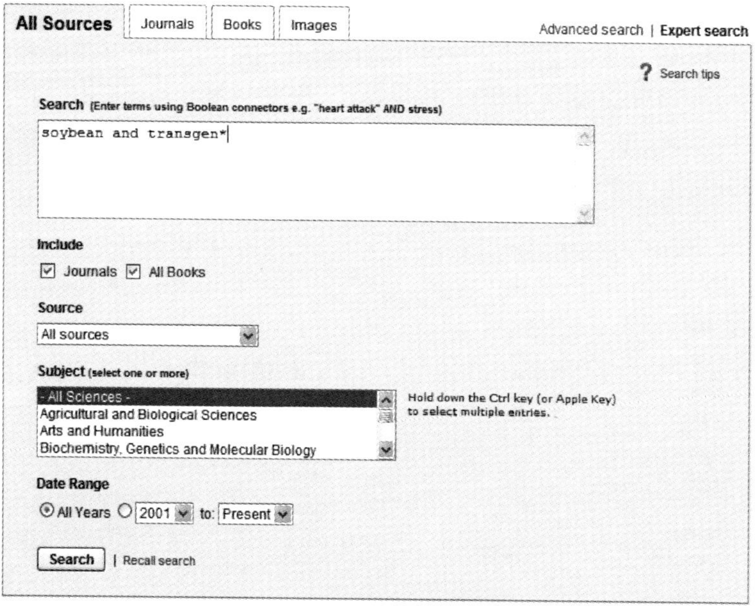

图 4.7.7 Science Direct 专业检索界面

三、检索技术

1. 布尔逻辑检索

在同一个检索字段里,系统支持用布尔逻辑算符 AND、OR、AND NOT 来连接检索词,确定检索词之间的关系;如果没有算符,系统默认各检索词之间的逻辑关系是 AND,即要求多个检索词同时出现在文章中。

2. 截词检索

系统支持使用通配符"*"作为无限截词符,即"*"取代单词中的任意(0,1,2…)个字母,如 transplant * 可以检索到 transplant, transplanted, transplanting 等;同时系统还支持使用通配符"?"作为有限截词符,即"?"取代单词中的 1 个字母,如

wom？n 可以检索到 woman，women。但系统对于英式与美式英语的拼写方式，如：behaviour 与 behavior；单词复数，如：horse 与 horses，会自动判定，对于希腊字母 α，β，γ，Ω 和法语、德语中的重音、变音符号均可以检索。

3. 位置检索

系统支持两个检索词以指定间隔或指定的顺序出现。使用 W/n，表示两词相隔不超过 n 个词，词序不定，如 quick w/3 response；使用 PRE/n，表示两词相隔不超过 n 个词，词序一定，如 quick pre/2 response。

4. 短语检索

系统支持宽松短语检索（使用""）与精确短语检索（使用｛｝）两种短语检索技术。""表示短语中的标点符号、连字符、停用字等会被自动忽略；｛｝表示短语中所有符号都将被作为检索词进行严格匹配。

四、检索结果

SD 数据库的检索结果包括显示、标记、发送电子邮件、存盘输出、下载以及批量下载等功能，所有结果可以通过相关度（relevance）和发表时间（Date）两种方式进行排序。

检索结果界面（图 4.7.8）首先给用户显示的就是检索结果的数量和篇名目录，每一条检索结果包括篇名、来源、作者以及文摘（Show preview）、全文（PDF）、相关文章（Related articles）、耦合文章（Related reference work articles）等链接。如果用户对检索结果不满意，可以通过检索结果左侧的二次检索框以及检索结果精炼功能，对检索结果进行二次检索和分组精炼。

每一篇检索结果题录前都有一个复选框，可以对该结果进行标记，用户可以通过检索结果上方的发送电子邮件（E-mail articles）、存盘输出（Export articles）、批量下载（Download multiple PDFs）、全部打开（Open all）等功能对标记的检索结果进行批

信息检索实用指南

量处理。

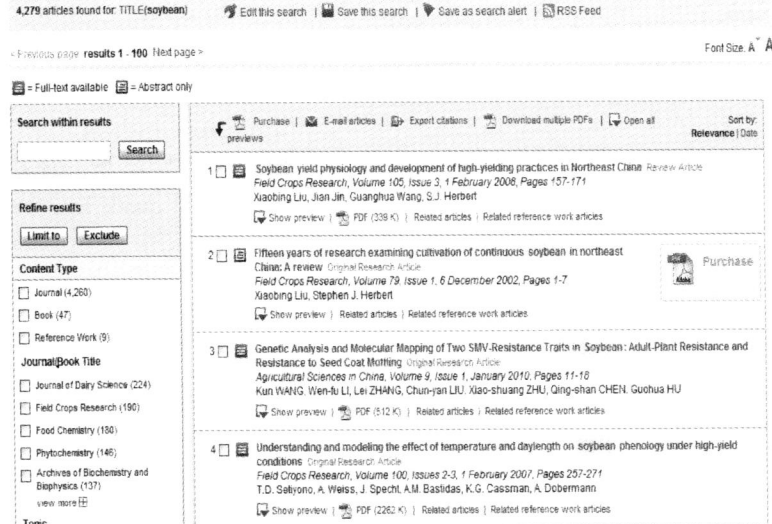

图 4.7.8 Science Direct 检索结果界面

需要注意的是，在 SD 数据库的检索结果中，有些期刊文章在其来源刊名后，会用红色"In Press"突出标记，指的是该篇文章是优先出版的期刊论文，即没有正式出版但是已经在编辑的论文（图 4.7.9），这类文章因没有具体的年、卷、期、页码等信息，在引用过程中需提供文章的 DOI 号。

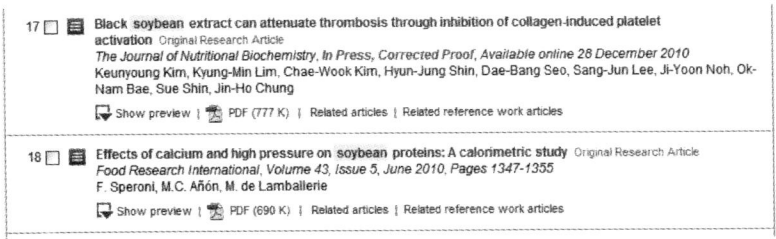

图 4.7.9 Science Direct 优先出版检索结果

五、个性化服务

SD 数据库为用户提供了个性化的服务，用户只需免费注册一个用户名和密码就可以设定自己的个性化图书馆，保存最近 100 次的检索历史，设置 E-mail 提示，建立个性化的期刊目录、引文提示，电子邮件推送等服务。

第八节 SpringerLink 全文电子期刊数据库

一、概况

施普林格（Springer）出版社于 1842 年创立于德国柏林，目前是世界上最大的科学、科技、医学领域的出版商。集团每年出版 1 900 余种学术期刊和 5 500 种新书。

SpringerLink 数据库是 Springer 公司在 1996 年推出的电子出版物平台，为用户提供科技、医学、社会科学的期刊、图书参考工具书和实验室指南，因此成为一个专为科技及医学研究人员设计的综合数据库。2010 年 8 月 7 日正式启动全新的 SpringerLink 平台。

SpringerLink 数据库将整个研究领域（包括在线期刊、电子书及电子参考工具书等）分为 13 个在线学科图书馆和两个特色数据库图书馆，所有内容均全面参加检索。13 个学科的数字资源包括：建筑、设计及艺术（只提供电子书）、行为科学、生物医学及生命科学、商业及经济、化学及材料科学、计算机科学、地球及环境科学、工程学、人文学科、社会科学及法学、数学及统计学、医学、物理学及天文学、专业电脑、万维网应用与设计（只提供电子书）；两个特色数据库包括中国在线科学图书馆（只提供期刊）以及俄罗斯在线科学图书馆（只提供期刊）。

在学校 IP 范围内的计算机访问登录 SpringerLink 数据库主页（图 4.8.1）时，首页的右上角会显示所在学校的名称，说明系已经通过了用户 IP 地址的身份认证，用户可以阅读和下载学校所订购的 SpringerLink 的全文数字资源。

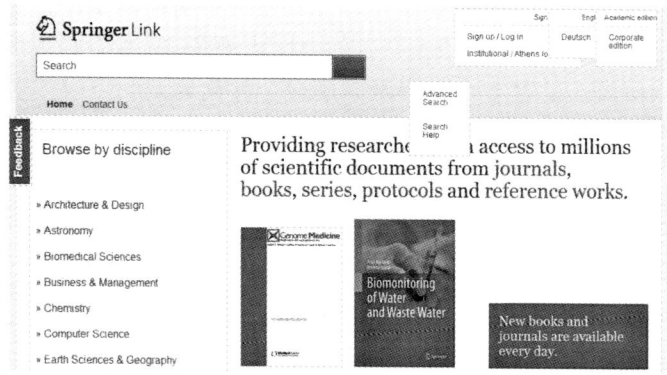

图 4.8.1　SpringerLink 数据库首页

二、数据库检索

1. 浏览

SpringerLink 数据库包括以下四种浏览功能（图 4.8.2 红框围

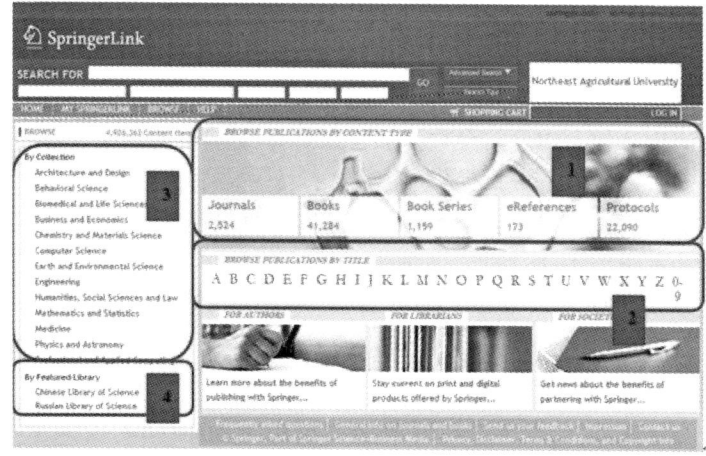

图 4.8.2　SpringerLink 数据库的浏览功能

第四章 数据库资源检索

成的 1、2、3、4 四个不同区域）：按内容类型浏览（By Content Type）、按出版物的标题字母顺序浏览（By title）、按学科内容浏览（By collection）、按特色数据库浏览（By Featured Library）。

（1）按内容类型浏览　点击选择不同类型的文献资源，如期刊（Journals）、图书（Books）、丛书（Book Serials）、参考工具书（References）以及实验室指南（Protocols），就可以浏览这一内容类型下的所有 SpringerLink 数据库中收录的文献资源。以期刊浏览为例，点击"Journals"链接（括号中数字是期刊的总种数），进入期刊浏览界面（图 4.8.3），所有的期刊按照字母顺序排列，用户可以通过页面上的起始字母，通过期刊标题浏览期刊。用户还可以通过左侧导航栏中的二次检索框查询和筛选期刊，点击导航栏中的学科分类（By collection），可以浏览当前结果中相应学科的期刊。

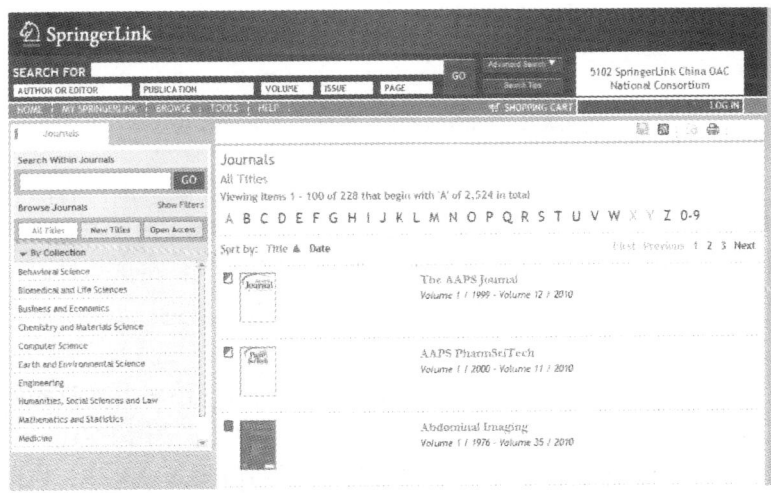

图 4.8.3　SpringerLink 期刊浏览界面

（2）按出版物的标题字母顺序浏览　点击选择不同的字母或数字进入出版物标题浏览界面。以点击字母"A"为例（图

4.8.4),页面上方会显示以字母 A 为标题首字母的所有出版物数量。左侧导航栏提供学科内容、版权年、数据库收录时间、文献资源类型、语种等五种筛选方式为用户进一步分组提供帮助。

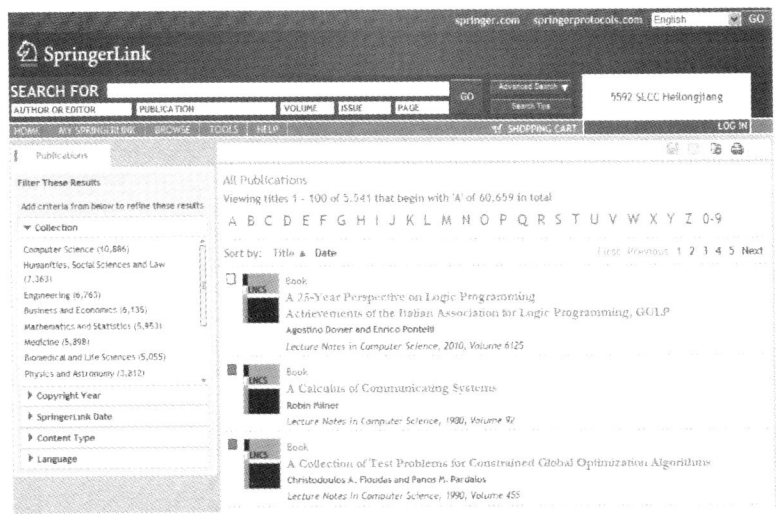

图 4.8.4 SpringerLink 标题字母浏览界面

(3) 按学科内容浏览 适合单一学科主题文献资源内容的查询。在主页点击学科分类名,则给出相应学科分类下的所有文献资源列表(图 4.8.5),左侧的导航栏会为用户提供:在该学科内容范围内二次检索、学科主题分类以及出版物类型等进一步对文献进行限定。

(4) 按特色数据库浏览 包括中国在线科学图书馆(只提供期刊)以及俄罗斯在线科学图书馆(只提供期刊)。中国在线图书馆,即 Springer 出版社通过与中国最著名的科技出版社合作,如科学出版社、高等教育出版社、浙江大学出版社、清华大学出版社,出版了百余种英文学术期刊。Springer 将这些期刊收录到"中国在线科学图书馆",并通过 SpringerLink 数据库提供世界范围内的全文访问。

第四章　数据库资源检索

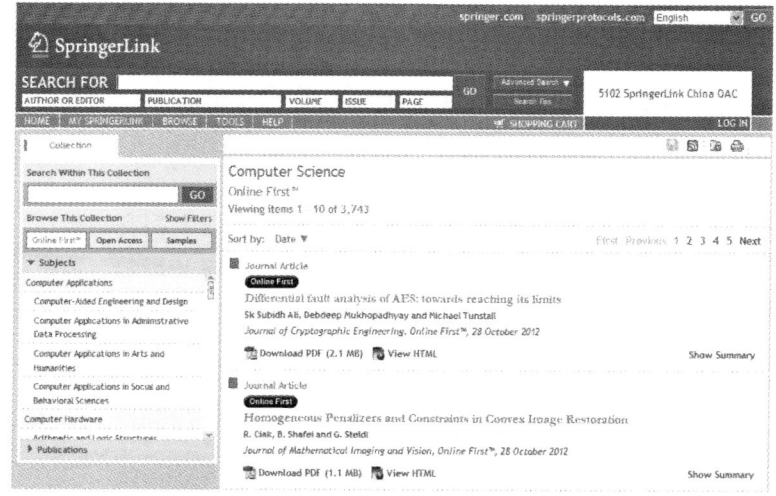

图 4.8.5　SpringerLink 学科内容浏览界面

2. 检索

SpringerLink 数据库提供快速检索和高级检索两种检索方式。用户使用 SpringerLink 时，检索框（快速检索和高级检索）会存在于每个页面的上方相同的位置，便于用户随时重新查询。

（1）快速检索　SpringerLink 数据库任一页面上都有快速检索栏（图 4.8.6），在输入框中输入检索词，系统会自动将检索词与

图 4.8.6　SpringerLink 快速检索界面

每篇文章或图书章节的标题、文摘、全文（作者、机构、参考文献）以及期刊名、书名等进行匹配，并且可以在 Author or Editor（作者或编辑）、Publication（出版物名称）、Volume（卷）、Issue（期）、页码（Page）字段进一步限制检索，然后点击"GO"执行检索，并显示出检索结果。

（2）高级检索 SpringerLink 数据库任一页面上都有高级检索栏，点击界面上的"Advanced Search"（高级检索）按钮，高级检索界面就会以下拉菜单的形式出现（图 4.8.7）。

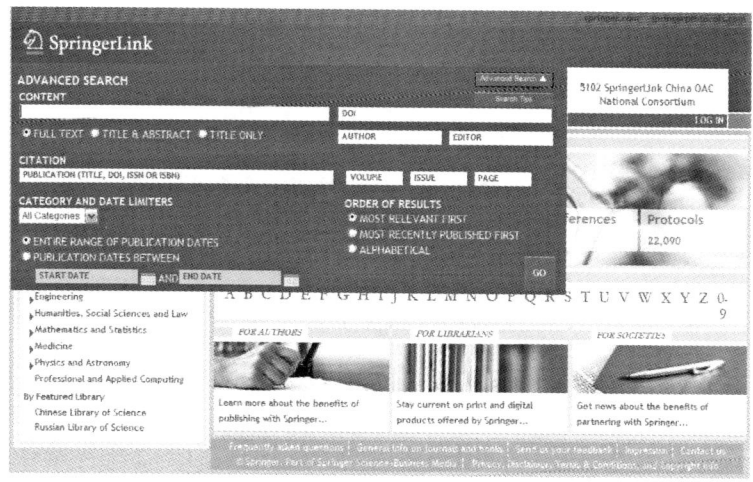

图 4.8.7 SpringerLink 高级检索界面

SpringerLink 高级检索提供的检索内容字段只有三种，即"全文"（Full text）、"标题和文摘"（Title &Abstract）和"标题"（Title Only）。与此同时，用户可以利用高级检索查找特定的一篇文章，可以输入文章的 DOI 号，Author or Editor（作者或编辑）、Publication（出版物名称）、Volume（卷）、Issue（期）、页码（Page）字段进一步限制检索。

在 SpringerLink 高级检索中还可以限定检索结果的文献资源类

第四章　数据库资源检索

型、出版的时间范围以及最后结果的排序方式（按相关度、出版时间、字母顺序），然后点击"GO"执行检索，并显示出检索结果。

需要指出的是，SpringerLink 数据库支持布尔逻辑算符：AND、OR、NOT，用户可以在快速检索和高级检索框中输入多个检索词，并通过布尔逻辑算符将检索词连接成检索式；系统还会自动为检索词添加截词符，以扩展用户检索结果。

三、检索结果

SpringerLink 数据库的检索结果包括显示、下载、输出、打印等功能，所有结果可以通过相关度（relevance）、发表时间（Date）和标题（Title）三种方式进行排序。

检索结果界面（图 4.8.8）首先给用户显示的就是检索式、检索结果的数量和篇名目录。每一条检索结果前都有一个访问指示符

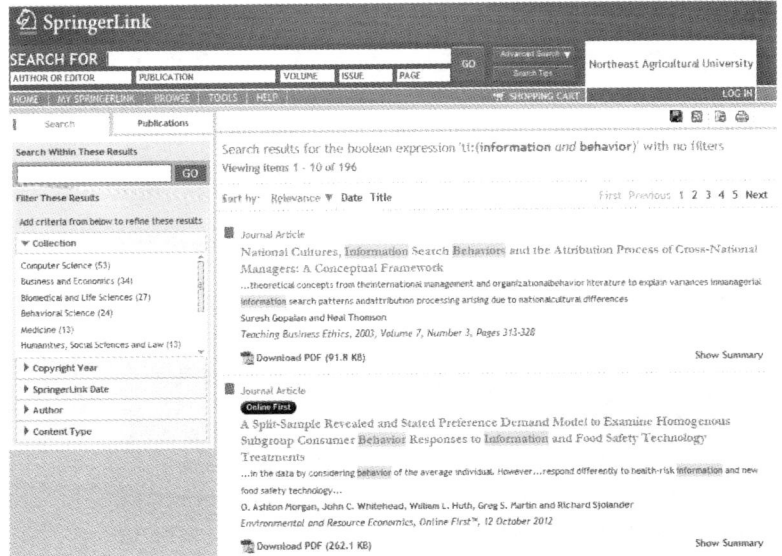

图 4.8.8　SpringerLink 检索结果界面

（Access indicators），如果指示符是绿色的，表明该篇文章用户可以阅读并下载全文，如果是白色的，则说明用户只能阅读文摘，无法获取到全文。除此之外，每条检索结果还包括篇名、文摘、作者、来源（刊名、年、卷、期、页码）以及全文下载（Download PDF）。如果用户对检索结果不满意，可以在导航栏的帮助下，精炼当前的检索结果。用户可以在检索结果范围内进行二次检索，也可以按照学科类别、出版年限、收录时间、文献类型以及出版物对检索结果进行分组精检。

点击文章篇名后，将显示该篇目的详细内容（图4.8.9），包括文摘、关键词、参考文献、DOI号等，并且在页面左侧会给用户显示该篇文章的相关文献列表、期刊同一期的其他文章列表以及此期刊其他年卷期中的文章列表。用户点击页面上的参考文献（References）按钮，就可以查阅文章的参考文献（图4.8.10），SpringerLink不仅提供在本数据库中全文篇对篇的链接，还提供CrossRef功能，可以链接到网上其他全文资源。

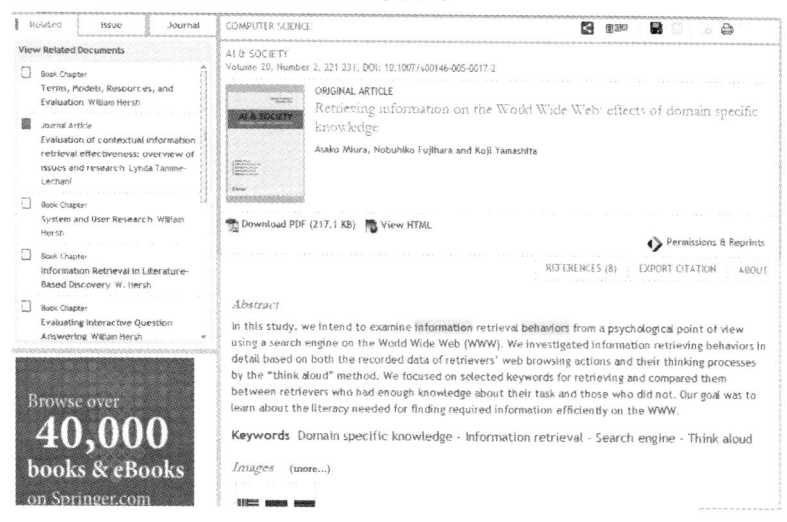

图4.8.9　SpringerLink单篇文章界面

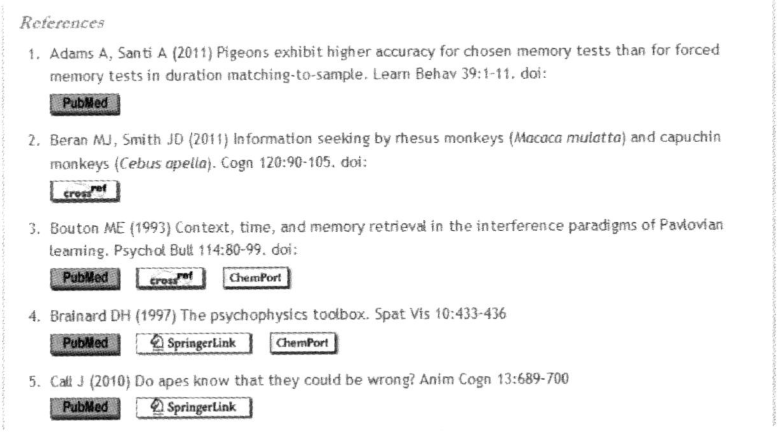
References

1. Adams A, Santi A (2011) Pigeons exhibit higher accuracy for chosen memory tests than for forced memory tests in duration matching-to-sample. Learn Behav 39:1-11. doi:
PubMed
2. Beran MJ, Smith JD (2011) Information seeking by rhesus monkeys (*Macaca mulatta*) and capuchin monkeys (*Cebus apella*). Cogn 120:90-105. doi:
crossref
3. Bouton ME (1993) Context, time, and memory retrieval in the interference paradigms of Pavlovian learning. Psychol Bull 114:80-99. doi:
PubMed　crossref　ChemPort
4. Brainard DH (1997) The psychophysics toolbox. Spat Vis 10:433-436
PubMed　SpringerLink　ChemPort
5. Call J (2010) Do apes know that they could be wrong? Anim Cogn 13:689-700
PubMed　SpringerLink

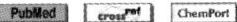

图 4.8.10　SpringerLink 参考文献界面

需要注意的是，SpringerLink 数据库也为用户提供优先出版的期刊论文，会用“Online First”在文章标题前突出标记。

四、个性化服务

用户只需免费注册一个用户名和密码，就可以享受 SpringerLink 数据库为用户提供的个性化服务，由界面菜单上的“我的 SpringerLink”（My SpringerLink）标识，包括“已保存的条目”（Saved Items）、“订购历史”（Order History）和“账户信息”（Account Details）。

第九节　EBSCO 数据库

一、概况

EBSCO Industries 于 1944 年由 Elton B. Stephens 建立，公司名称即为 E. B. Stephens Company 的缩写。主要产业有文献信息产品和服务、渔具、地产与酒店等。总部位于美国阿拉巴马州伯明翰市，连年位列福布斯美国最大 200 家私有公司榜单。

EBSCO 旗下所有数据库的业务，都是由 EBSCO Information Services，即 EBSCO Industries, Inc. 旗下的一个业务部负责，这些数据库是基于 EBSCOhost 平台的，可以统称为 EBSCOhost 数据库。比如最著名的是 ASP、BSP、ERIC、MEDLINE 等。

EBSCOhost 系统两个主要全文数据库是学术期刊全文数据库和商业资源数据库。

1. 学术期刊全文数据库

学术期刊全文数据库（Academic Search Premier，简称ASP）：是当今世界最大的多学科学术期刊全文数据库。数据库收录期刊12 800多种，包括8 700多种全文期刊（其中7 613种为专家评审期刊 peer-reviewed），553种非期刊类全文出版物（如图书、报告及会议论文等）。ASP 数据库涵盖多个学科领域，包括社会科学、教育、法律、医学、语言学、人文、工程技术、工商经济、信息科技、通讯传播、生物科学、教育、公共管理、社会科学、历史学、计算机、科学、传播学、法律、军事、文化、健康卫生医疗、宗教与神学、生物科学、艺术、视觉传达、表演艺术、心理学、哲学、妇女研究、各国文学等。收录年限是从1887年至今。

2. 商业资源数据库

商业资源数据库（Business Source Premier，简称BSP）：是一个侧重经济、管理和金融领域的全文数据库。数据库收录3 319种期刊索引及摘要，其中，2 300种为全文期刊（包括1 100多种同行评审全文期刊）及10 000多种非刊全文出版物（如案例分析、专著、国家及产业报告等）。BSP 数据库涵盖主题范畴包括金融、银行、国际贸易、商业管理、市场行销、投资报告、房地产、产业报导、经济评论、经济学、企业经营、财务金融、能源管理、信息管理、知识管理、工业工程管理、保险、法律、税收、电信通讯等。收录年限为1886年至今。

EBSCOhost 还包括以下其他数据库。

第四章 数据库资源检索

3. eBook Collection

eBook Collection（原 NetLibrary 电子图书）：提供 30 多万种电子图书，涉及各个主题并涵盖多学科领域。除英文电子书外还收录法文、德文、日文和西班牙文。除提供全文的电子书外，还提供 16 000 多种有声电子图书。EBSCO eBooks 电子书可以直接进行检索，不需要安装任何阅读软件即可阅读、保存和打印，每次可保存、打印 15 页或更多。

4. Food Science Source

Food Science Source：食品科学综合全文数据库，旨在满足各层次食品行业的信息需求。由于涉及面广、内容丰富，该数据库为用户在该行业的各个方面提供了所需的实用信息。此外，数据库中还涵盖有关食品行业众多领域的全文信息资料，包括食品科学、食品服务、加工、包装和运输等。它收录了数万条记录，并提供 1 300 多个全文主题的完整资料，同时还提供可搜索引文参考。

5. ERIC

ERIC（Education Resource Information Center）：美国教育部的教育资源信息中心数据库，收录教育及与教育相关的期刊文献的题录和文摘，包含超过 1 300 000 条记录和 323 000 多篇全文文档的链接，时间可追溯至 1966 年。

6. MEDLINE

MEDLINE：当前国际上最权威的生物医学文献数据库，提供了有关医学、护理、牙科、兽医、医疗保健制度、临床前科学及其他方面的权威医学信息。MEDLINE 由美国国立医学图书馆（National Library of Medicine，NLM）创建，采用了包含树、树层次结构、副标题及激增功能的 MeSH（医学主题词表）索引方法，可从 4 800 多种当前生物医学期刊中检索引文。

7. Newspaper Source

Newspaper Source：报纸资源数据库，完整收录了 40 多种美国和国际报纸以及精选的 389 种美国宗教报纸全文；此外还提供电视和广播新闻脚本。

8. Regional Business News

Regional Business News：美国区域商业文献全文数据库，提供综合型地区商务出版物的全文信息。包含 80 多篇涉及美国所有城市和农村的地区商务报告。数据库每日更新。

9. Library, Information Science & Technology Abstracts

Library, Information Science & Technology Abstracts（LISTA）：提供 1965 年至今的超过 560 种核心期刊、近 50 种优秀期刊、近 125 种精选期刊以及书籍、研究报告和记录的索引，主题涉及图书分类、目录、书目计量、在线信息检索、信息管理等。

10. GreenFile

GreenFile：提供人类对环境产生影响的深入研究信息；包括全球变暖、绿色建筑、污染、可持续农业、再生能源、资源回收等。数据库提供近 384 000 条记录的索引与摘要以及 4 700 多条记录的 Open Access 全文。

11. Teacher Reference Center

Teacher Reference Center：提供 280 多种最畅销的教师和管理者期刊的索引和摘要，旨为专业教育者提供帮助。

12. European Views of the Americas

European Views of the Americas：1493 to 1750：新的书目数据库，是重要的索引工具。EBSCO Publishing 与 John Carter Brown Library 通力合作，在受到全世界学者推崇的权威数据库 "European Americana：A Chronological Guide to Works Printed in Europe Relating to the Americas, 1493—1750" 的基础上，编制了这个新的数据库。该数据库收录超过 32 000 个条目，是 1750 年前美国人在欧洲撰写的书面记录的全面指南。

二、数据库检索

1. 选择数据库

在学校 IP 范围内的计算机访问登录 EBSCOhost 数据库主页（图 4.9.1）时，首页的上方会显示所在学校的名称，说明系统已经通过了用户 IP 地址的身份认证。点击"利用 EBSCO 数据库提高你的科研水平"进入 EBSCOhost 系统的检索界面（图 4.9.2），系统默认选择的数据库有 ASP、BSP、Newspaper Source、Regional Business News 以及 eBook Collection。

图 4.9.1　EBSCOhost 系统入口界面

图 4.9.2　EBSCOhost 系统的检索界面

如果用户不满意系统默认选取的数据库，可以更改并选择数据库。点击图4.9.2数据库名称列表旁的"选择数据库"，进入数据库选择界面（图4.9.3），自行选取数据库即可。

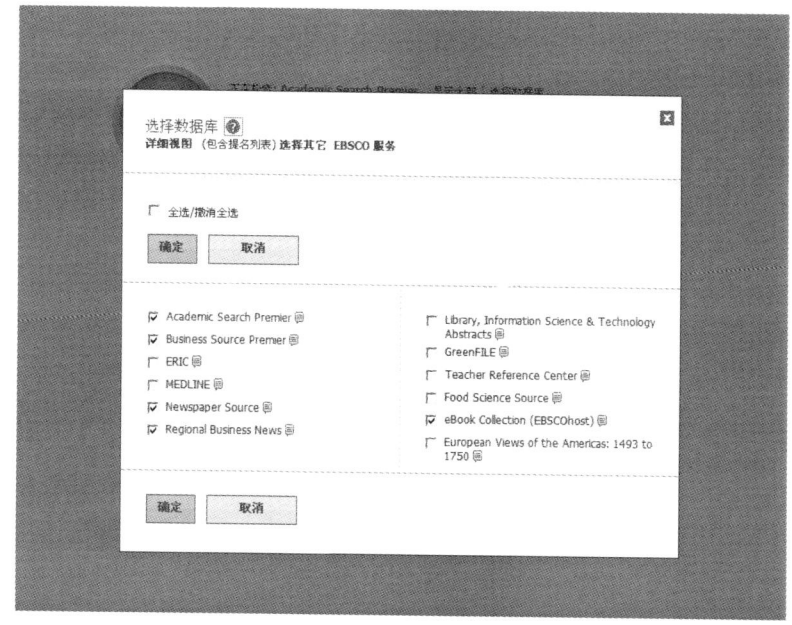

图4.9.3　EBSCOhost系统的数据库选择界面

2. 基本检索

系统默认检索方式为基本检索。基本检索中默认的检索字段是关键词，在检索框中输入检索词或者检索式（使用下文任意检索技术将检索词构造成检索式），点击"检索"即可。

（1）检索选项的设定　如图4.9.4所示，基本检索界面下方的"检索选项"可以进行"检索模式"以及"限制结果"的选择。检索模式默认选择"布尔运算符/词组"，用户可以在"查找全部检索词语"、"查找任何检索词语"、"智能文本检索"等选项中重新选取检索模式。限制结果默认选择"全文"，即检索结果都是提供全文，

第四章 数据库资源检索

与此同时,用户可以限制"同行评审期刊"、"出版日期"、"图像快速查看"以及针对每个数据库独特的限制条件进行限定。

图 4.9.4　EBSCOhost 基本检索与检索选项

(2) 检索技术

①布尔逻辑检索。在同一个检索字段里,系统支持用布尔逻辑算符 AND、OR、NOT 来连接检索词,确定检索词之间的关系;一般用 ( ) 来提升"OR"的优先级。

②截词检索。当存在不确定的字符、多种拼写或词尾变化时可以使用通配符(?、#)和截词符(*)进行截词检索。注意:这些符号都不能作为单词的第一个字母位置。?:可以放在查寻字词的中间或是后面,代表此位置一定有任意一个字母;#:可以放在查寻字的中间或后面,代表此位置可能有任意一个字母,也可能没有字母,这个字符对于查寻英美拼写的不同有很大的帮助;*:通常用在字尾有不同变化的同一个字根上,取代单词中的任意个(0, 1,2…)字母。

③位置检索。位置检索用于在数据库中查找两个或以上单词之

间含有特定个数（或少于该数量）单词的文献结果。可用于关键词或布尔检索。

Nn 表示算符两侧的检索词之间允许间隔最多 n 个词，且两者的顺序可以颠倒，例如：tax N5 reform，表示 tax 和 reform 之间允许间隔最多 5 个词；Wn 表示算符两侧的检索词之间最多允许间隔 n 个词，且两者的相对位置不能颠倒，例如：输入 tax W8 reform，表示 tax 和 reform 之间允许间隔最多 8 个词，其检索结果可以是 tax reform，但不能是 reform of income tax。

④停用词。在检索 EBSCO 数据库时，有些词语不能作为检索词，即使用户输入这些词系统也会忽视它们，但是会在它所在的位置用其他的词代替，例如：输入 company of America，EBSCOhost 会检索出 company of America，company in America，company for America 等。

⑤短语检索。系统支持双引号用于精确短语检索。但双引号中的停用词也会被忽略，双引号中的布尔逻辑符也会被当做停用词处理。

3. 高级检索

点击"高级检索"标签，用户进入高级检索界面（图 4.9.5），默认提供三个检索词输入框，用户可以输入至少三组检

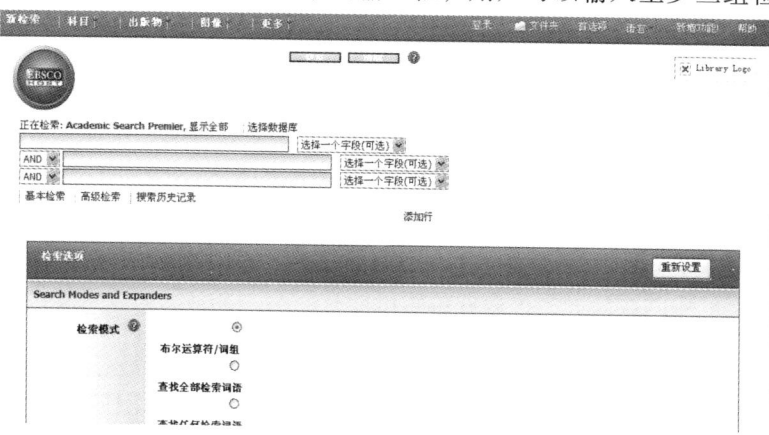

图 4.9.5　EBSCOhost 高级检索界面

第四章 数据库资源检索

索词或检索式（点击旁边的"添加行"，可以添加检索框），每输入一个检索词或检索式，就要选择它所在的字段（用户选择的数据库不同，此时提供的检索字段也有区别），通过选取布尔运算符将检索词或检索式进行连接，最后点击"检索"系统即开始执行检索。需要注意的是高级检索栏目下的检索选项与基本检索相同。

三、检索结果

以基本检索为例，在检索框中输入检索式，点击"检索"按钮，EBSCOhost系统开始执行检索，检索结果（图4.9.6）默认将屏幕分成三栏（用户可自行在菜单的"首选项"中设定显示的栏目数量），即"精确搜索结果"、"所有结果"、"相关图片"等三个部分，点击三栏之间的《或》图标可以隐藏或显示不同的区域。

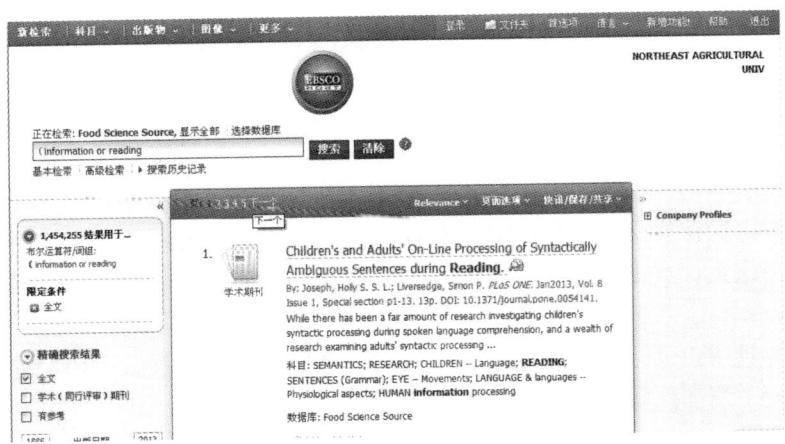

图4.9.6 EBSCOhost检索结果界面

1. 精确搜索结果

如果检索结果数量太多，用户可以根据左侧的"精确检索结果"对所有结果进行二次分组,可以按照文献类型、主题词表、分类、出版物、公司、地理学、行业分类、学科类别以及所在数据库等缩小检索结果的范围。精炼过程全部显示在屏幕左侧,用户一目了然(图 4.9.7)。

图 4.9.7　EBSCOhost 检索结果精炼过程界面

2. 所有结果

显示在"结果列表"屏幕中心位置,显示每条记录的文献类型、篇名、作者、来源、DOI、主题词表、分类、地理学、行业分类、所在数据库、文献格式(HTML、PDF 格式)等一系列文章相关信息。点击"HTML 全文"链接可以直接查看文章的全文(图 4.9.8),在 HTML 格式下,系统为用户提供翻译与阅读的功能,并且用户可以将文章进行打印、发送电子邮件、保存、引用、导出、添加注释、建立永久链接、添加书签等辅助功能。点击"PDF 全文"链接可以查看或下载 PDF 版全文,PDF 全文需要用 Adobe Reader 打开(图 4.9.9),在页面的左侧会显示该文章所在期刊上刊载的其他文章。

第四章 数据库资源检索

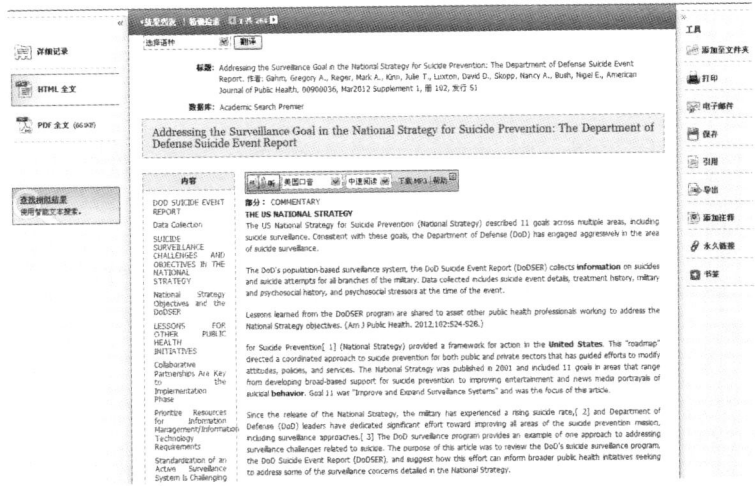

图 4.9.8　EBSCOhost 检索结果 HTML 全文界面

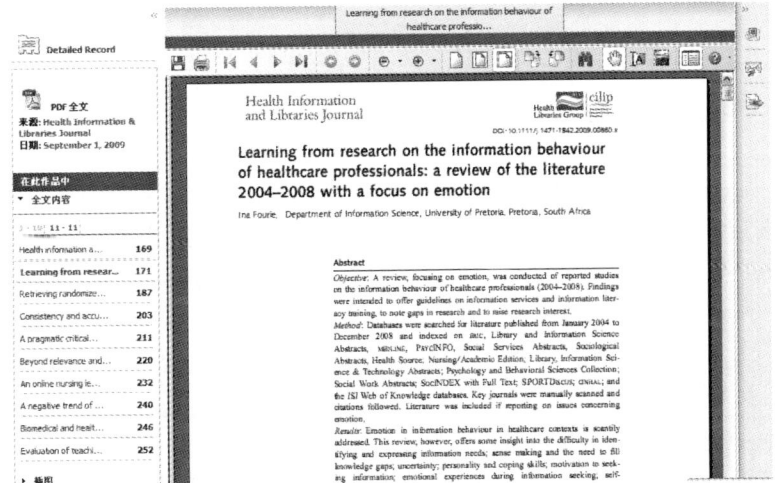

图 4.9.9　EBSCOhost 检索结果 PDF 全文界面

3. 相关图片

在检索结果的右侧（图 4.9.7）系统会自动显示检索结果中的

相关图片信息,点击图片链接,就会为用户显示图片的详细信息(图 4.9.10),并且为用户提供打印、保存、导出、书签、发送电子邮件等功能。

图 4.9.10　EBSCOhost 图片显示界面

四、其他检索选项

上文介绍了 EBSCOhost 系统主要的基本检索和高级检索功能,该系统还为用户提供科目术语、出版物、图像、公司概况(仅限 BSP 数据库)、参考文献、索引、字典等辅助检索选项。

1. 科目术语检索

可以字母顺序和相关性对主题词表进行文章主题的检索(图 4.9.11)。

例如,以 ASP 主题词表为例,在"浏览"检索字段内输入关键词,如输入"accounting",选择"词语的开始字母"、"词语包含"或"相关性排序"作为排序依据,点击"浏览",系统开始检索。检索结果会显示出符合条件的主题(图 4.9.12),有些主题还可以再追踪下一级主题。点击结果列表中的主题词,系统会展开

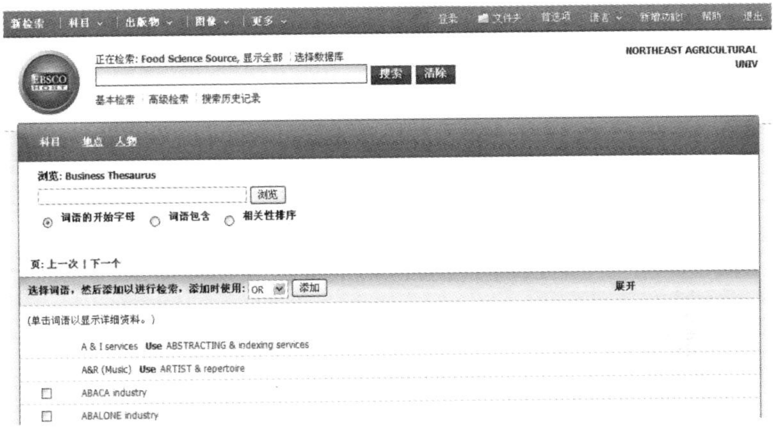

第四章 数据库资源检索

图 4.9.11　ASP 科目术语检索界面

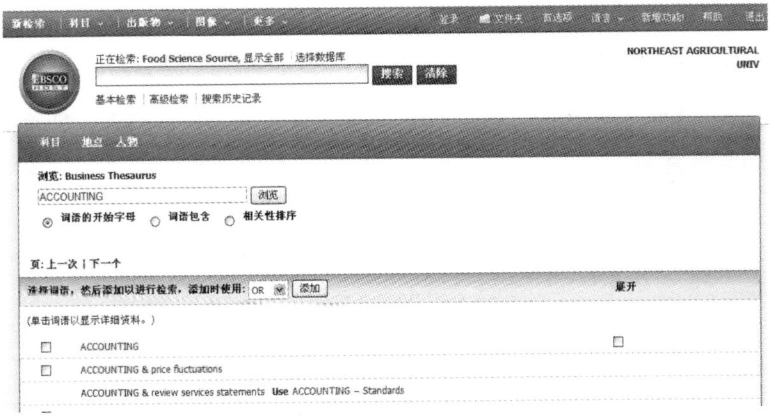

图 4.9.12　ASP 科目术语检索结果界面

显示该主题词的详细信息，包括主题词的解释、主题词的上、下位主题词、相关主题词等（图 4.9.13 以 ACCOUNTING—Study & teaching 为例），在主题词前选择框上勾选，选择布尔运算符 OR、AND 或 NOT 表示选取的主题词之间的逻辑关系，然后点击"添加"按钮，系统就会自动在基本检索框中生成检索式，例如，

DE "ACCOUNTING interns" AND DE " ACCOUNTING" AND DE " PROFESSIONAL education" AND DE " TEACHING",点击"检索",系统就会为用户检索有关主题的文献记录(图4.9.14)。

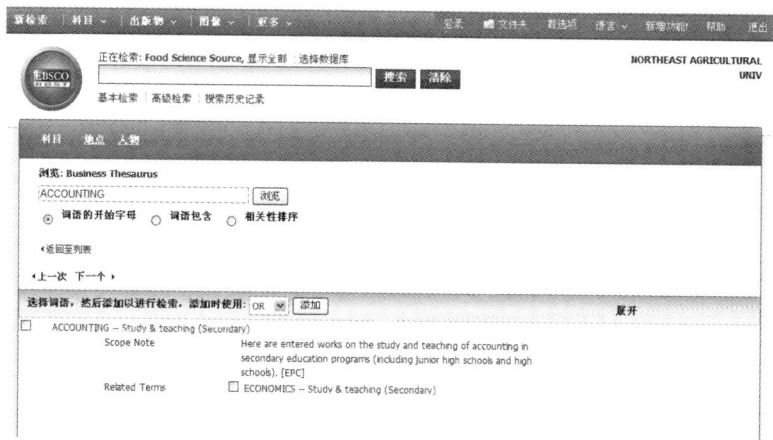

图4.9.13 主题词ACCOUNTING—Study & teaching 展开界面

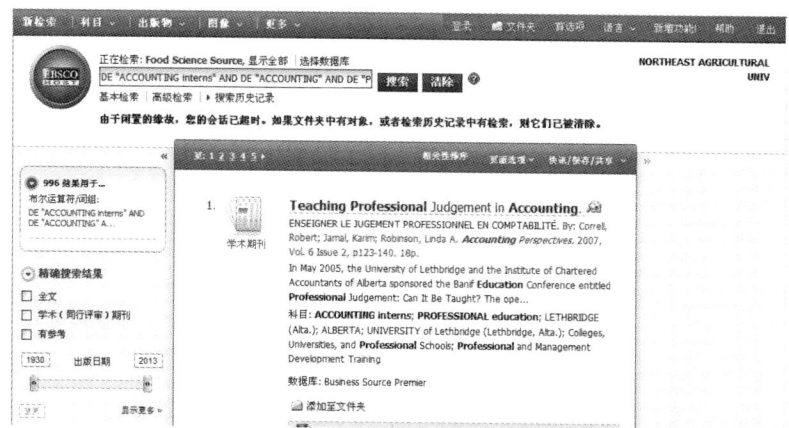

图4.9.14 主题词文献记录结果界面

2. 出版物检索

即期刊浏览,收录数据库中所有期刊,可使用刊名进行检索或

第四章　数据库资源检索

者按照刊名、卷期浏览。出版物检索可分为"按字母顺序"、"按主题和说明"、"匹配任意关键字"三种检索模式，当用户不确定出版物名称时便可选择此方法。

点击检索主页菜单上的"出版物"按钮，选择需要浏览出版物的数据库名称（图 4.9.15），进入该数据库的出版物检索界面（图 4.9.16 以 ASP 为例），可以在上方的检索框中输入检索词进行

图 4.9.15　出版物检索菜单选择界面

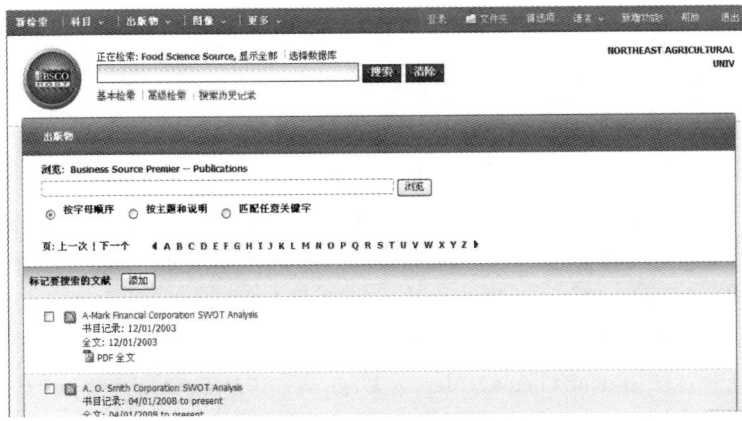

图 4.9.16　ASP 出版物检索界面

出版物检索，或者按字母顺序进行出版物浏览。例如，点击《ABA Journal》进入期刊详细信息界面（图4.9.17），页面包含了期刊的详细信息，刊名、ISSN、出版者信息、标题历史记录、书目记录、全文、出版物类型、科目、期刊说明、出版者URL、频率、是否是同行评审期刊等，并且在该页面可以浏览该刊历年刊载的文章全文。

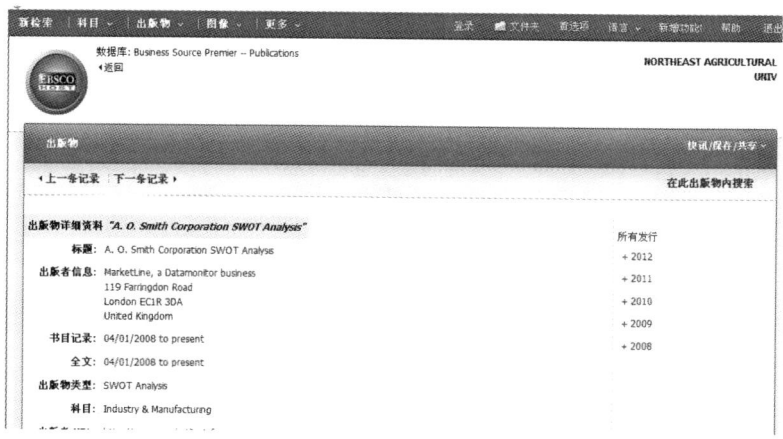

图4.9.17　ABA Journal 详细信息界面

3. 图像检索

点击检索界面最上方菜单上的"图像"按钮，可以看到EBSCOhost系统的图像检索包括"Image Collection"和"Image Quick View Collection"两个部分（图4.9.18）。"Image Collection"是浏览ASP数据库自带的图片库，收录有30万张照片、图表、地图、旗帜等在期刊文章中找不到的资料；资料来源包括Getty Images、UPI、Canadian Press、Motion Picture & Television Photo Archive 等；图片类型包括 Photos of People、Natural Science Photos、Photos of Places、Historical Photos、Maps、Flags 等；"Image Quick View Collection"是ASP与BSP数据库文章中的附图，包括Black and White

第四章　数据库资源检索

Photographs、Color Photographs、Diagrams、Illustrations、Charts、Graphs、Maps 等图片类型。

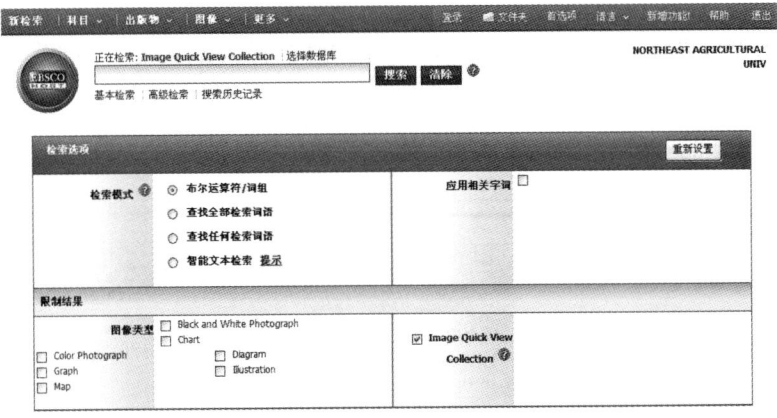

图 4.9.18　EBSCOhost 系统图像检索入口界面

例如：点击"Image Collection"进入该图像检索界面（图 4.9.19），与基本检索类似，用户可以在"检索选项"中限定检索模式，并根据图片类型限制检索结果，然后点击"搜索"即可执行图像检索。

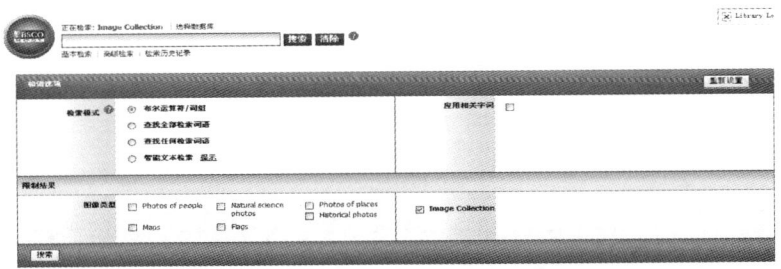

图 4.9.19　Image Collection 检索界面

4. 索引检索

在检索页面最上方菜单上点击"更多"—"索引"（Index）

（图4.9.20以ASP为例）进入索引检索界面（图4.9.21），用户可以从作者、关键词、刊名、ISSN、ISBN、语种、主题词、出版年等方面列出数据库收录的所有该范围的条目，每一条目同时显示对应的检索记录数，可以选中一个或者多个条目，选择条目间的布尔逻辑关系，点击"添加"做进一步的检索。

图4.9.20　ASP索引检索

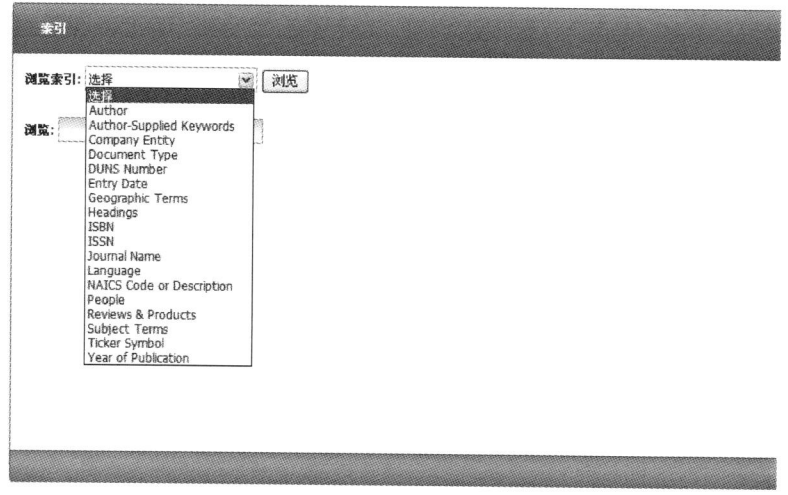

图4.9.21　ASP索引选项界面

5. 参考文献检索

通常用户在撰写文章时都会参考或引用其他文献，并且会在文章的最后列出其所参考或引用的文献列表。参考文献检索能够帮助用户检索出文章引用的参考文献及其被引的情况。点击检索界面最上方菜单上的"参考文献"按钮，进入参考文献检索界面（图 4.9.22 以 ASP 为例），在 Cited author（作者）、Cited Title（题名）、Cited Source（来源文献）、Cited Year（年代）或者 All Citation Fields（全部）检索字段内键入检索词，然后点击"搜索"按钮。

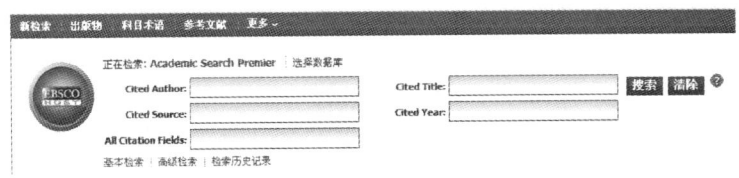

图 4.9.22　ASP 参考文献检索界面

五、个性化服务

在 EBSCOhost 系统上注册"我的 EBSCOhost"个性化账户，用户即可在任何有权访问 EBSCOhost 数据库的地方享受 EBSCOhost 为用户提供的个性化服务。用户只需免费注册一个用户名和密码就可以对标识的文章、图像、视讯、页面、注释、检索的永久链接、保存的检索、检索快讯、期刊快报、网页等分类管理个人的文件夹；只需要登录"我的 EBSCOhost"就可以直接调出已保存好的检索结果，并对检索结果进行打印、电子邮件、另存为文件、导出等处理方式；在"检索快讯"中预设好检索式，系统就会自动将最新出版的符合检索式的文章发送到用户设定好的电子邮箱中。

第十节　Emerald 数据库

一、概况

1967 年，Emerald（爱墨瑞得）出版社由来自世界著名百所商学院之一的布拉德福商学院（Bradford University Management Center）的学者建立，主要出版管理学、图书馆学、工程学等专业领域的期刊。Emerald 总部位于英国 Bradford，在世界上 12 个国家和地区设有分公司，包括中国、美国、加拿大、澳大利亚、马来西亚、日本、印度等，是全球最大的经济学、管理学学术期刊出版社。

  为纪念成立 40 周年，Emerald 出版社与英国大不列颠图书馆合作，将 Emerald 出版的所有期刊全部数字化，其中包含商业管理、图书馆学、信息科学、材料科学及工程学等。该库最早回溯至十九世纪，为商业、管理学领域的学者及社会历史学家等人士，提供了重要而有意义的历史资料。2010 年，中国国家图书馆正式引进 Emerald 回溯内容全国在线，包含 178 种全文期刊，超过 11 万篇的全文内容，涉及会计、金融与法律、人力资源、管理科学与政策、图书馆情报学、工程学等领域。所有期刊均回溯至第一期第一卷，最早可以回溯到 1898 年。

  在学校 IP 范围内的计算机访问登录 Emerald 数据库主页（图 4.10.1）时，首页的左上角会显示所在学校的名称，说明系统已经通过了用户 IP 地址的身份认证，用户可以阅读和下载学校所订购的 Emerald 全文数字资源。

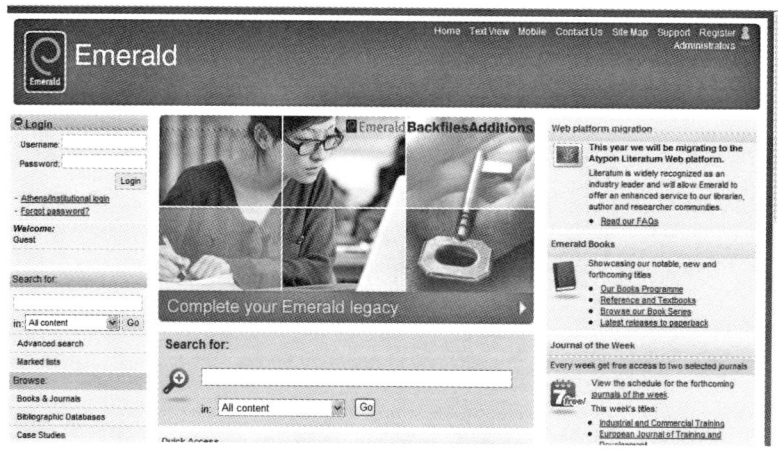

图 4.10.1 Emerald 数据库首页

第四章　数据库资源检索

二、数据库检索

1. 检索

(1) 基本检索　在首页中的检索有两个入口,即图 4.10.2 中方框框起的部分,也是 Emerald 数据库的基本检索的检索框,用户可以在检索框中输入检索词,并限定该检索词出现在所有文献资源(All Content)、期刊(Journals)、图书(Books)、书目数据库(Bibliographic Databases)、案例研究(Case Studies)以及 Emerald 网页(Site Pages)等部分。

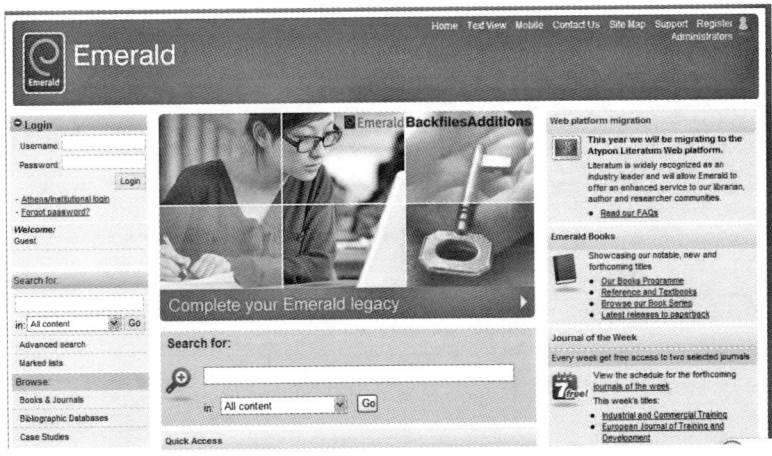

图 4.10.2　Emerald 数据库检索入口——基本检索

(2) 高级检索　左侧检索框的下方就要"高级检索"(Advanced search)入口,点击进入高级检索界面(图 4.10.3)。与基本检索类似,用户可以针对 5 种不同检索结果进行检索,即 Search in 期刊(Journals)、图书(Books)、书目数据库(Bibliographic Databases)、案例研究(Case Studies)以及网页(Site Pages)。然后在 Search for 的检索框中输入检索词,可以选择其出现在特定字段中,例如,All fields(所有字段)、除了全文的所有字段(All

137

except full text)、文摘(Abstract)、出版物名称(Publication title)、文章题名(Content item title)、作者(Author)、国际标准连续出版物号(ISSN)、国际标准书号(ISBN)、国际标准电子图书编号(EISBN)、卷号(Volume)、期号(Issue)、页码(Page)、关键词(Keywords)等;然后可以限制检索词的匹配模式,All 是指匹配所有检索词,但不管检索词在文章中出现的顺序;Any 表示结果中含有任意检索词;Phrase 说明所有检索词以词组形式出现,且顺序一致;接下来通过布尔逻辑运算符 AND、OR、NOT 将检索词进行链接。与此同时,用户可以进一步限定检索结果的出版时间范围以及是否包括 Emerald 优先出版的文章和 Emerald 回溯内容数据,最后点击"Search"即开始执行高级检索。

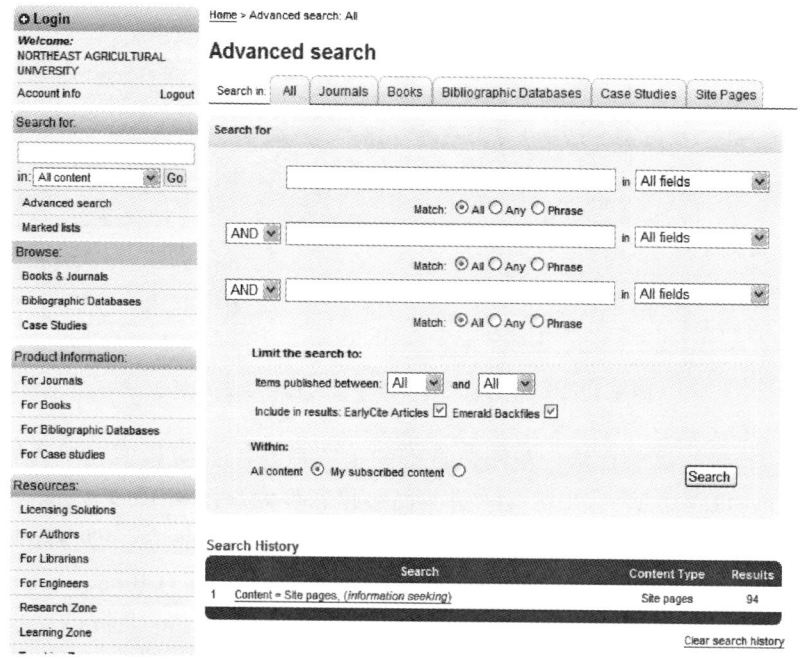

图 4.10.3　Emerald 数据库高级检索界面

第四章　数据库资源检索

2. 浏览

Emerald 首页左侧工具栏中点击"浏览"（Browse）下的任一项便可进入到相关的浏览功能。

（1）按图书和期刊浏览（Books & Journals）　Emerald 默认将所有 Emerald 系列丛书和全文期刊资源按照字母顺序排列（图4.10.4），用户可以按照文献名称直接阅读到自己需要的期刊以及图书的全文。界面会直接显示资源名称（Title）、资源类型（Content Type）以及 ISSN。

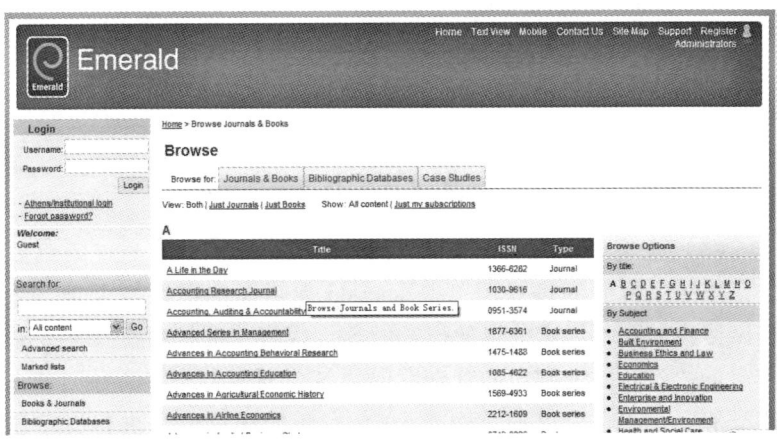

图 4.10.4　Emerald 按图书和期刊浏览界面

除了按照字母顺序，Emerald 还将其资源分成了 28 个学科类别（图 4.10.4 框起的部分），用户可以根据个人需要点击学科名称，然后按照学科类别进行浏览。

（2）按书目数据库浏览（Bibliographic Databases）　Emerald 书目数据库包括 Emerald Management Reviews（管理学评论）以及四种 Emerald 文摘索引库：Computer Abstracts International Database（国际计算机文摘库）、Computer & Communications Security Abstracts（计算机与通讯安全文摘库）、International Civil

139

Engineering Abstracts（土木工程文摘库）、Current Awareness Abstracts（图书馆与信息管理文摘库），用户可以直接点击文摘库名称进行浏览；也可以通过右侧的 7 种分类进行学科浏览（图 4.10.5）。

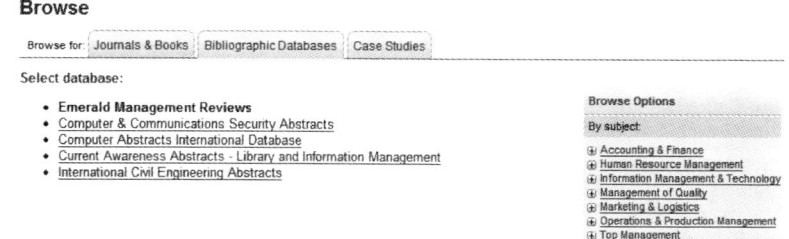

图 4.10.5　Emerald 按书目数据库浏览界面

（3）按案例研究内容浏览（Case Studies）　第三种浏览方式是按照案例研究进行浏览，Emerald 数据库的案例研究是该数据库搜集的同行评审的案例研究内容，内容主要针对全球主要新兴市场的商业决策制定和管理发展的各个方面，与前两种浏览方法类似，用户也可以通过图 4.10.6 右侧的学科分类进行案例研究浏览。

3. 检索技术

（1）布尔逻辑检索　在同一个检索字段里，系统支持用布尔逻辑算符 AND、OR、NOT 来连接检索词。直接在检索框中输入布尔逻辑运算符 AND、OR 和 NOT，需要注意的是布尔逻辑符必须大写。

（2）短语检索和完全匹配检索　可以选择检索框下面的选项，进行短语检索和完全匹配检索。也可以，在检索框中使用" "将检索词锁定。

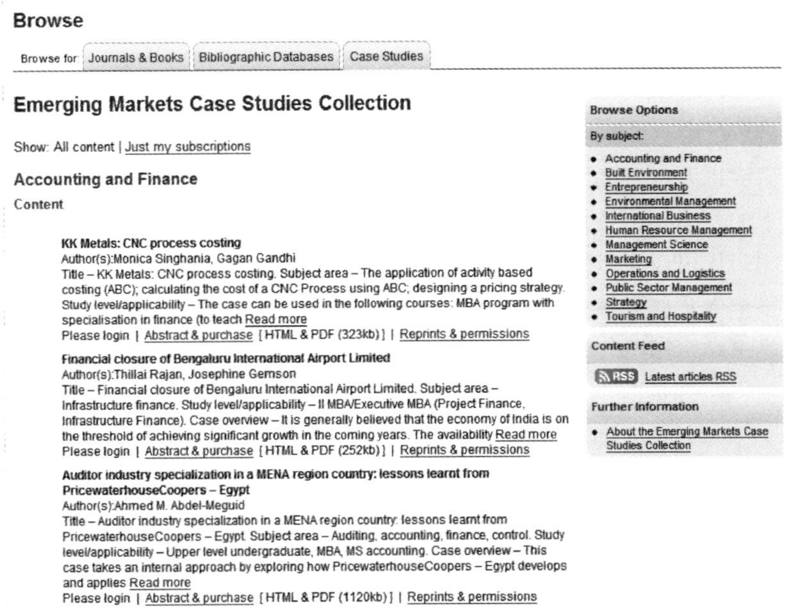

第四章 数据库资源检索

图 4.10.6　Emerald 按案例研究内容浏览界面

注意：如选择完全匹配 Exact Match 检索，则只返回与检索词完全相同的检索结果，例如检索 marketing，并选择 publication title 字段和完全匹配，则检索结果只返回期刊名称为 marketing 的期刊，而不包括期刊名称为 The European Journal of Marketing 或 Marketing Intelligence and Planning 等刊名包含 marketing 的期刊。

（3）词干检索或截词检索　使用通配符 * 和?，通配符只能出现在检索词的中间和末尾，不能出现在检索词开头。

（4）权重检索　系统支持使用权重符号^，如检索"work^4 management"，则检索结果中检索词 work 的权重必须是 management 的 4 倍。

三、检索结果

Emerald 的一次检索,就会为用户输出 5 种不同类型的结果(图 4.10.7,图 4.10.8),并按照期刊、丛书、书目数据库、案例研究以及网页的顺序排列,每种类型名称下面会为用户显示该类型下的检索结果数量,并会为用户列举前 5 条检索结果,与此同时,用户还可以点击结果菜单上的类型名称方便地进行类型的切换;菜单下面是此次检索结果的检索式,如果对检索结果不满意,用户可以重新检索(New search)、更改检索条件(Modify search),并且

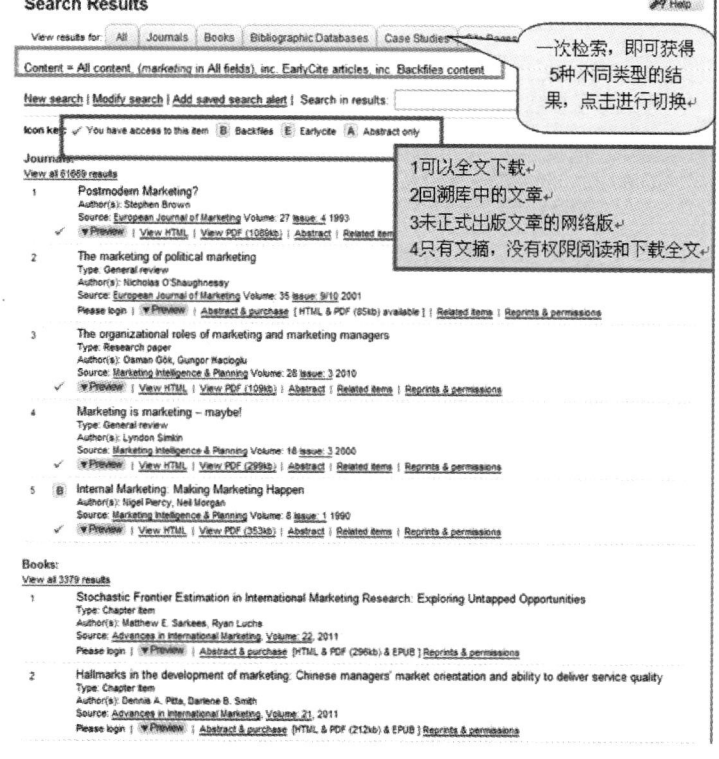

图 4.10.7　Emerald 检索结果界面 1

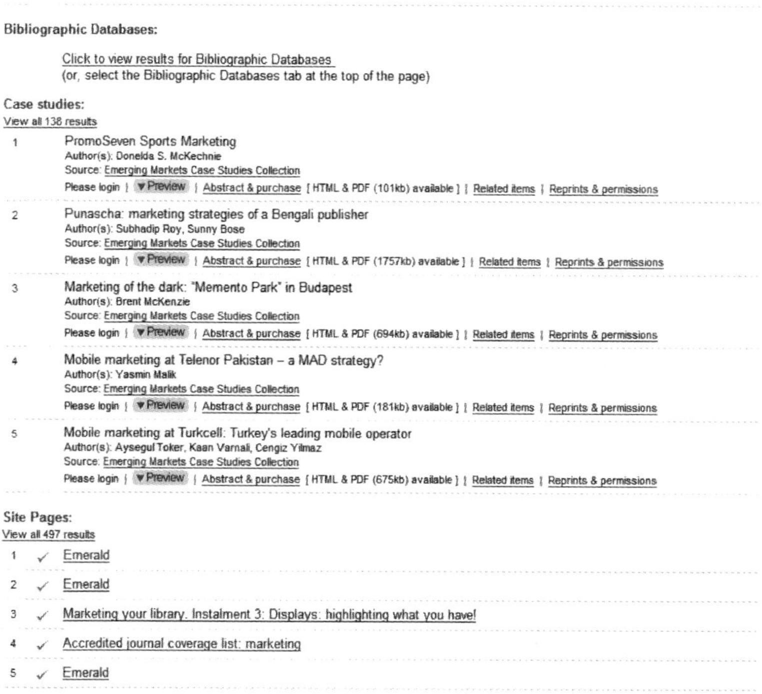

第四章　数据库资源检索

图 4.10.8　Emerald 检索结果界面 2

可以添加检索提醒（Add saved search alert）；检索结果前会有某些显示符号，✓表示用户可以下载全文，B 显示是回溯库中的文章，E 表示未正式出版文章的网络版，A 表示只有文摘，用户没有权限阅读和下载全文。

以期刊文章为例，每一篇文章会显示题名、文章类型、作者、来源；点击"View HTML"就可以查看文章的网页格式的全文（图 4.10.9），点击"View PDF"就可以直接下载 PDF 格式的全文。

信息检索实用指南

图 4.10.9　Emerald 检索结果——单篇 HTML 界面

四、个性化服务

Emerald 也为用户提供免费的多方面的个性化服务，用户可以建立自己的文献系统，从而节省检索的时间和精力，同时还可帮助管理用户的文献资源并辅助用户进行学术研究。用户首选需要注册个人账户，然后点击"Your Profile"进入个人账户界面（图 4.10.10），包括以下几个主要功能。

第四章　数据库资源检索

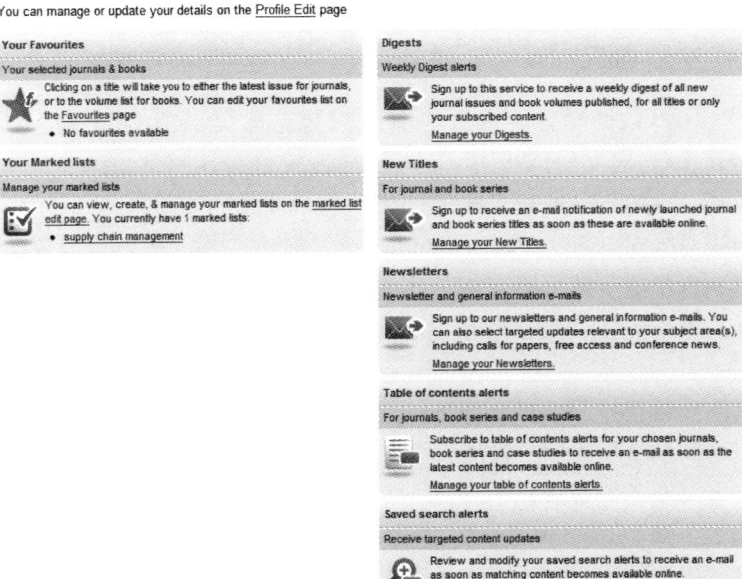

图 4.10.10　Emerald 个性化服务——Your Profile 界面

（1）收藏夹功能　可创建多个收藏夹，并将喜爱或需要引用的文章链接添加其中，并与 Endnote 等引文软件相兼容。

（2）文摘和时事通讯　订阅"Digests and newsletters"，可免费获得每周最新出版物的文摘以及感兴趣领域的时事通讯。

（3）期刊新增内容提醒　选择感兴趣的期刊，免费获得该期刊平台更新提醒。

（4）喜爱的期刊或图书　添加喜爱的期刊或图书，可在"Your Favourites"版块浏览该期刊或图书最新卷次的文章内容。

（5）保存检索条件　免费获得所保存检索条件的最新检索结果内容。

第十一节 Ovid 在线检索

一、概况

Ovid 数据库系统由世界著名的数据库提供商 Ovid Technologies, Inc. 建立。1998 年 Ovid 公司被威科集团（Wolters Kluwer）收购，隶属于被威科集团的健康出版事业集团。2001 年 6 月 Ovid 与银盘公司（SilverPlatter Information）合并，现已成为全球最大的生物医学电子数据库出版公司之一。Ovid 在信息服务领域，无论在技术领先性、数据质量以及用户检索体验等方面，均排在全球第一。

Ovid 的电子文献资源统一整合在 OvidSP 平台上。OvidSP 透过资源间的链接为用户提供一个综合信息方案，数据库、期刊、电子参考书及其他资源均可在同一平台上检索及浏览。OvidSP 平台为用户免费提供一种资源链接技术，即 Ovid LinkSolver，通过该技术，图书馆可将所购买的各种电子期刊、馆藏资源和网络免费期刊（Open Access）整合到 OvidSP 这一平台上，使用户能够在 OvidSP 平台所提供的二次文献数据库中查找到所需文献的题录或文摘后，直接通过其提供的超链接找到所需文献的原文和相关资源。

二、资源介绍

OvidSP 平台上主要的农学数据库有 Agricola、Agris、CABI、FSTA 等电子文献资源。

1. AGRICOLA

即美国农业文献联机存取书目型数据库（AGRICultural OnLine Access）。AGRICOLA 主要以美国农业部国家农业图书馆馆藏文献为基础，兼收与农业有关的美国政府出版物，会议文献，专利文献等约 8 000 多种与农业相关的文献，包含了农业和相关科学的所有方面,其相关学科如:动物和牲畜科学、昆虫学、植物科学、林学、水产养殖和渔业、耕作和耕种系统、农业经济学以及土地和环境科学。该数据库偏重美国和北美地区的文献,是美国实验站的数据。数据库收录 1970 年至今的 410 余万条记录。

2. AGRIS

即国际农业科技情报系统数据库,是由 AGRIS 协调中心和联合国食品和农业组织(FAO)收集而成的一个书目型的国际农业数据库。AGRIS 收录了 135 个国家和地区、146 个国际 AGRIS 中心和 22 个国际中心组织收集的连续出版物及有关文件、系列文集、书籍、科技报告、专利、地图、会议论文等文献,涉及了农业诸多方面,如林业、家畜管理、水生科学和渔业以及人类营养学。数据库收录 1975 年至今的 320 余万条记录。

3. CAB Abstracts

英文全称是 Centre Agriculture Bioscience International,即国际农业和生物学中心文摘数据库,是由国际农业和生物科学中心编辑,该中心前身为英联邦国际农业局,是一个非营利的国际农业学组织。CABI 文摘数据库是由从 150 多个国家和地区用 50 多种文字发表的 11 000 种期刊、书籍、报告以及其他国际上出版的各种专著中选录的英文文摘组成的,内容涉及农艺学、生物技术、植物保护、乳品科学、经济、森林、遗传、微生物、寄生虫学、畜牧兽医、人类营养、乡村发展等。该数据库是世界上最大的农业文摘数据库,数据量大,质量高,是最具权威性的农业文摘数据库之一。数据库收录 1973 年至今的 630 余万条记录。

4. FSTA

即食品科学与技术文摘数据库(Food Science and Technology Abstracts),是国际公认的食品科学和技术文献的首要数据库。FSTA 收录了世界范围内 1 800 余种与食品科学和技术相关的科学期刊、图书、会议录、学术报告、专利、标准、法规等重要信息,所有文摘以英文撰写,由专业科学人员和语言学家执笔,其文摘采自世界各地以40多种语言发表的原始文献为基础,内容广泛,涉及食品科学、食品技术和所有与人类营养相关的食品商品等各个方面。数据库收录1969年至今的60余万条记录。

三、数据库检索

1. 选择数据库

在学校IP范围内的计算机访问登录OvidSP平台(图4.11.1)时,页面上会显示所有学校已订购的OvidSP平台上的数据库的名称列表,用户可以根据个人的需求选择数据库,即选中数据库名称前的复选框,然后点击右下角的"选择资源"[Select Resource(s)]就可以进入OvidSP平台的检索首界面(图4.11.2),即OvidSP的基本检索界面。

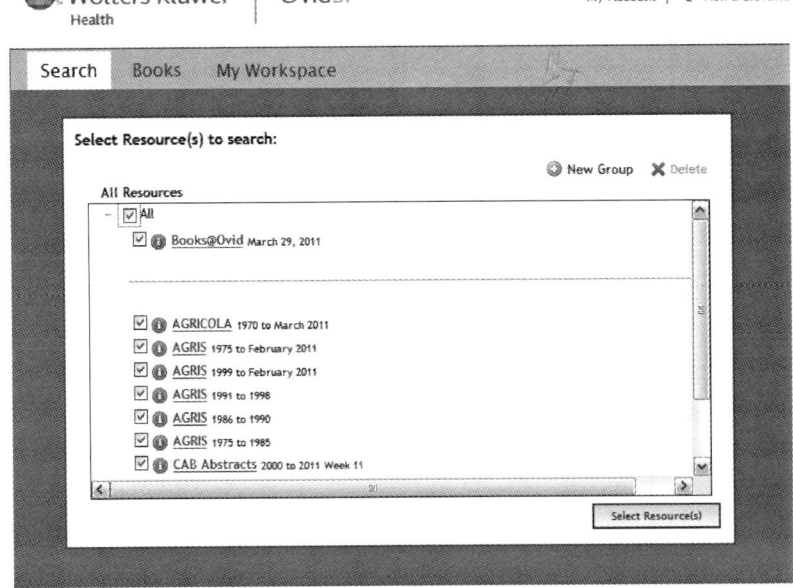

图4.11.1　OvidSP平台的数据库选择界面

第四章　数据库资源检索

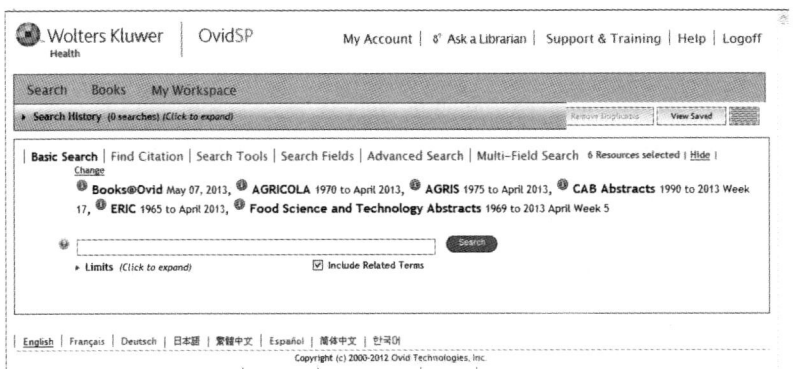

图 4.11.2　OvidSP 平台基本检索界面

如果用户不满意系统默认选取的数据库，可以更改并选择数据库。点击图 4.11.2 数据库名称列表旁的"更改 Ovid 资源"（Change Ovid Resources），即可更改个人已选择的数据库。

为了不同国家不同语言的用户方便使用，OvidSP 平台目前支持八种语言界面，包括英语、法语、德语、日语、繁体中文、西班牙语、简体中文以及韩语，中国大陆的用户可以直接选择简体中文，即可进入 OvidSP 的简体中文界面（图 4.11.3）。

图 4.11.3　OvidSP 平台简体中文界面

2. 基本检索

OvidSP 平台为用户提供多种检索模式，极大地提高了检索灵活性。如果用户需要在很短的时间得到答案，就可使用基本检索（Basic Search）（图 4.11.4）。OvidSP 平台默认检索方式为基本检索。用户在基本检索的检索框中输入检索词或者检索式，点击"检索"即可。OvidSP 平台的基本检索非常特殊，基本检索的检索框支持 NLP（Natural Language Processing）技术，即自然语言处理，也就是说在基本检索框中用户可以输入自然语句，OvidSP 平台会自动提取语句中的关键词并且扩展该词汇为用户进行检索。

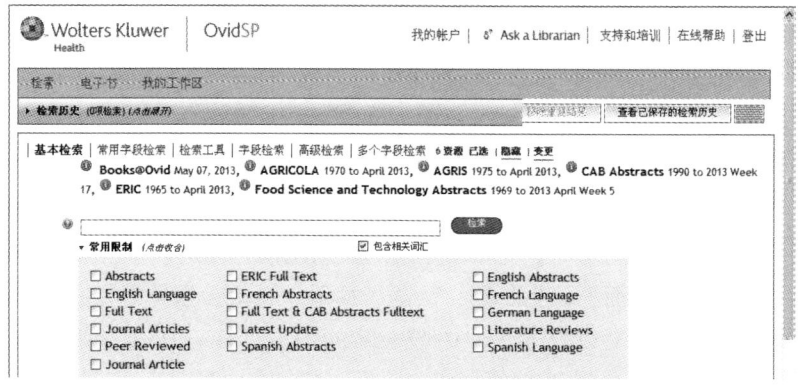

图 4.11.4　OvidSP 基本检索界面

OvidSP 平台的基本检索中用户可以由以下三种检索方式获得最佳检索结果：

（1）检索词汇组群化：将检索词汇组合在一起变成可以简洁表达概念的检索主题。

（2）完整句子检索：以一般日常英文输入一个完整的检索主题或问题。

（3）复制并贴上文章题名：混合运用上述一种或两种检索方式。

在基本检索中勾选"包含相关词汇"，OvidSP 会扩展检索所输

第四章 数据库资源检索

入的检索词汇，包含同义字，缩写和异体字。对于检索词的选择，用户应该多使用名词而非动词，名词可以说是一个概念最原始的形态，比较容易被辨识且代表的意义不会含糊不清。相关研究指出在检索时若使用名词作为检索词汇，可以得到质量较佳的检索结果。用户勾选"拼字检查"功能可以避免常见的拼字错误。在基本检索中的拼字检查功能会使用英文辞典以及数据库索引典中的所有词汇与检索关键词作匹配确认。点击"常用限制"，用户可以对检索结果进行条件限制，例如，可以限制检索结果是期刊文章（Journal Article）、有全文的文章（Full Text）、同行评审文章（Peer Reviewed）等。

3. 常用字段检索

如果用户想查特定一篇文献，且知道该文献部分出版信息，建议使用常用字段检索（Find Citation）（图 4.11.5），用户可以在常用字段检索界面中将自己掌握的文献信息填写到相应的字段中，在期刊名称（Journal Name）和作者姓氏（Author Surname）这两个字段中 OvidSP 支持自动的截词检索。

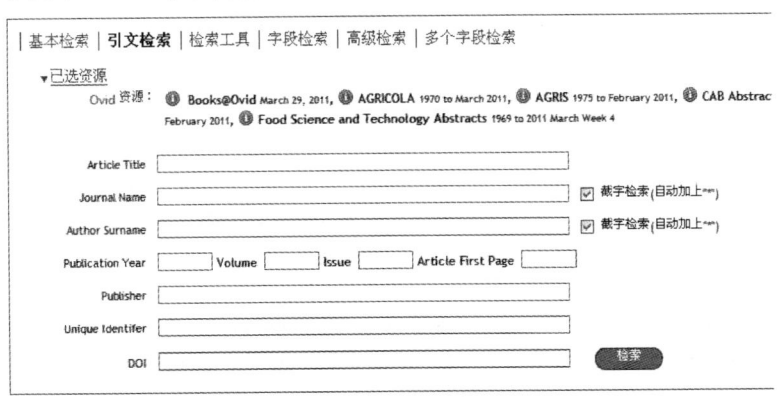

图 4.11.5 OvidSP 常用字段检索界面

4. 检索工具

如果用户熟悉专业标题词汇，欲利用特定工具协助查询，可以使用检索工具（Search Tools）（图4.11.6）；检索工具根据数据库不同而有所不同。其中包括以下5种。

（1）主题词库　定位数据库或主题词典结构中的主题，主题词以字母顺序排列，每个主题词下以层次关系显示上位词和相关同义词。

（2）轮排索引　输入单个主题词并查看其相关的多词索引。

（3）主题词说明　显示索引词的信息。

（4）扩展检索　扩展输入检索词的检索结果（包括其相关的主题词）。

（5）分类代码　从上位词到下位词的顺序，层级显示特定数据库中主题词表，无需输入任何检索词。

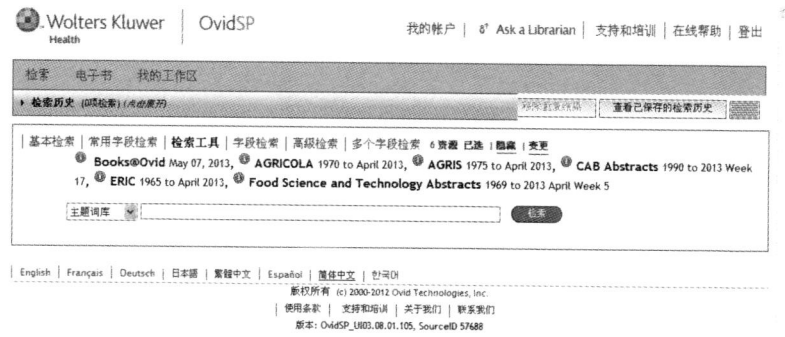

图4.11.6　OvidSP检索工具检索界面

5. 字段检索

如果用户想针对文献的某特定字段查询资料，平台为用户提供字段检索（Search Fields）（图4.11.7）；在字段检索的检索框中输入一个词或短语，选择一个或多个字段，然后点击检索按键，OvidSP就开始为用户进行检索。

第四章 数据库资源检索

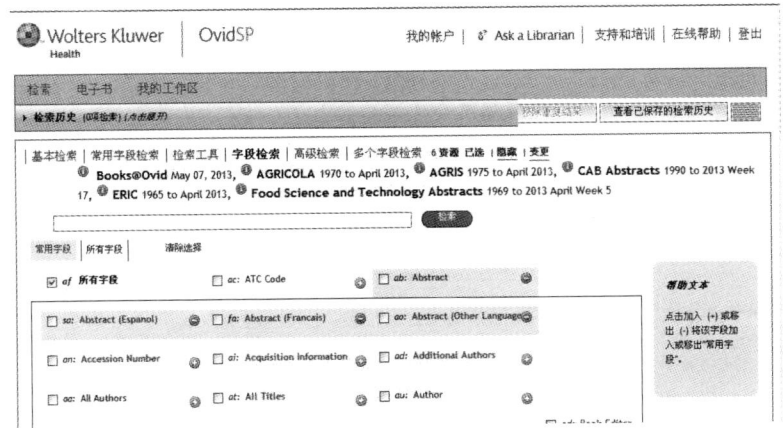

图 4.11.7 OvidSP 字段检索界面

用户可以根据自身的需要点击字段名称后的加入（+）或移出（-）符号，将该字段加入或移出"常用字段"（图 4.11.8）。

6. 高级检索

如果用户需要完整而精确的检索策略查询，可以使用高级检索（Advanced Ovid Search）功能；OvidSP 平台为用户提供关键词、作者、标题、期刊以及书名等 5 个检索入口；关键词检索（图4.11.9）即在检索框中输入关键字或词组，用户可以使用"*"或"$"进行截字检索；作者检索（图 4.11.10）即在检索框中输入作者姓氏，若知道名字，姓氏后空一格再输入名字缩写的第一个字母。对于作者姓名检索，系统会采用自动截字检索，用户无需使用截词符；标题检索即用户需要在检索框中输入标题中的单字或词组进行检索；期刊检索为用户需要在检索框中输入完整期刊名称且不能使用期刊名称的缩写。若不知道期刊完整名称，用户需要使用"*"或"$"进行截字检索；书名检索即用户在检索框中输入图书完整名称，若不知道完整名称，用户也可以使用"*"或"$"进行截字检索。

信息检索实用指南

图 4.11.8 OvidSP 字段检索添加常用字段

图 4.11.9 OvidSP 高级检索之关键词检索界面

第四章 数据库资源检索

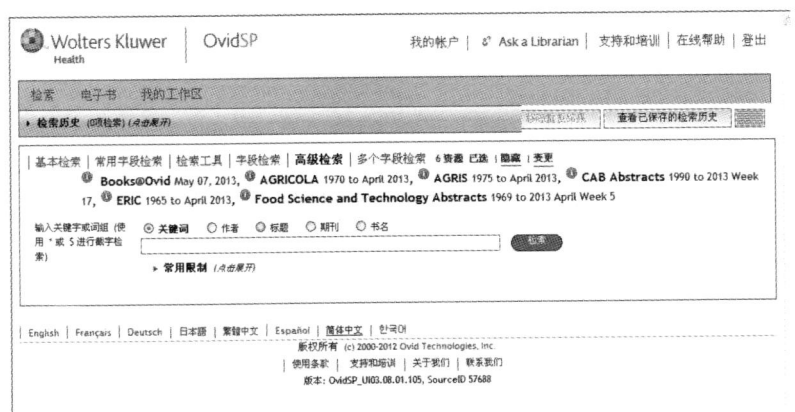

图4.11.10 OvidSP高级检索之作者检索界面

7. 多字段检索

如果用户想要一次查询多个特定字段资料,多字段检索(Multi-Field Search)(图4.11.11)会为用户提供便捷。在多字段检索每一个检索框中输入一个检索词或检索式,并限制其出现在所有字段(All Fields)或指定字段,然后用户通过使用逻辑运算符"与"(AND)"或"(OR)、"非"(NOT)将各个检索词或检索式进行组合,最后点击"检索"即可。用户可以使用截断或通配符来搜索单数或复数形式拼写变化;点击"新增字段"便可添加额外搜索框。

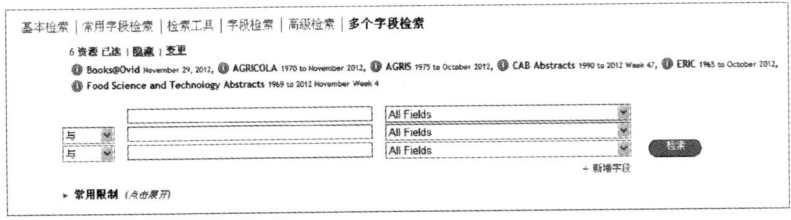

图4.11.11 OvidSP多字段检索界面

四、检索技术

1. 字段限制检索

在基本检索时,用户可以在检索框中进一步地限定在所需字段进行检索,例如 cat. ti 表示在标题字段检索含有 cat 这个检索词的记录。

多个字段的限制,例如:cat. ab,ti. 表示在文摘和标题字段检索含有 cat 这个检索词的记录。

2. 检索操作符

OvidSP 平台包含多个数据库,因此支持多种检索操作符,主要包括以下布尔逻辑算符、位置算符、频次算符等。

布尔逻辑算符包括:OR 表示检出的记录中至少含有检索词中的一个;AND 表示检出的记录中同时含有所有检索词;NOT 表示排除 not 算符后的词语,检出含有算符前检索词的所有记录。

位置算符是 ADJn,表示检出的检索词之间可以包含特定个数(n-1)的词,例如(cat ADJ3 dog). ti.,要求在标题中检索含有 cat 和 dog 的文章(单词的顺序不定),且这两个词之间可以间隔 2 个或以下的词。需要注意的是数据库中的停用词不算在内,空格符 = ADJ1。

频次算符为 FREQ,表示特定的检索词在查询记录中出现的次数。

3. 截词检索

OvidSP 平台支持无限截词和有限截词两种截词方式。

(1) 无限制的截字符　通常用在词尾有不同变化的同一个字根上,通常是用 "$" 或 " * " 符号表示。例如:Disease * ,可查到的资料是:disease,diseases,diseased 等。使用无限制性的截字符有一点要特别注意的是,有时会找到不是自己想的资料。例如:rat * ,或许您想找的是 rat,rats,不过您也会找到如 rate,rationalize,ratify。

第四章 数据库资源检索

（2）有限性的截字符 可以用在词中或词尾，并且截词符前必须有2个或以上的字母；符号"#"可以放在查寻字词的中间或是后面，代表此位置一定有任意一个字母，例如：Wom#n，可查到 woman，women；若将符号#用在查寻字的后面，如：dog#，则会有 dogs，但不会查到 dog；另一符号"?"可以放在查寻字的中间或后面，代表此位置可能有任意一个字母，也可能没有字母，这个字符对于查寻英美拼写的不同有很大的帮助，例如 colo? r，就可以查到 color，colour。

五、检索结果

以 OvidSP 的基本检索为例（图4.11.12），介绍一下 OvidSP 平台的检索结果显示和其他相关功能。OvidSP 的检索结果界面被分成了三个区域（图4.11.13），左边是检索信息、筛选检索结果、我的课题等三个检索结果工具，其中，检索信息包括检索内容、检索结果数量、检索结果排序方式、手动设定显示选项；筛选检索结果即用户可以通过相关度、年代、主题、作者、期刊、资源、出版类型可对所有的检索结果进行二次筛选和分组；我的课题即可以将

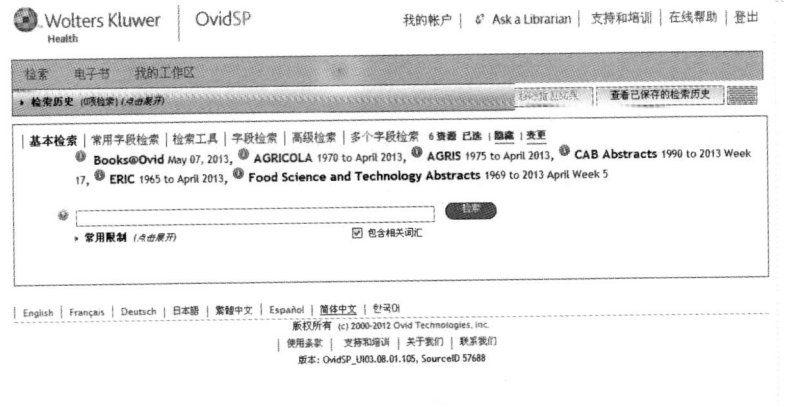

图 4.11.12 OvidSP 基本检索结果实例

信息检索实用指南

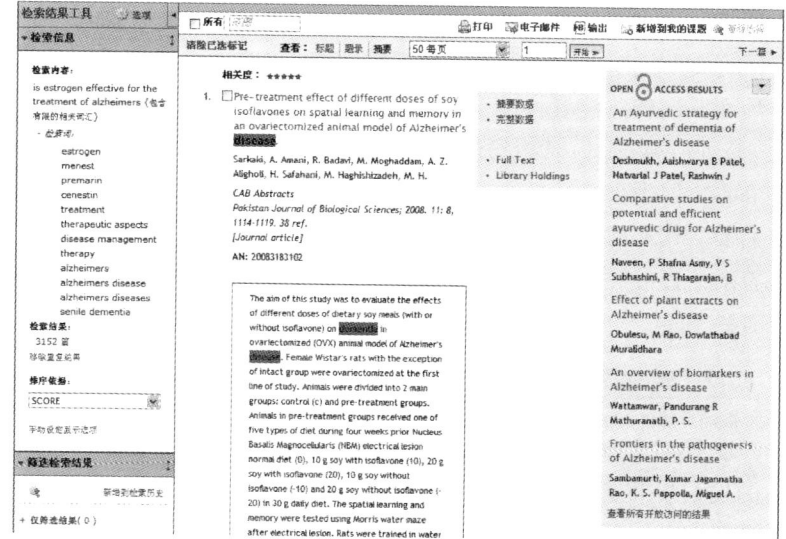

图 4.11.13 OvidSP 基本检索结果界面

此次检索结果添加到用户的个性化服务中。中间是所有的检索结果内容，包括文章的篇名、作者、来源、文摘等具体信息，且用户可以查看文章的摘要数据、完整数据、文章全文、查看图书馆的收藏情况，与此同时，用户对检索结果还可进行标记、打印、发送电子邮件、存盘输出、增加到我的课题等功能；右边是 OvidSP 平台检索结果显示中的新功能，即系统会自动为用户集中显示检索结果中所有的 Open Access 文章，即开放获取的文章，用户点击文章标题便可直接通过互联网链接到文章的免费全文。

六、检索历史

检索历史是 OvidSP 平台为用户提供的又一项便利服务，即系统可以记录下用户每一次的检索过程并保存在检索历史中，用户只需要点击菜单下方的"检索历史"（图 4.11.14）用户便可查看其每一步的检索结果（图 4.11.15）。

第四章 数据库资源检索

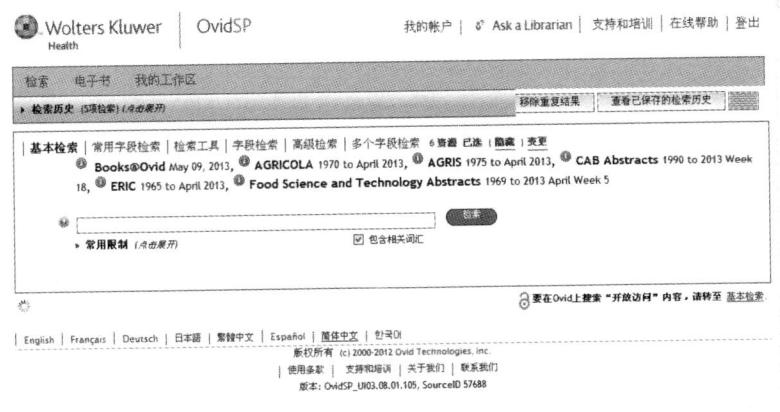

图4.11.14 OvidSP平台检索历史入口

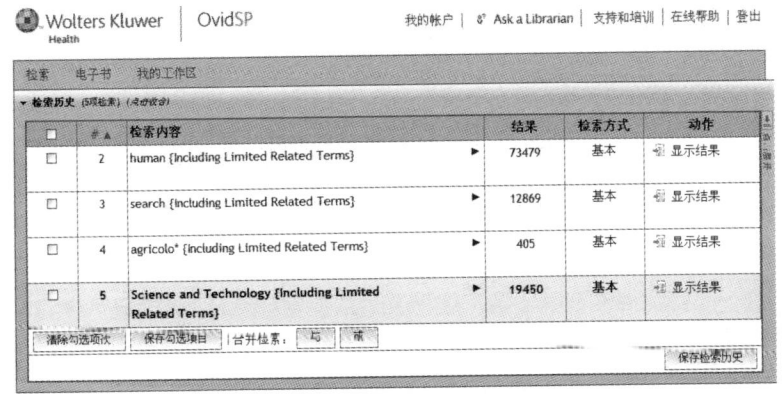

图4.11.15 OvidSP检索历史界面

每一条检索历史包括检索内容、检索结果数量、检索方式以及动作（显示结果、删除、保存检索历史）等四个部分，点击"显示结果"系统便会为用户直接显示该检索内容下的所有检索结果；每一条检索历史前都有一个复选框，用户对其进行标记，并且可以将标记的检索历史通过逻辑"与"或者"或"的关系进行合并检索。

信息检索实用指南

由于 OvidSP 平台的数据库的数据量非常大且难免会有重复数据出现,为了使用户方便对检索结果进行处理,系统为用户提供移除重复结果的功能(图 4.11.16),点击页面上方的"移除重复结果"便可进入该界面(图 4.11.17)。首先选择一项要移除重复结

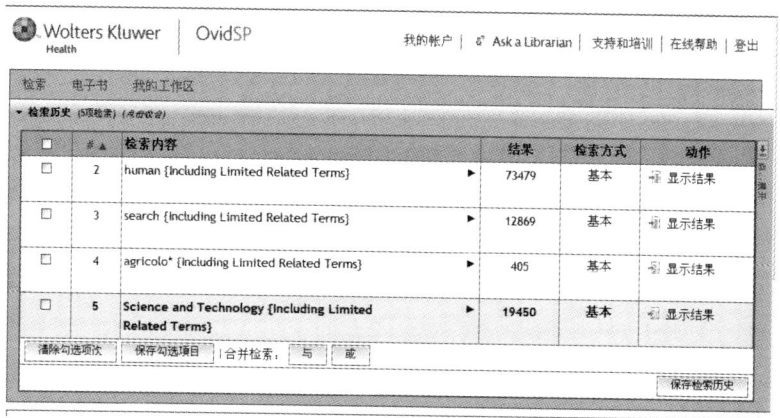

图 4.11.16 OvidSP 移除重复结果

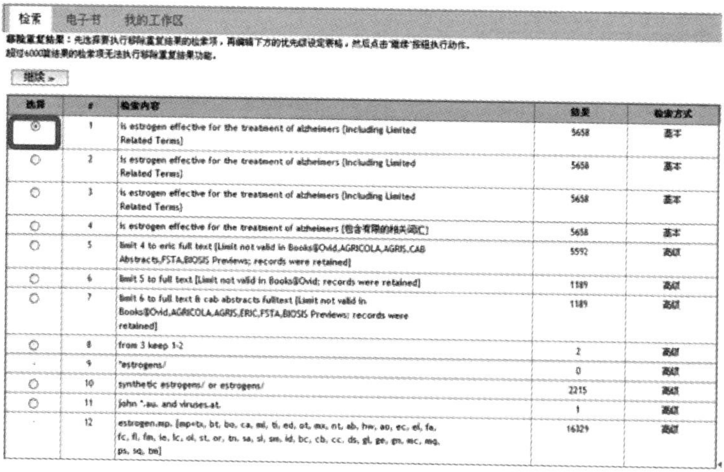

图 4.11.17 OvidSP 移除重复结果界面

果的检索内容，注意检索结果数量要在 6 000 篇以下，然后在该页面下方，根据个人喜好进行去除重复数据设定（图 4.11.18），最后点击"继续"，系统便把移除重复结果后的检索结果给用户显示出来。

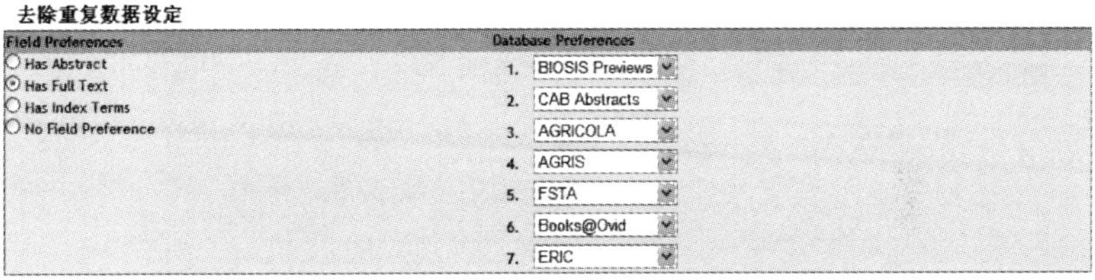

图 4.11.18　OvidSP 去除重复数据设定

七、个性化服务

OvidSP 平台同样为用户提供独特的个性化服务，用户只需免费注册一个用户名和密码就可以登录到"我的工作区"，主要包括"我的课题"、"我的检索与定题通告"、"我的期刊目录订阅服务"和"安装工具栏"四大功能。

"我的课题"可以帮助用户对自己的课题进行管理（图 4.11.19）。用户可以为已有的课题进行激活和封存、可以建立新课题、新文件夹、创建题录以及上传文件。

点击"我的检索与定题通告"，用户便可以看见所有在此用户名下保存的检索历史，可以对其进行更名、编辑、显示以及更改电邮链接网址等；点击"我的期刊目录订阅服务"用户就可以根据个人喜好订制期刊目录，当所选期刊有目录更新，系统就会自动将最新一期的期刊目录发送到用户保存的电子邮箱中；点击"安装工具栏"，用户可以将 Ovid 我的工作区整合到本地电脑中，即使用户在其他的数据库系统上，只需要点击工具栏中的"Add to My Projects"（图 4.11.20），就会将该数据库的文献条目添加到我的工作区中，方便用户对课题文献进行整理与保存。

信息检索实用指南

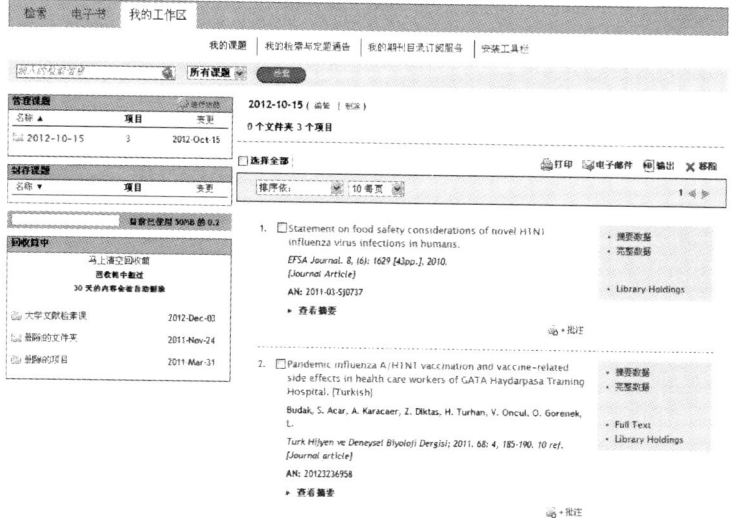

图 4.11.19　OvidSP 个性化服务之我的课题

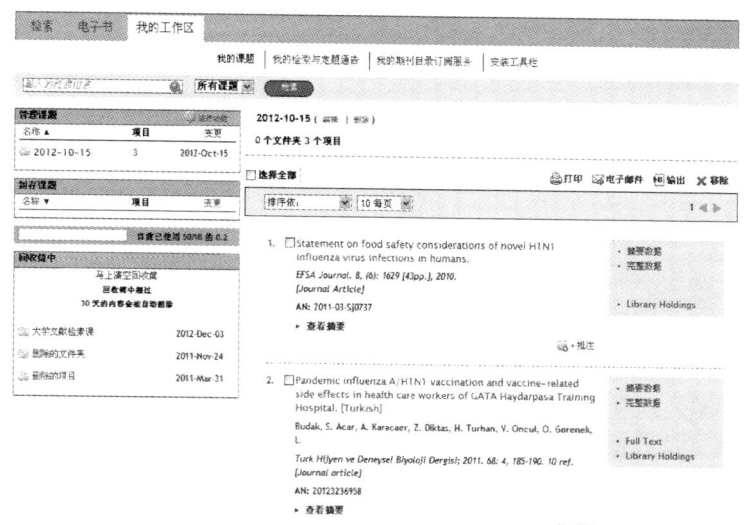

图 4.11.20　OvidSP 个性化服务之我的检索与定题通告

第五章 特种文献检索

特种文献包括：学位论文、会议文献、专利、标准、科技报告、政府出版物产品资料。了解特种文献资源，掌握特种文献的检索方法、检索途径，使特种文献在传递科技信息方面充分发挥其重要的作用。

第一节 学位论文检索介绍

学位论文（Thesis 或 Dissertation），是指高等院校或学术研究机构的学生为获得某种学位而撰写的科学论文，包括学士论文（Bachelor）、硕士论文（Master）、博士论文（Doctor）等。学位论文是伴随着世界上学位制度的实施而产生的，是高等院校或科研单位的毕业生为获取学位资格递交的学术性研究论文。

一、国内学位论文资源

国内学位论文的法定收藏单位有国家图书馆、中国科学技术信息研究所、中国社会科学院文献信息中心、各高校和中科院所（图书馆或档案馆）。现有的数据库资源如下。

1. 中国期刊网博士论文全文数据库

该数据库收录了全国 420 家博士培养单位的博士学位论文，是连续动态更新的中国博士学位论文全文数据库。至 2006 年 12 月

31 日,累积博士学位论文全文文献 5 万多篇。

专辑专题:产品分为十大专辑:理工 A、理工 B、理工 C、农业、医药卫生、文史哲、政治军事与法律、教育与社会科学综合、电子技术与信息科学、经济与管理。十大专辑下分为 168 个专题和近 3 600 个子栏目。

2. CALIS 高校学位论文库

CALIS 学位论文中心服务系统面向全国高校师生提供中外文学位论文检索和获取服务。目前,博硕士学位论文数据逾 384 万条,其中包括约 172 万条的中文数据,约 212 万条的外文数据,数据还在持续的增长中。CALIS 学位论文中心服务系统以合作建设、资源共享为目的,建立为高校师生提供学位论文和会议论文的查询、文摘索引的浏览、全文提供(传递)等配套服务。

3. 万方数据—中国学位论文文摘数据库

万方学位论文始建于 1985 年,收录了我国自然科学和社会科学各领域的硕士、博士及博士后研究生论文的文摘信息,内容包括:论文题名、作者、专业、授予学位、导师姓名、授予学位单位、馆藏号、分类号、论文页数、出版时间、主题词、文摘等字段信息。从侧面展示了中国研究生教育的庞大阵容以及中国科学研究的整体水平和巨大的发展潜力。

4. 国家科技图书文献中心的中文学位论文查询系统

国家科技图书文献中心网络服务提供外文科技期刊数据库、外文会议论文数据库、外文科技图书数据库、中文会议论文数据库和中文学位论文数据库等五个文献数据库。以文摘方式报道近万种外文期刊,特别是西文期刊上发表的论文,以及其他类型文献。目前,可供检索的二次文献数据量有近 200 万条。

二、国外学位论文资源

1. ProQuest Digital Dissertations 博硕士论文数据库

ProQuest 博硕士论文数据库(ProQuest Digital Dissertations,简

称 PQDD）是世界著名学位论文数据库，收录欧美 1 000 余所大学的文、理、工、农、医等领域的 160 万博士、硕士论文的摘要及索引，是学术研究中十分重要的参考信息源，每年约增加 4.5 万篇论文摘要。与其相对应的书本式的期刊有：Dissertation Abstracts International（DAI）；American Doctoral Dissertations；Comprehensive Dissertation Index（CDI）；Masters Abstracts International。其中，博士论文摘要 350 字左右，硕士论文摘要为 150 字左右，1997 年以后的博士论文有前 24 页的全文，同时提供网上全文订购服务。收录起始于 1861 年。

2. ProQuest 博硕士论文全文数据库

该数据库是 ProQuest Digital Dissertations（PQDD 博硕士论文数据库）中选取的一部分论文的全文数据库。为了能让读者更方便、更快捷地使用学位论文，北大图书馆与国内其他高校图书馆联合订购了 PQDD 中部分学位论文的全文，截至 2005 年年底，ProQuest 学位论文全文检索系统中收录学位论文全文达到 10 万余篇，并且今后还将逐年增加。

3. WorldCatDissertations WorldCat（OCLC） WorldCat 硕博士论文数据库

WorldCatDissertations 收集了 WorldCat 数据库中所有硕博士论文和以 OCLC 成员馆编目的论文为基础的出版物，涉及所有学科，涵盖所有主题。WorldCat 硕博士论文数据库最突出的特点是其资源均来自世界一流高校的图书馆，如美国的哈佛大学、耶鲁大学、斯坦福大学、麻省理工学院、哥伦比亚大学、杜克大学、西北大学以及欧洲的剑桥大学、牛津大学、帝国理工大学、欧洲工商管理学院、巴黎大学、柏林大学等，共有 1 800 多万条记录，其中 100 多万篇有免费全文链接，可免费下载，是学术研究中十分重要的参考资料。该数据库每天更新。

WorldCatDissertations 数据库共有 800 多万条记录，其中近 20% 的论文可免费下载全文。此外，WorldCatDissertations 数据库中的所有硕博士论文的书目记录信息是由 OCLC 成员图书馆提供的，因此每篇论文都包含了该论文被哪些 OCLC 成员图书馆收藏的馆藏信息。所以，即使有的硕博士论文不提供电子版全文，图书馆也可以通过馆际互借的方式借到所需的论文。总的来说，WorldCatDissertations 数据库不仅提供了 800 多万篇硕博士论文的书目记录信息，还提供了近 20% 的电子全文论文以及如何借到所有论文的渠道信息。

4. NDLTD 网络博硕士学位论文数字图书馆

NDLTD（The Networked Digital Library of The sesand Dissertations）由美国弗吉尼亚理工大学（VirginiaTech）创立，是基于 ETD（Elec-tronic The sesand Dissertations）的全球学位论文共建、共享开放式联盟（http：//www. ndltd. org）。该联盟得到了美国国家自然科学基金的支持，并获得国际间广泛的认同。目前，全球已有 200 多所大学的图书馆、7 个图书馆联盟、29 个研究机构加入，收录美国、加拿大、澳大利亚、德国、中国（上海交通大学、厦门大学、中国香港、中国台湾）等国家的学位论文。NDLTD 的目的是创建一个支持全球范围内电子论文的创作、标引、储存、传播及检索的数字图书馆，任何人都可以通过网络免费浏览和检索其所收录的学位论文，以此促进研究生教育的发展。NDLTD 目前为用户免费提供论文文摘以及部分论文全文（分为无限制下载、有限制下载、不能下载几种方式），可作为国外学位论文的补充资源。NDLTD 针对不同的用户提供不同的检索入口。如为研究者提供学位论文检索（FindETDs），为作者提供论文提交（SubmitETD），为机构提供论文管理（ManageETDs）。

第二节　会议文献检索

一、会议文献概述

会议文献（Conference literature）是指在各类学术会议上形成

的资料和出版物,包括会议论文、会议文件、会议报告、讨论稿等。其中,会议论文是最主要的会议文献,许多学科中的新发现、新进展、新成就以及所提出的新研究课题和新设想,都是以会议论文的形式向公众首次发布的。

总的来说,会议文献具有以下特点:专业性和针对性强,内容新颖,学术水平高,信息量大,涉及的专业内容集中,可靠性高,及时性强,出版发行方式灵活等。因此,会议文献在目前的十大科技信息源中,其利用率仅次于科技期刊。会议文献按出版时间的先后可分为会前、会间和会后3种类型。会后文献常见的如:会议录(Proceeding)、会议论文集(Symposium)、学术讲座论文集(Colloquium Papers)、会议论文汇编(Transactions)、会议记录(Records)、会议报告集(Reports)、会议文集(Papers)、会议出版物(Publications)、会议辑要(Digest)等。

二、会议文献数据库

1. 万方会议论文数据库

万方会议论文数据库是万方数据资源系统(http://www.wanfangdata.com.cn)的科技信息子系统所提供的会议论文数据库。它包括中国学术会议论文全文数据库、中国学术会议论文文摘数据库、中国医学学术会议论文文摘数据库及 SPIE 会议文献数据库。除了全文库外,文摘库都可以通过万方数据资源系统的网站免费检索。

《中国学术会议论文全文数据库》主要收录 1998 年以来国家级学会、协会、研究会组织召开的全国性学术会议论文,数据范围覆盖自然科学、工程技术、农林、医学等领域。分为中文版和英文版两个版本,中文版所收会议论文内容是中文,英文版主要收录在中国召开的国际会议的论文,论文内容多为西文。

《中国医学学术会议论文文摘数据库》是解放军医学图书馆收集建立的医学学术会议文献数据库。该数据库适合各类医学院校、医院、医学图书馆和个人使用,是了解国内医学会议论文及会议信息的重要工具。

《SPIE(美国光学工程师学会)会议文献数据库》收录 SPIE 的会议文献,内容涉及光学、光子学、成像和电子学领域的研究、工程和应用专业。该数据库是 SPIE 会议文献的篇名数据库,覆盖 SPIE 1 400 卷以后的所有会议文献中的论文。

2. 中国重要会议论文全文数据库

《中国重要会议论文全文数据库》是中国期刊网(CNKI, http://www.edu.cnki.net)的会议论文数据库,收录我国 2000 年以来国家二级以上学会、协会、高等院校、科研院所、学术机构等单位的论文集,年更新约 200 000 篇文章。至 2006 年 3 月 31 日,累积会议论文全文文献 43 万多篇,部分论文回溯至 1999 年。产品分为十大专辑,专辑下分为 168 个专题文献数据库。

3. 中国会议论文数据库

国家科技图书文献中心(NSTL, http://www.nstl.gov.cn)的中国会议论文数据库收录了 1985 年以来我国国家级学会、协会、研究会以及各省、部委等组织召开的全国性学术会议论文。数据库的收藏重点为自然科学各专业领域,每年涉及 600 余个重要的学术会议,年增加论文 4 万余篇,每季或月更新。外文会议论文数据库主要收录了 1985 年以来世界各主要学会协会、出版机构出版的学术会议论文,部分文献有少量回溯。学科范围涉及工程技术和自然科学各专业领域。每年增加论文约 20 余万篇,每周更新。

4. 中国学术会议论文联合数据库

由中国科技信息研究所、医学科学院医学信息研究所、中国农业科学院科技文献信息中心、林业科技信息研究所共同研制,收录 1986 年至今的会议文献,涉及国内 130 多个国家级学会、协会、研究会召开的全国性自然科学学术会议论文。

5. ISI Proceedings

美国 Thomson Scientific 公司基于 ISI Web of Knowledge 检索平

台将 ISTP 和 ISSHP 两大会议录索引集成为 ISI Proceedings，提供会议论文的文摘索引信息。ISI Proceedings 是收录最多、覆盖学科最广泛的学术会议录文献数据库，是查找国外会议文献的首选数据库之一。它收录 1990 年以来超过 6 万个会议的 410 多万条记录，每年收录 1 万多个会议的文献，年增加 20 多万条记录，数据每周更新。所收录的会议有一般性会议、座谈会、研究会、专题讨论会等。索引内容的 65% 来源于专门出版的会议录或丛书，其余来源于以连续出版物形式定期出版的系列会议录。

6. OCLC PapersFirst 与 Proceedings

OCLC FirstSearch 检索系统中的 PapersFirst（国际学术会议论文索引）和 Proceedings（国际学术会议录索引）数据库提供世界范围内会议文献的检索。FirstSearch 是 OCLC 的一个联机参考服务系统，包括 70 多个数据库。从 1999 年开始，CALIS 全国工程中心订购了其中的基本组 13 个数据库，PapersFirst 与 Proceedings 是其中的两个。

PapersFirst 数据库收录世界范围内各类学术会议上发表论文的索引信息，覆盖了自 1993 年 10 月以来在"大英图书馆资料提供中心"的会议录所收集的所有大会、专题讨论会、博览会、讲习班和其他会议上发表的论文，每两周更新一次。PapersFirst 中的每条记录对应着 Proceedings 数据库的某个会议记录，Proceedings 是 PapersFirst 的相关库，收录了世界范围内举办的各类学术会议上发表论文的目次，利用该库可以检索"大英图书馆资料提供中心"的会议录，了解各个会议的概貌和学术水平，每周更新两次。

7. 美国会议论文索引数据库

即《会议论文索引》（CPI）的网络检索平台，是剑桥科学文摘（http://www.csa.com）中的一个子库，国内引进此数据库的高校可以通过校园网直接进入。CPI 数据库收录 1982 年以来的世界范围内会议和会议文献的信息，提供会议论文和公告会议的索引。到 2006 年 5 月，数据库记录有 150 多万条，每两月更新一次，其学科范围主要涉及农业、生物化学、化学、化学工程、林学、生物学、环境科学、土壤学、生物工艺、临床学等领域。

三、会议信息网站

1. 因特网会议预告（Internet Conference Calendar）

网址：http：//conferences. calendar. com /，此网页给出每日更新的有关学术会议、研讨会、专题讨论会、博览会、培训等信息，并提供一个很方便的查询界面，用户可按国家、各大洲进行分类免费查询。

2. 技术会议信息中心（Technical Conference Information Center）

网址：http：//www. techexpo. com/events /，此网页为用户提供了一个方便的查询界面，用户可根据会议名称、内容、主办单位、国家、城市及州来查找即将召开的科技会议的信息。

3. 欧洲研究会议（Europe Research Conferences）

网址：http：//www. esf. org/activities/esf-conferences. html，是由欧洲科学基金会维护的网页，主要提供各学科已经召开与即将召开的会议的信息及内容。

4. 国际标准化组织（ISO）的标准化会议预告（ISO Meeting Calendar）

网址：http：//www. iso. org/iso/standards_ development/technical_ committees/meeting_ calendar. htm，此网页提供了即将召开的国际标准化会议的具体时间、地点、内容等信息。

5. 会议与活动预告（Conferences & Events）

网址：http：//scientific. thomson. com/news/events /，Thomson Scientific 提供的有关近期召开的各类会议的信息。

6. 医学会议查询（Medical Conference）

网址：http：//www. medicalconferences. com /，此医学会议库，收录有 4 500 多条即将召开的医学会议信息，每日更新。

7. 生物科学与医学方面的会议（Meetings in Bioscience and Medicine）

网址：http：//hum-molgen. org/meetings/meetings /，此网页给出了将在未来一年半内召开的生物科学与医学方面的国际会议的预告。

8. 农业会议预告（Agricultural Conferences, Meetings, Seminars Calendar）

网址：http：//www. agnic. org/toolkit/collections/agricultural-conferences-meetings-seminars-calendar /，美国农业网络信息中心（AGNIC）提供的有关农业问题的美国国家及国际会议预告。此网页可检索到国际上重要农业会议的信息。

9. 网络资源（WebReference）的会议信息服务

网址：http：//www. webreference. com/internet/conferences. html，提供网络及电子通信技术方面的会议信息资源。

第三节　专利信息及其检索

一、专利基础知识

专利文献是专利形成过程中产生的一系列官方文件和有关出版物的总称。可以说，专利文献几乎记载了人类取得的每一个新技术成果，是最具权威性的世界技术的百科全书。

1. 专利的基本概念

专利权是一种产权或财产权。这种产权的所有者可以使用和处理其财产，别人未经专利权人许可，不得制造、使用和销售该项发明创造，否则就侵犯专利权，将受到法律的制裁。

2. 专利的类型

从被保护的发明创造的实质内容来看，专利的种类包括发明专利、实用新型专利和外观设计专利3种。

3. 授予专利权的条件

授予专利权的发明和实用新型，必须具备新颖性、创造性、实用性，也称专利"三性"。

4. 专利制度

专利制度就是依据专利法，以授予发明创造专利权的方式来保护、鼓励发明创造，促进发明创造的推广应用，推动科学技术进步和经济发展的一种法律制度。专利制度的核心是专利法。

5. 专利文献及其分类

（1）专利文献　广义的专利文献是各国专利局及国际专利组织在审批专利过程中产生的官方文件及其出版物的总称。作为公开出版物的专利文献主要有：专利说明书、专利公报、专利索引等。狭义的专利文献仅指专利说明书。

（2）国际专利分类法　专利制度实施以来，随着各国专利文献数量的不断增加，许多国家为了管理和使用这些专利文献，相继制定了各自的专利分类体系，但在编制原则、体系结构、标识方式和分类规则等方面存在较大差异，这对检索同一技术主题在世界范围内的专利文献很不方便。随着专利制度的国际化发展，从20世纪50年代开始，人们逐步认识到需要一个国际统一的专利分类法。

二、中国专利文献资源

1. 中华人民共和国国家知识产权局

由国家知识产权局提供中国专利数据库，收录了1985年以来的发明专利、实用新型专利和外观设计专利文献的摘要、题录和全文，读者可免费获得专利说明书全文。网址：http：// www. sipo. gov. cn。

2. 万方的专利数据库

该库收录1985年至今中国专利局授理的全部发明专利、实用新型专利、外观设计专利数据信息，目前总量达277万条，只能提供专利题录、摘要等信息。网址：http://www. wanfangdata. com. cn。

3. 其他中文专利资源

中国知识产权网 http：// www. cnipr. com/

北京市经济信息中心的"易信网"http：//www. exin. net / patent，中国专利信息网 http：// www. patent. com. cn

中国专利信息检索系统 http：//www. cnpat. com. cn/search/index. asp

中外专利数据库服务平台 http：//www. cnipr. com/sjzx/zljs/t20050603_ 48496. htm 等。

三、国外专利文献资源

1. 德温特公司及世界专利索引

德温特公司是英国1951年成立的一家从事专利信息服务的私营出版公司，其专利报道和检索体系是目前世界上规模最大的，它的出版物统称《世界专利索引（WPI)》，年报道量占世界总量的70%以上，1987年起开始报道中国专利，WPI 的报道速度快，各国专利公布后一般在 1~3 个月内即予收录，以周刊的形式出版，采用英语语种。中科院图书馆购买了德温特世界专利索引数据库。读者可以检索到包括中国专利在内的全球四十多个专利机构授权的一千四百八十多万个发明的记录及其引用信息。并提供部分专利全文电子版的链接。读者可通过中科院图书馆使用。

2. 日本专利局工业产权数字图书馆

日本专利局的工业产权数字图书馆，是一个专利信息数据库检索系统。该系统可以供公众免费检索日本专利局数据库中的专利信息。网址：http：//www. ipdl . ncipi . go. jp/ homepg_ e. ipdl。

3. 欧洲专利图书馆网络

欧洲专利图书馆是位于整个欧洲的专利信息中心的网络，欧洲专利局对专利图书馆网络提供支持，由欧洲专利局成员国的国家专利局及地方专利信息中心建设。网址：http：//patlib. european2patent2office. org/3. 2. 4。

4. 其他专利文献资源

知识产权数字图书馆 http：//www. wipo. int / ipdl/ en/

欧洲专利局 （EPO） esp＠cenet http：//ep. espacenet. com/

美国专利 USPTO Patent Full2Text and Image Database http：//www. uspto. gov/

日本特许厅 http：// www. jpo. go. jp/

四、专利文献原文的获取

读者可以通过以下方式获取专利文献原文：

（1）印刷版专利文献原文可到北京市蓟门桥旁的中国专利局获取，该局提供较为全面的中外文印刷本专利文献全文。

（2）电子版专利文献原文可通过检索网络专利全文数据库直接获取。

（3）通过各地专利代理机构获取。

第四节　标准信息及其检索

一、标准基础知识

1. 标准

标准是科学技术和经济管理研究工作成果的一种表现形式，是生产科研活动中对产品、工程及其他技术基础上的质量、品种、检验方法及技术要求等所作的统一规定，是有关方面共同遵守的技术依据和准则。

2. 标准文献

标准文献一般是指由技术标准、管理标准及其他具有标准性质的类似文件所组成的特种科技文献体系。广义的标准文献是指包括除标准原始文件以外的一切标准化的书刊、目录和手册等。

二、国内标准资源及其检索

1. 万方数据库资源系统中外标准数据库

该库收录国内外的大量标准,包括中国国家发布的全部标准、某些行业的行业标准以及电气和电子工程师技术标准;收录国际标准数据库、美英德等的国家标准以及国际电工标准;还收录某些国家的行业标准。其中,中国标准数据库由国家技术监督局等单位提供,收录自1964年至今全部国家标准和行业标准。涉及工程技术等各行各业,并建成中国国家标准库、中国行业标准、中国建设标准等数据库。其中的全文数据库可获取相关标准的全文。网址:http://www.wanfangdata.com.cn/37©1994-2010 China Academic Journal Electronic Publishing House. All rights reserved. http://www.cnki.net。

2. 中国标准化研究院标准馆

该馆是国家重点支持、面向全国的国家级标准文献服务中心,藏有六十多个国家、七十多个国际和区域性标准化组织、四百五十多个专业协(学)会的成套标准以及全部中国国家标准和行业标准,是中国最大的标准文献收藏中心,提供获取标准文献的相关服务。网址:http://www.wssn.net.cn。

3. 国家科技图书文献中心标准文献检索系统

该系统提供的数据库可以查找到国内外的标准文献。其内容涉及科学研究、社会管理以及工农业生产的各个领域。提供获取标准文献的相关服务。网址:http://www.nstl.gov.cn/index.html。

4. 其他标准文献资源

中国国家标准咨询服务网 http://www.chinagb.org/
中国标准化信息网 http://www.china2cas.org
中国标准化研究院 http://www.cnis.gov.cn
中国标准网 http://www.zgbzw.com/

三、国外标准资源及其检索

1. 国际标准化组织（ISO）

国际标准化组织是世界上最大的非政府性标准化专门机构，它在国际标准化中占主导地位。ISO 制定国际标准。网址：http://www.iso.ch/cate/cat.html。

2. Techstreet 标准

Techstreet 标准是世界上最大的工业标准集之一，收集了世界上350个主要标准制定机构所制定的工业标准及规范。网址：http://www.techstreet.com。

3. 相关标准资源

(1) 美国国家标准学会（ANSI）(http://www.nssn.org/)

(2) 国际电工委员会（IEC）(http://www.iec.ch/)

(3) 美国标准（http://www.ansi.org）

(4) 日本工业标准（http://www.jsa.or.jp）

(5) 英国标准（http://www.bsi.org.uk）

(6) 德国国家标准（http://www.beuth.de）

(7) 法国标准（http://www.afnor.fr/portail.asp）

(8) IEEE 标准组织（http://standards.ieee.org/）

(9) 美国印刷电路协会（1PC）(http://www.ipc.org/)

(10) 国际电信联盟（ITU）(http://www.itu.ch/)

(11) 美国材料与试验协会（ASTM）(http://www.astm.org/)

四、标准文献原文的获取

读者可通过以下方式获取标准文献原文。

(1) 利用各图书馆收藏的标准文献资源获取标准文献原文。

(2) 中国标准化研究院标准馆主办的中国标准服务网提供标准原文服务，在接到读者请求服务的1~2个工作日内，完成请求服务或对读者请求进行信息反馈。标准文本服务方式：标准文本复印、标准文本传真、电子文本传输或标准文本邮寄。

（3）通过检索标准全文数据库获取相关标准全文。

第五节 科技报告及其检索

科技报告（Scientific & Technical Reports）是指科研成果的最终报告或研究过程中的实际记录，一般由科研机构、政府机构所属的科研单位、专业学术团体及高等院校附设的研究所提供。

一、国内科技报告的检索

中国科技成果数据库：该库是国家科技部指定的新技术、新成果查新数据库。收录涉及自然科学各个学科领域，已成为我国最具权威的技术成果库。但该库只提供相关科技报告的题名、文摘、完成单位等信息。网址：http：//www.wanfangdata.com.cn。

科技报告相关资源：

国家科技成果网 http：//www.nast.org.cn/nastapp/index.do

国家工程技术研究中心成果查询 http：//www.cnerc.gov.cn

国务院发展研究中心调查研究报告 http：//www.drcnet.com.cn

中国报告大厅 http：//www.chinabgao.com/

二、国外科技成果信息资源

NTIS 科技报告数据库：

美国政府的 AD、PB、NASA、DOE 四大报告，一直是世界科技人员注目的重心，读者可以通过 NTIS 网络版数据库，检索到其提供的有关由美国政府资助的科研及发展项目的信息，其中包括 300 家政府机构解密的文摘，公开的报告和分析。由于该库中提供参照号，据此可向有关机构索取报告的全文。NTIS 可以用于判定是否有政府报告或政府资助的研究项目存在；了解政府机构所从事的研究类别以及找到源于西欧、日本及美国方面可能会感兴趣的资料。国内清华大学图书馆等一些单位购买了 NTIS 数据库。该库 75% 的文献是科技报告。可利用之获取相关资源。

科技报告相关资源：

国家工程技术研究中心——科技成果 http：//www. cnerc. gov. cn

美国政府研究中心 http：//grc. ntis. gov

美国政府报告服务 http：//www. ntis. gov NASA

报告的网上检索 http：//www. sti. nasa. gov/ sti2p ubs. html

美国国防部科技报告服务 http：//www. dtic. mil/stinet/str/in-dex. html

国际环境联合会研究服务报告 http：// www. cnie. Org

三、科技报告资源的获取

由于科技报告的特殊性，获取原文有一定的难度，但作者为读者提供如下途径，希望能对欲获取相关科技报告原文的读者有所帮助。

（1）如所需科技报告国内没有收藏 可根据 NTIS 订购号（入藏号）向 NTIS 直接订购报告的复印件或缩微平片。网址：http://www. ntis. gov。

（2）利用相关数据库直接从网上获取电子版全文

（3）通过国内相关收藏机构付费获取

① 中国科技信息研究所是收藏国内外科技报告的主要收藏单位，也是提供中国国内科技成果报告的重要机构；

② 中国科学院文献中心是收藏美国 PB 报告最全的单位；

③ 中国国际市场科技信息中心收藏有美国 AD 和美国 NASA 报告。

（4）利用本专业提供的相关网络资源的网址下载

第六章 国外重要的信息检索工具

第一节 美国《科学引文索引》及其检索

一、概况

SCI 是美国《科学引文索引》的英文简称，其全称为：Science Citation Index，创刊于 1961 年，它是根据现代情报学家加菲尔德（Engene Garfield）1953 年提出的引文思想而创立的。

二、《SCI》印刷版介绍

SCI 的编排方法与一般检索工具不同，它是根据文献之间的相互引证关系组织文献的。利用 SCI 不但能了解何人何时在何处发表了哪些文章，而且可以了解这些文章被哪些人在哪些文章中引用过。SCI 一般有五种检索方法，检索示意如图 6.1.1。

三、《SCI》网络版介绍

1. Web of Knowledge 的简介

Web of Knowledge 是汤森路透公司研发的检索平台。该平台是一个综合性、多功能的研究平台，涵盖了自然科学、社会科学、艺术和人文科学等全方面、高品质、多样化的学术信息，加之平台提

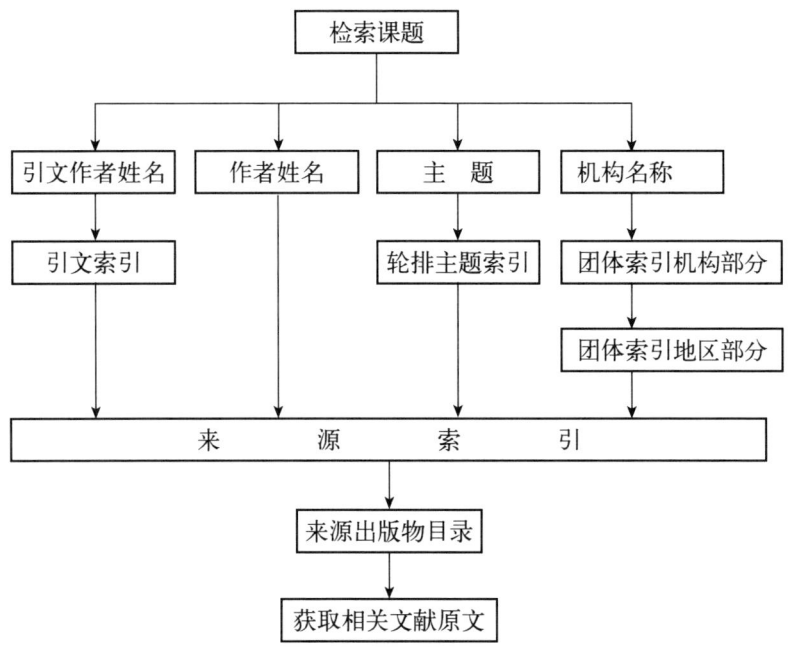

图 6.1.1 SCI 检索示意图

供的检索和分析工具,很容易获取全面而准确的信息,并可对各类型数据进行全面的分析。近年来,我国的很多机构也经常利用 Web of Knowledge 中的 Web of Science 对论文的收录与引用情况进行检索,并利用这些数据评价各学术机构及学者的学术产出能力及科学影响力。

Web of Knowledge 的服务对象超过 81 个国家的 2 000 万使用者,有超过 3 000 家的用户,每天的使用者有 15 人次。其内容覆盖:23 000 多种期刊,4 000 多万件专利,6 万个会议录,5 500 专业网站,5 000 本学术专著及 200 万化学结构。

Web of knowledge 是一个跨库检索平台,其中,有多种数据库及分析工具。主要包括:Web of Science,JCR,BIOSIS,INSPEC 等多种数据库。Web of Science 包括了世界领先的自然科学、社会

第六章 国外重要的信息检索工具

科学、艺术和人文领域的权威学术文献数据库；研究和分析国际会议、专题讨论会、研讨会、座谈会、研习会和代表会议的会议文集。在这些数据库平台上，可以借助被引参考文献检索和作者甄别工具进行浏览、借助引证关系图直观展示引用关系、借助引文报告功能以图形方式揭示引用活动和趋势、使用分析工具确定研究趋向和模式。有些文献回溯至 1900 年。主要包括 Science Citation Index Expanded、Social Sciences Citation Index、Arts & Humanities Citation Index、Conference Proceedings Citation Index-Science、Conference Proceedings Citation Index-Social Science & Humanities、Book Citation Index-Science、Book Citation Index-Social Sciences & Humanities。

SCI（《科学引文索引》，英文全称为 Science Citation Index）收录全世界出版的数、理、化、农、林、医、生命科学、天文、地理、环境、材料、工程技术等各学科的 8 473 种核心期刊，可回溯到 1899 年，Social Science Citation Index（社会科学引文索引，SSCI）收录了管理学、经济学等社会科学类 3 031 种核心期刊，可回溯到 1898 年，Arts & Humanities Citation Index（艺术与人文引文索引，A&HCI）收录艺术、人文等 1 671 种核心期刊，可回溯到 1975 年，Conference Proceedings Citation Index-Science（CPCI-S）——收录各类国际会议、专题研究会等会议论文集，收录年限从 1990 至今，Conference Proceedings Citation Index-Social Science & Humanities（CPCI-SSH）收录各类社会科学类会议论文集为 1990 至今。

JCR（《期刊引用报告》，全称 Journal Citation Reports）对包括 SCI 收录的 3 500 种期刊在内的 4 700 种期刊之间的引用和被引用数据进行统计、运算，并针对每种期刊定义了影响因子（Impact Factor）等指数加以报道。一种期刊的影响因子，指的是该刊前两年发表的文献在当前年的平均被引用次数。一种刊物的影响因子越高，也即其刊载的文献被引用率越高，一方面说明这些文献报道的研究成果影响力大，另一方面也反映该刊物的学术水平高。因此，JCR 以其大量的期刊统计数据及计算的影响因子等指数，而成为一种期刊评价工具。

2. 登录方式

在检索框中输入网址，http://webofknowledge.com/即可直接进入数据库检索平台（图6.1.2）。

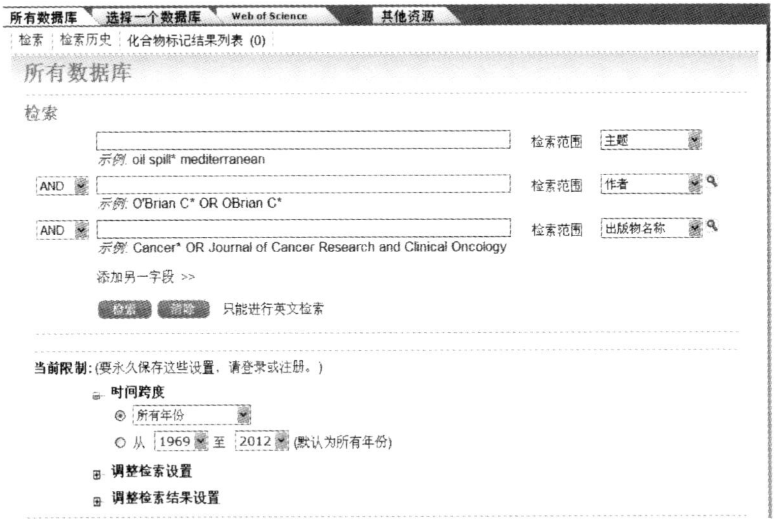

图 6.1.2　数据库默认页面

可对所有数据库同时执行检索，亦可选择单独一个数据库执行检索。点击"选择一个数据库"即进入数据库选择页面（图6.1.3）。

点击"Web of Science"链接即可进入其中检索。亦可点击页面上方的标签"Web of Science"。下面以 Web of Science 为例，详解 Web of Knowledge 的平台使用方法。

第六章　国外重要的信息检索工具

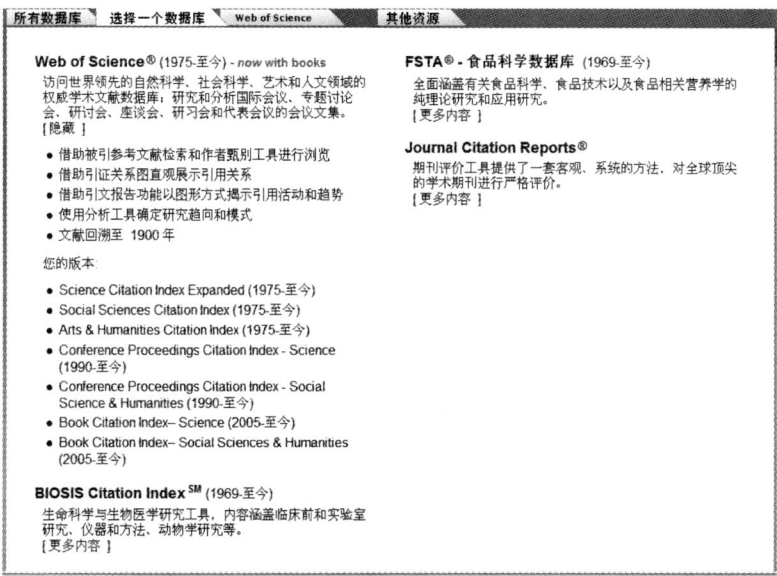

图 6.1.3　数据库选择页面

3. 普通检索

登录数据库后,默认为普通检索。这里的普通检索与有些英文数据库的高级检索很相像(图 6.1.4)。

图 6.1.4　数据库普通检索页面

在普通检索中,可通过添加命令行的形式,实现多字段、多检索词的检索。点击"添加另一字段"便可实现命令行的添加。

在上图的页面下方,是对当前检索的更多限制。在"当前限制"中,可对时间和数据库进行限制,也可重新调整检索策略或者调整检索结果(图6.1.5)。

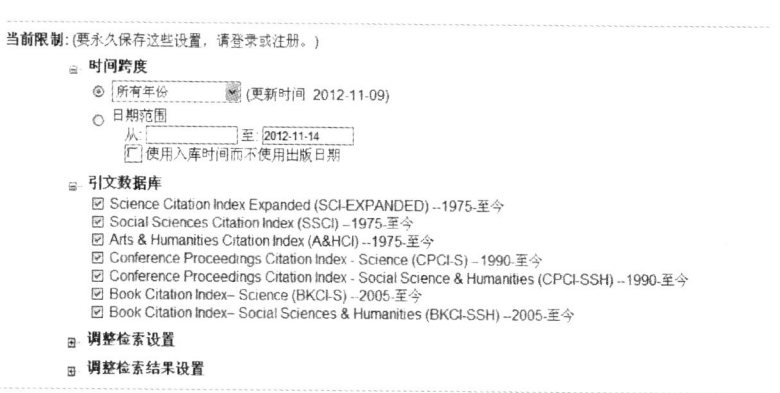

图 6.1.5 限制检索页面

数据库配有作者及出版物名称索引,当字段选择为"作者"或"出版物名称时"其检索范围框的右侧便会出现放大镜图标(图6.1.6)。

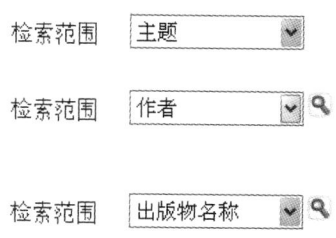

图 6.1.6 检索范围选择作者、出版物名称时显示页面

例如点击出版物名称索引,便进入以下页面(图6.1.7)。

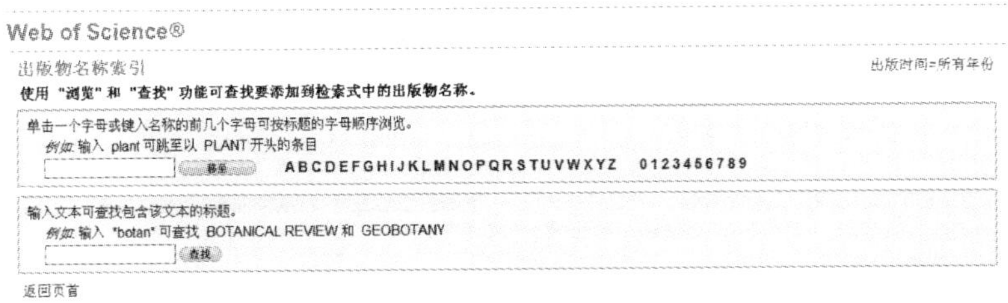

第六章　国外重要的信息检索工具

图 6.1.7　出版物名称索引页面

使用"浏览"和"查找"功能可查找要添加到检索式中的出版物名称。浏览时，可按字段进行浏览，亦可输入检索词，点击"查找"便可在出版物名称中查找含有输入的检索词的期刊名称。例如点击"E"，则显示所有以 E 开头的期刊名（图 6.1.8）。

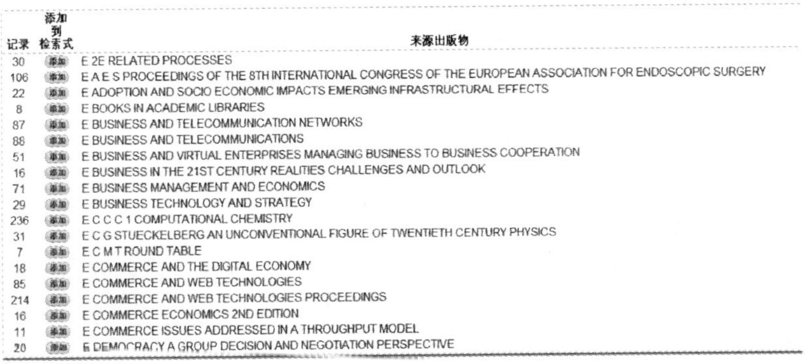

图 6.1.8　出版物检索结果页面

选中期刊名，可通过点击"添加"将期刊名称添加到普通检索的检索框中。再通过与其他检索字段及检索词相匹配，以实现复杂检索。

4. 高级检索

点击："高级检索"，即进入高级检索页面。这里的高级检索，是常说的专业检索，使用字段标识、布尔逻辑运算符、括号和检索式引用来创建检索式（图 6.1.9）。结果显示在页面底部的"检索历史"中。检索式格式举例：TS =（apple and pear）and TI = Storage，其中的 TS 代表摘要、标题、关键字等字段，使用 TS 可同时在 3 个字段中执行检索。

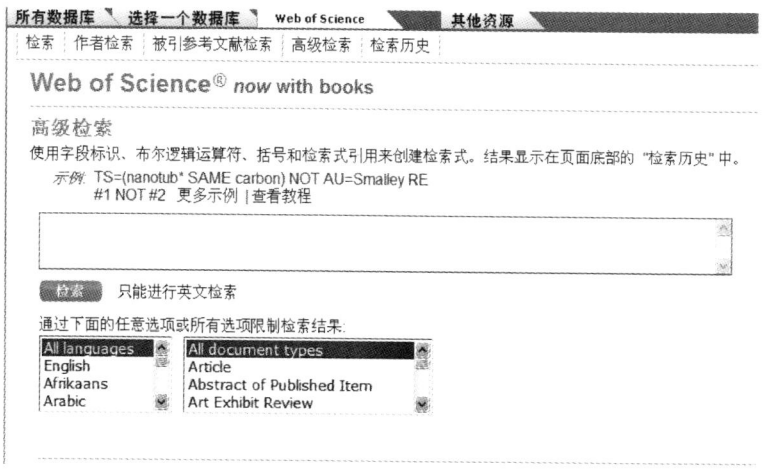

图 6.1.9　高级检索页面

检索式编写规则：

检索式中的每个检索词都必须用字段标识明确标明。必须用逻辑运算符连接不同字段。对于检索式组配，请在每一个检索式编号前输入一个数字（#）符号。

数据库中的字段标识为：TS = 主题，TI = 标题，AU = 作者，RID = ResearcherID，GP = 团体作者，ED = 编者，SO = 出版物名称，DO = DOI，PY = 出版年，CF = 会议，AD = 地址，OG = 组织扩展，OO = 组织，SG = 下属组织，SA = 街道地址，CI = 城市，PS = 省/州，CU = 国家/地区，ZP = 邮政编码，FO = 基金资助机构，FG = 授权号，FT = 基金资助信息，SU = 研究方向，WC = Web of Science 分类，IS = ISSN/ISBN，UT = 入藏号。

5. 作者检索

点击"作者检索"可实现利用检索工具实现作者的检索（图

6.1.10)。

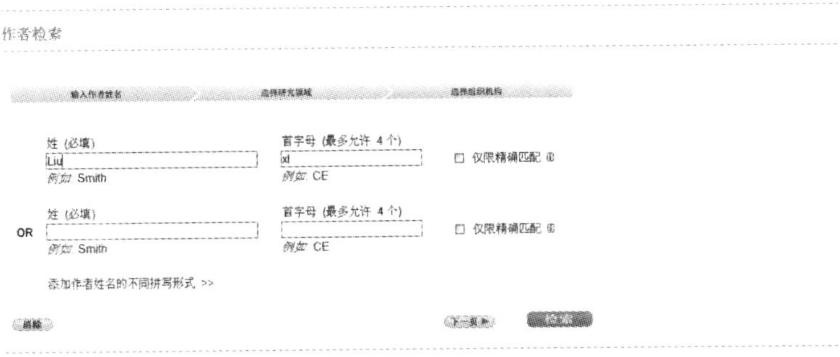

图 6.1.10 作者检索页面

在作者检索中,可通过输入作者的姓和名的首字母,点击检索,即可实现作者检索。

6. 被引参考文献检索

点击"被引参考文献检索"即可进入被引参考文献检索(图 6.1.11)。

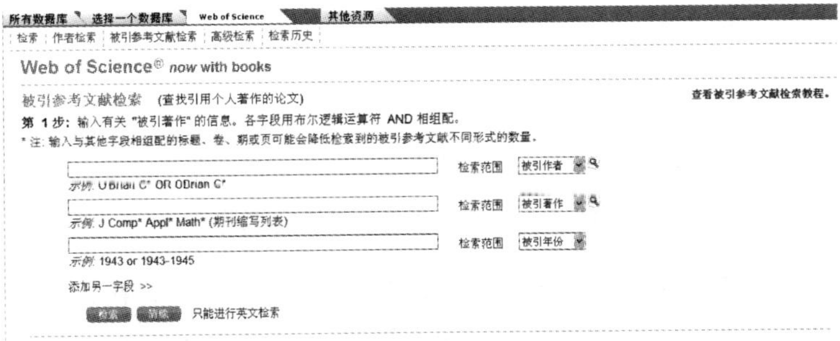

图 6.1.11 被引参考文献检索页面

输入被引文献的相关信息,便可获取所有引用该论文的文章列表。通常可以利用该方法评价论文的学术影响力。例如:输入如图 6.1.12 所示信息。

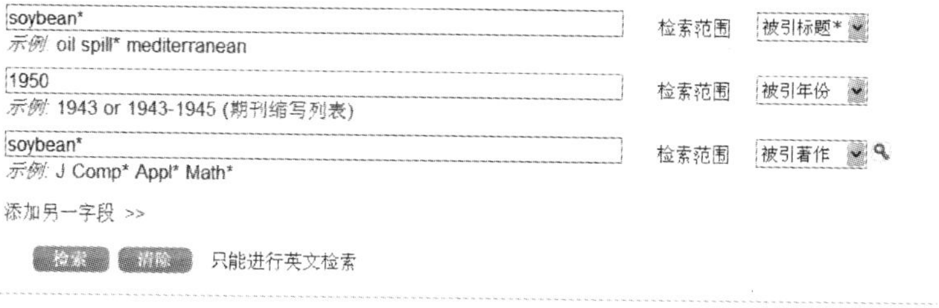

图 6.1.12　被引参考文献输入检索词页面

检索结果如图 6.1.13。

图 6.1.13　被引参考文献结果页面

在检索结果列表中选择并标记需要的文献记录，并在其中选择语种及文献类型，再次点击"完成检索"，页面将显示所有引用该研究论文的文章列表，即索引文献列表。如勾选第二个复选框，再点击"完成检索"，则显示图 6.1.14。

页面所显示的即为所有引用了该研究论文的文章列表。可按降序排列获得影响力最高的论文，排在列表最前面的即为引用频次最高的论文。

第六章　国外重要的信息检索工具

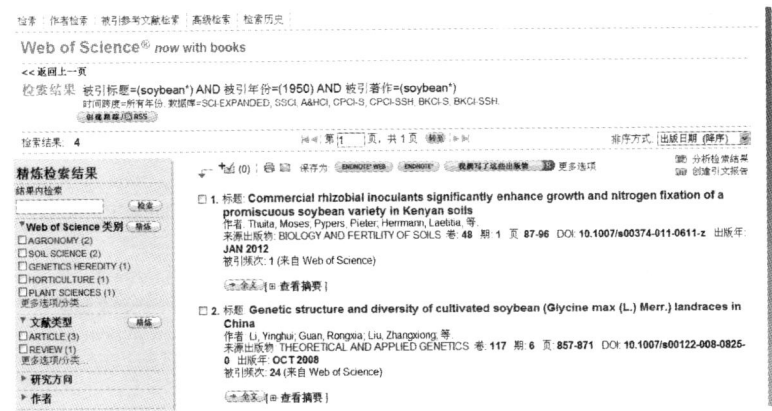

图 6.1.14　索引文献列表页面

四、检索结果

1. 精炼检索结果

可以对输出的检索结果做进一步限定，以求得更为满意的检索结果。下图为检索近五年对大豆研究的成果的检索（图 6.1.15）。限定为标题：Soybean（图 6.1.16）。

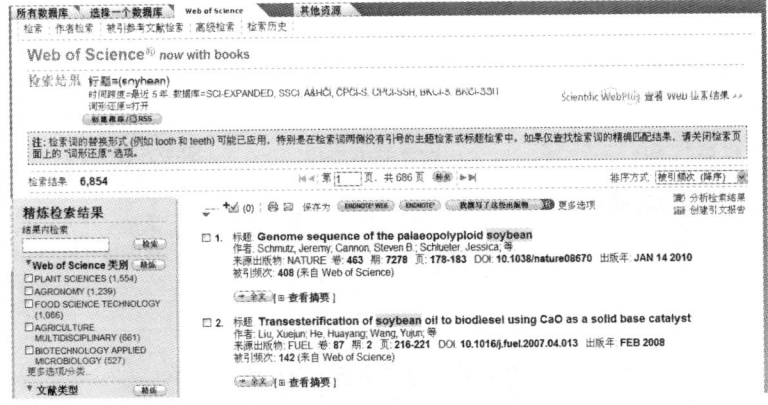

图 6.1.15　精炼检索结果页面

在页面左侧,可输入需要进一步限定的检索词,如输入 Disease。则结果缩小为 564 篇。

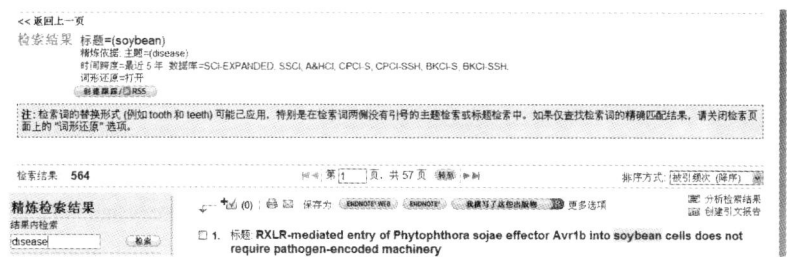

图 6.1.16　精炼检索结果输入检索词页面

2. 结果排序

根据页面右侧的排序方式中选择不同的排序方式。可按出版时间排序,以获得最新的研究成果,亦可以按被引频次排序,以获得影响力最高的论文。上图已按该排序方式排序,因此,第一篇论文即为影响力最高的论文,其被引频次为 96 次。

3. 分析检索结果

系统提供多种检索结果分析的方法。点击页面右侧的分析检索结果链接。可进入检索结果分析选择页面(图 6.1.17)。

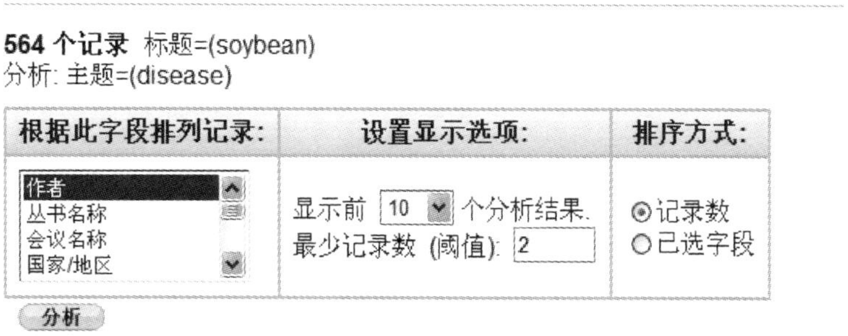

图 6.1.17　分析结果选项页面

可选择按作者进行分析。设置显示选项,选择显示前 10 个分析结果。显示如图 6. 1. 18，从图中可以看出发表论文最多的作者及其他 9 位作者。也可将数据保存到文件夹中，可按表格中显示的数据行或所有数据行进行保存。

请使用以下复选框查看相应记录. 您可以选择查看已选择的记录, 也可以排除这些记录(并查看其他记录)

→ 查看记录 × 排除记录	字段: 作者	记录 计数	%, 共 564	柱状图	将分析数据保存到文件 ⊙ 表格中显示的数据行 ○ 所有数据行
□	HARTMAN GL	25	4.433 %		
□	DORRANCE AE	15	2.660 %		
□	GODOY CV	11	1.950 %		
□	LEE SH	11	1.950 %		
□	MAROIS JJ	9	1.596 %		
□	WRIGHT DL	9	1.596 %		
□	LI WB	8	1.418 %		
□	LI X	8	1.418 %		
□	HILL CB	7	1.241 %		
□	LI SX	7	1.241 %		
→ 查看记录 × 排除记录	字段: 作者	记录 计数	%, 共 564	柱状图	将分析数据保存到文件 ○ 表格中显示的数据行 ○ 所有数据行

图 6. 1. 18　按作者分析结果页面

也可以选择研究方向排序，以此来了解当前对于大豆研究的热门领域或研究方向（图 6. 1. 19）。

请使用以下复选框查看相应记录. 您可以选择查看已选择的记录, 也可以排除这些记录(并查看其他记录).

→ 查看记录 × 排除记录	字段: 研究方向	记录 计数	%, 共 564	柱状图	将分析数据保存到文件 ⊙ 表格中显示的数据行 ○ 所有数据行
□	PLANT SCIENCES	235	41.667 %		
□	AGRICULTURE	197	34.929 %		
□	FOOD SCIENCE TECHNOLOGY	54	9.574 %		
□	BIOCHEMISTRY MOLECULAR BIOLOGY	48	8.511 %		
□	BIOTECHNOLOGY APPLIED MICROBIOLOGY	43	7.624 %		
□	GENETICS HEREDITY	38	6.738 %		
□	CHEMISTRY	33	5.851 %		
□	NUTRITION DIETETICS	22	3.901 %		
□	ENVIRONMENTAL SCIENCES ECOLOGY	11	1.950 %		
□	PHARMACOLOGY PHARMACY	11	1.950 %		
→ 查看记录 × 排除记录	字段: 研究方向	记录 计数	%, 共 564	柱状图	将分析数据保存到文件 ○ 表格中显示的数据行 ○ 所有数据行

图 6. 1. 19　按研究方向分析结果页面

数据库还提供多种排序方式，如按国家、研究机构、基金等，为数据分析提供了有力的支撑。

系统还提供引文报告的创建，在结果显示页面，点击"创建引文报告"（图6.1.20）。

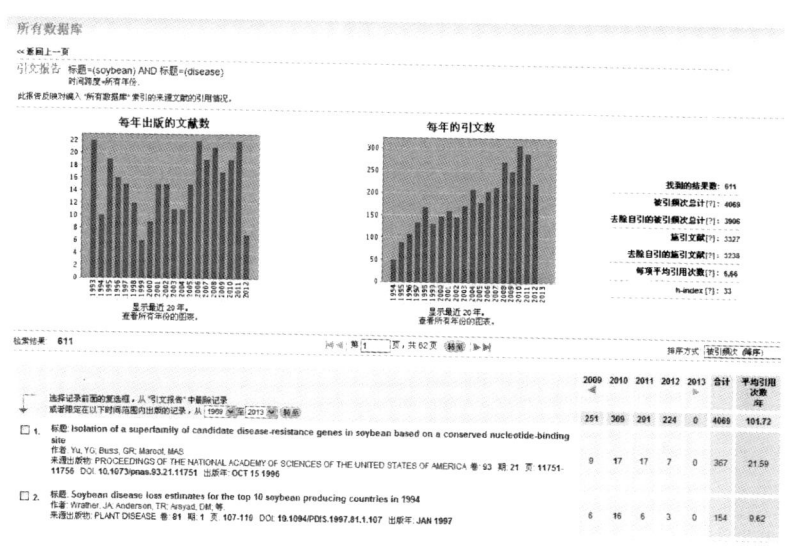

图6.1.20　创建引文报告页面

从引文报告中，可以清晰地看到检索结果中，每年出版的文献数量及每年的引文数等，并以柱状图的形式清晰地反映出来。

4. 检索结果中相关链接

在结果页面中，不仅可以看到当前记录较为详细的包括文摘在内的题录信息，更可以利用它的特色链接功能。

（1）作者链接　该链接可检索到数据库中收录的该作者发表的所有论文。

（2）参考文献链接（Cited Reference）　点击该链接，系统显示当前记录所引用的参考文献列表，列表中所有带下划线的记录都可以被激活。点击带下划线记录，可以看到该条记录的全记录及其所有链接，进行了解某一研究课题的发展历史。

(3) 被引次数链接（Times Cited） 点击"Times Cited"链接，会显示引用当前记录的所有文献列表。任意点击带下划线的记录，可查看这条引用记录的详细题录信息并允许点击其所有链接，了解某一主题的发展方向。

(4) 相关记录链接（RELATED RECORDS） 通过该链接，可以查看与当前记录共同引用一篇或几篇参考文献的一组论文，即相关记录，并按相关度排序。和当前记录引用的相同文献越多，该文献在列表中的位置就排在越前面。显示的记录可以不断地被激活，揭示研究课题之间的相关性。

(5) 全文链接（FULL TEXT） 点击此链接，可以直接看到当前记录的一次文献，不过前提是所在的图书馆是否同时订购了该论文所在的电子版期刊。

(6) SFX 链接 点击 SFX 按钮。用户只需单击该按钮，系统就可以通过 SFX 服务菜单，提供和该条记录相关的一系列服务，如获取全文的最佳链接等。

(7) 图书馆馆藏 OPAC 系统的链接（Holdings） 点击此链接，即可迅速进入本校图书馆的馆藏 OPAC 系统，了解当前记录的期刊馆藏情况。

(8) 基于 web of knowledge 平台的其他数据库链接 与德温特专利文献索引数据库链接，与 BIOSIS Previews 生命科学数据库链接，与 ISI Current Contents Connect 现刊题录数据库链接，查看该刊的当期目次，与期刊引用报告 JCR 链接，了解该刊的影响因子。

(9) 创建引文跟踪服务链接（CREATE CITATION ALERT）创建引文跟踪服务，跟踪当前记录未来的被引用情况。

五、个性化管理

Web of science 提供了多种个性化服务功能。注册成功后，可实现检索式的管理及定题服务（图 6.1.21）。每次操作都会被记录在检索历史中,可通过检索历史找到之前曾经做过的检索(图 6.1.22),也可以创建定题通告服务。这样便可通过电子邮件定期地或当数据库有更新时了解某课题的最新进展。

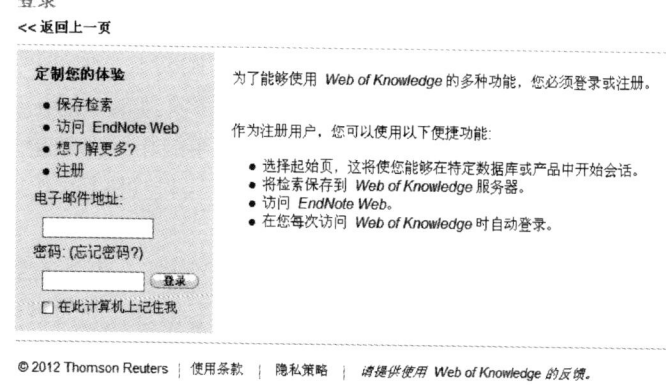

图 6.1.21 个性化注册页面

注册成功后,点击"保存检索历史/创建跟踪",可将常用的检索式保存为定题服务(图 6.1.23)。

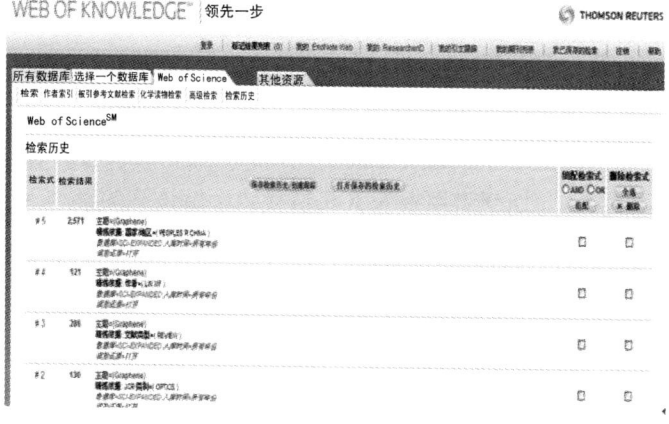

图 6.1.22 检索历史保存结果页面

第六章 国外重要的信息检索工具

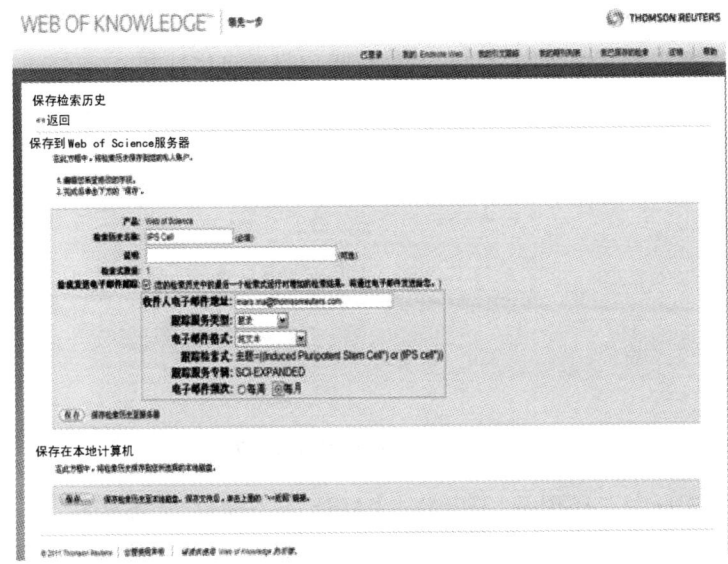

图 6.1.23 定制定题服务页面

六、JCR 数据库的检索

在 Web of Knowledge 的主页面，选择"Journal Citation Reports"，即可进入 JCR 数据库检索（图 6.1.24）。JCR 又称期刊引用报告，可检索期刊的影响因子等多种数据。

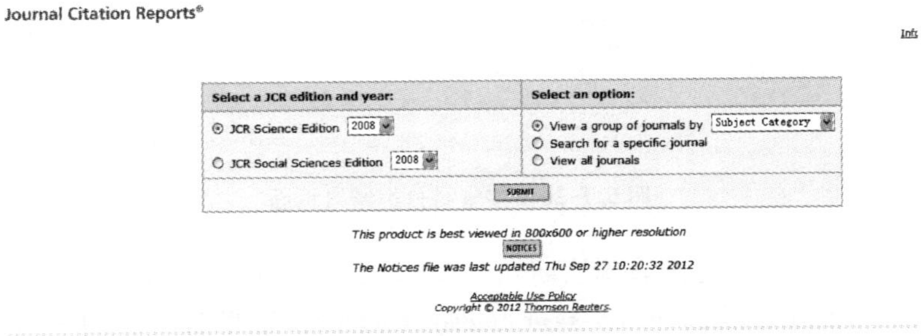

图 6.1.24 JCR 检索选项页面

在 JCR 中，可显示一组期刊的期刊影响因子，可按学科类别分组，可针对某一期刊进行检索，也可显示全部期刊。

点击按学科类别选项。点击“Submit”，即显示如图 6.1.25。

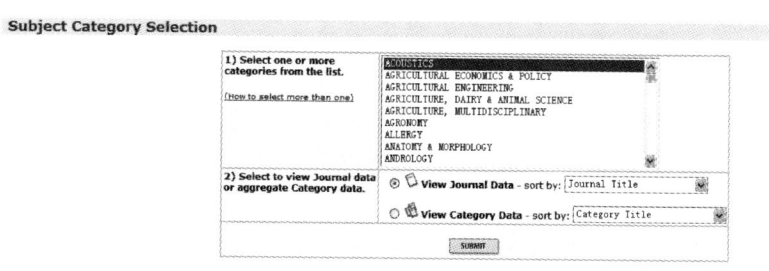

图 6.1.25　按学科分类选择页面

如点击“AGRICULTURAL，DAIRY & NIMAL SCIENCE”，结果显示选择“View Journal Data”，则可将“农业、乳品及动物科学”类别中的期刊按期刊名顺序显示该期刊的相关数据（图 6.1.26）。

Mark	Rank	Abbreviated Journal Title (linked to journal information)	ISSN	JCR Data: Total Cites	JCR Data: Impact Factor	JCR Data: 5-Year Impact Factor	JCR Data: Immediacy Index	JCR Data: Articles	JCR Data: Cited Half-life	Eigenfactor® Metrics: Eigenfactor® Score	Eigenfactor® Metrics: Article Influence® Score
□	1	ACTA AGR SCAND A-AN	0906-4702	393	0.489	0.716	0.088	34	9.3	0.00055	0.213
□	2	ANIM BIOTECHNOL	1049-5398	267	0.759	1.058	0.037	27	6.5	0.00070	0.302
□	3	ANIM FEED SCI TECH	0377-8401	4846	1.882	2.243	0.310	210	8.4	0.00924	0.531
□	4	ANIM GENET	0268-9146	2456	2.459	2.602	0.274	117	7.0	0.00633	0.711
□	5	ANIM REPROD SCI	0378-4320	3991	1.890	2.395	0.376	263	6.3	0.00911	0.535
□	6	ANIM RES	1627-3583	383	0.917	1.531		0	4.9	0.00178	0.460
□	7	ANIM SCI	1357-7298	2066	1.559	1.642		0	8.0	0.00417	0.465
□	8	ANIM SCI J	1344-3941	357	0.713		0.198	96	3.8	0.00127	
□	9	ANIM SCI PAP REP	0860-4037	145	0.214		0.000	33	5.3	0.00033	
□	10	ANIMAL	1751-7311	234	0.994	1.006	0.292	219	1.3	0.00100	0.276

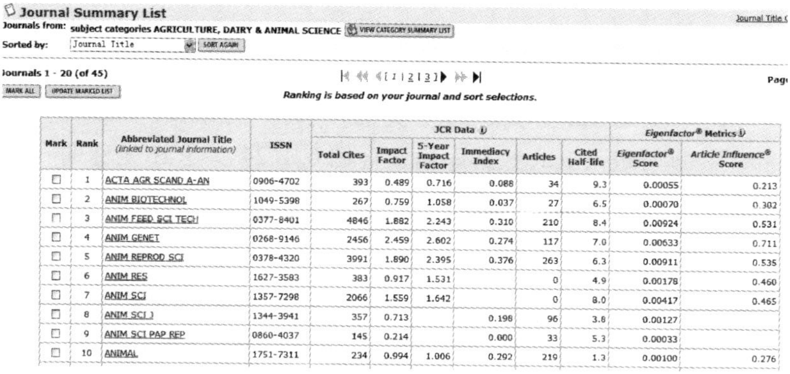

图 6.1.26　按学科分类结果页面

这里可清楚地看到该期刊的 ISSN 号、影响因子（Impact Factor）、5 年影响因子（5-Year Impact Factor）、半衰期（Cited Half-life）等数据。可点击某一期名进入该期刊的详细信息页面（图

第六章　国外重要的信息检索工具

6.1.27、图6.1.28）。

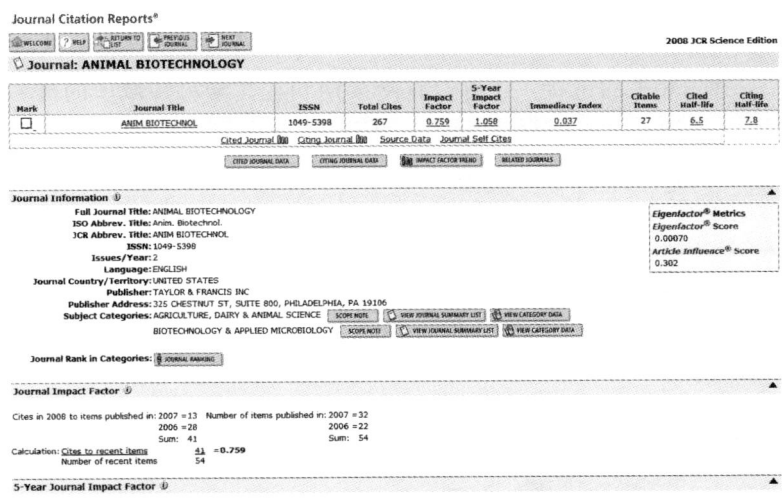

图6.1.27　某期刊数据显示页面

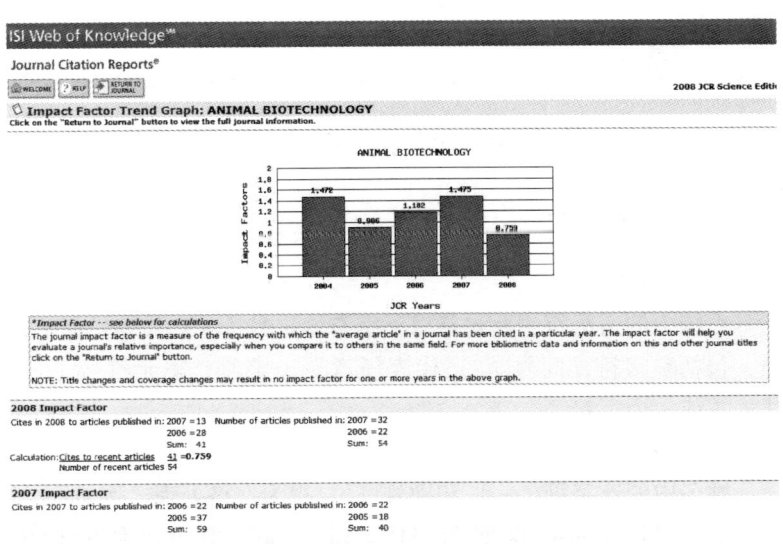

图6.1.28　5年期刊影响因子显示页面

该页面显示了该期刊的所有数据的详细信息。如在 Journal Impact Factor 部分中,便通过一组数据,显示该期刊影响因子的计算方式与结果。

通过相关的链接,还可以查阅某期刊在其学科领域里的排名(图 6.1.29),可以获取某期刊在 SCI 中的分区等信息。

图 6.1.29　期刊在学科领域内的排名及分区显示页面

七、检索技术

1. 通配符

系统中的通配符主要包括以下字符:星号(*)代表任何字符组,包括空字符,问号(?)代表任意一个字符,美元符号($)代表零或一个字符。

2. 姓名

姓名中的连字符(-)和撇号(')视为空格处理。例如:

AU = Liu xiao-li 返回与 AU = Liu xiaoli 相同数量的检索结果。

第六章 国外重要的信息检索工具

检索带连字符的检索词时，可以输入带通配符与不带通配符的两种形式。例如：TS = soybean-disease 返回包含检索词 soybean-disease 和 soybean disease 的记录。

3. 精确词与词组

检索时，可利用引号实现。

八、Researcher ID

这是一个全球科研人员合作与交流的免费平台（图6.1.30）。注册之后，系统分配给用户个人 ID 号码（图6.1.31）。无论姓名或是所属机构有何变更，这个号码在未来都将一直支持用户个人使用。ResearcherID 允许创建在线个人信息以展示出版物历史，旨在将该用户的个人学术作品结合在一起，确保准确记录学术成果和归属关系。通过它，同行们也可以快速找到该用户发表的作品，并将确定为潜在的合作者。点击"我的 Researcher ID"，便可进入注册页面。

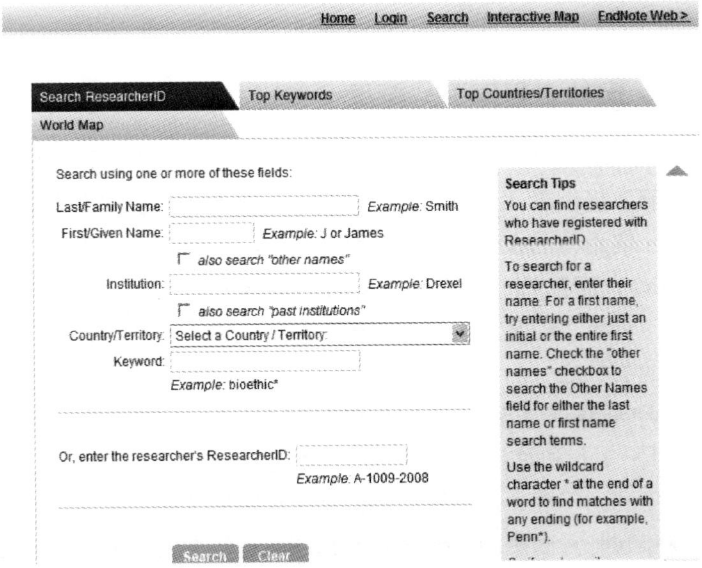

图 6.1.30 Researcher ID 网站页面

图 6.1.31 我的"Researcher ID"注册页面

注册登录后,便可以建立论文列表以唯一识别属于自己的研究成果,建立个人简历,并可以设置是否向公众开放,生成各类基于引文分析的研究绩效指标。

第二节 美国《工程索引》及其检索

一、EI《工程索引》概况

EI 公司始建于 1884 年,作为世界领先的应用科学和工程学在线信息服务提供者,一直致力于为科学研究者和工程技术人员提供专业化、实用化的在线数据信息服务。《工程索引》(The Engineering Index),简称 EI,是世界上著名的检索工具之一,在世界的学术界、工程界、信息界中享有盛誉。它是检索工程技术领域文献的最主要的工具之一。

1. 印刷版《工程索引》介绍

《EI》年刊和月刊的内容及编排格式完全相同,只是月刊报道及时,年刊到年底才能编辑出版,是全年度的文献累积本。同一条文摘在年刊与月刊中的文摘号并不相同。在年度索引中,年刊文摘号前加字母 A(Annual),月刊文摘号前加字母 M(Month)。

第六章　国外重要的信息检索工具

2. 印刷版《工程索引》的检索途径

《Ei》提供了著者与主题两种检索途径：从著者途径检索可以通过著者索引获得文摘号，再利用文摘号查阅文摘；从主题途径检索在利用 SHE 核对主题词后有两种方式检索，一是直接按主题词的字顺查阅，一是利用主题索引获得相关文摘号，再查阅文摘。在获得所需文摘后利用 PIE 得出出版物全称。检索步骤如图 6.2.1。

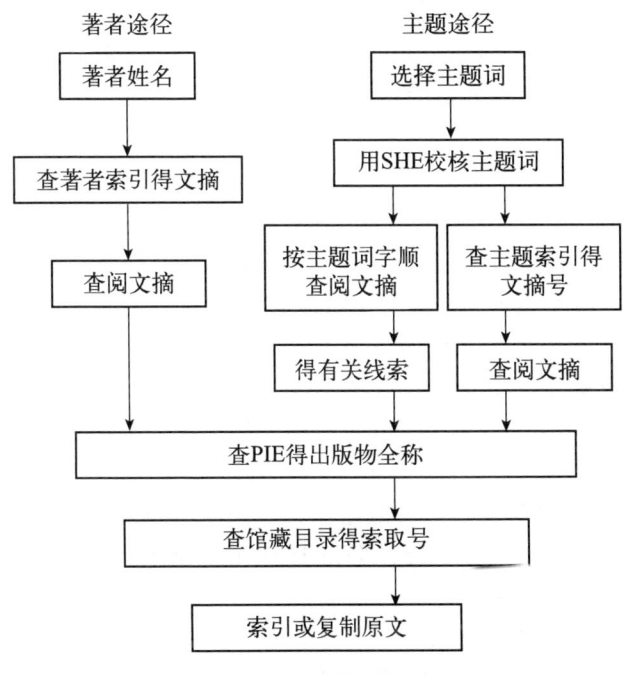

图 6.2.1　EI 的检索途径

3.《EI》光盘数据库介绍

《EI》光盘（EI Compendex Plush Dialog on Disc）是工程信息公司与 DIALOG 信息服务公司 1989 年推出 Compendex Plus 数据库的只读光盘产品。由 EI Compendex 和 EI Engineering Meeting 两个

数据库组成,每月更新,收录了自 1970 年以来的《工程索引》数据,有 DOS 版、Window 版等多种版本。

二、《EI Village》检索详解

1. EI Village 简介

EI 是爱思唯尔公司提供的工程及应用科学领域的文献检索平台,致力于为广大工程师和科学研究者提供专业、内容丰富的工程科学数据库和相应的检索平台,以及全球工程科学期刊的全文在线访问服务。Engineering Village 是为工程师、工科学生、科研人员以及相关信息从业人员专门设计的、功能强大的信息文献检索平台,并基于网络访问。EV 平台上提供 10 多个数据库的内容,涵盖了工程、应用科学相关的广泛的领域,内容来源包括学术文献、商业出版物、发明专利、会议论文和技术报告等;其中的 EI Compendex 就是常说的美国工程索引 EI 数据库,是全世界最早的工程文摘来源。Ei Compendex 收录年代自 1969 年起,涵盖 175 种专业工程学科,目前包含 1 100 多万条记录,每年新增的 50 万条文摘索引信息分别来自 5 100 种工程期刊、会议文集和技术报告。EI Compendex 收录的文献涵盖了所有的工程领域,其中大约 22% 为会议文献,90% 的文献语种是英文。EI 从 1992 年开始收录中国期刊。1998 年 EI 在清华大学图书馆建立了 EI 中国镜像站。此外,EV 平台上还有 Inspec、GeoBase、NTIS Database、Referex、EI Patents 等 10 多个数据库资源。

2. 数据库登录方式

EV 平台面向订购用户提供服务,访问网址为:www.engineeringvillage.com 或者 www.engineeringvillage.org。在该检索平台可检索订购用户订购的所有数据库。登录之后首页面如图 6.2.2。

第六章 国外重要的信息检索工具

图 6.2.2 登录后页面

3. 快速检索（Quick Search）

系统默认检索页面为快速检索页面，共提供两种检索，一种为快速检索，另一种为专家检索，点击界面上的提示条即可在两块检索模板之间进行切换。

在快速检索条件下，可在检索框中输入检索词，并选择需要检索的检索字段，系统共提供 15 个可检索字段。如图 6.2.3。

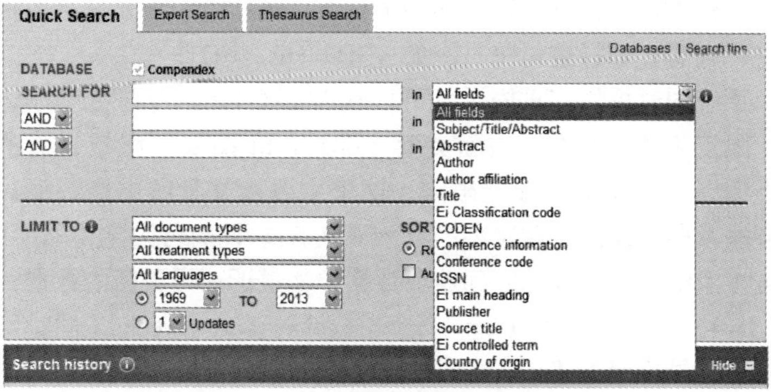

图 6.2.3 快速检索页面及检索字段显示

系统检索时，按从左到右的顺序进行检索，然后再执行逻辑匹配检索。当检索条不够时，可以添加检索条。最多可以加到 12 个。点击"add search field"，便可逐一添加。当添加到 12 个时，系统会自动提示无法进行添加，如图 6.2.4。

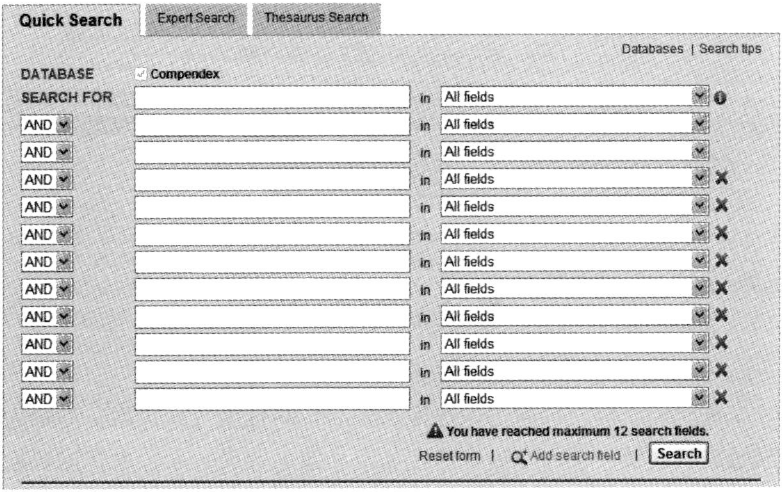

图 6.2.4 检索条添加

在检索框中，可以输入检索词/检索式，之后在 ALL fields 下拉列表框中选择检索字段，如果进行更多的检索，需要进行逻辑组配时，则需要选择逻辑符号，如 AND、OR、NOT。

系统同时提供多重限定，可以在 LIMIT TO 中选择更多限定模式。限定条件主要有：文献类型（document types）限定，文章处理类型（treatment types）限定，这里主要指文献的主要特征、研究方法及所涉及的主题类型等（图 6.2.5）。同时可限定检索时间，并可按系统最近更新的时间获取数据，如最近一周更新的数据，即 The Last week、Last 2 weeks、Last 3 weeks、Last 4 weeks。同时可选择检索结果排序方式。

当检索平台中的有多个数据库时，可以点击"Database"进行切换和选择,如果只有一个数据库时,则在点击此链接后显示订购的数据库。

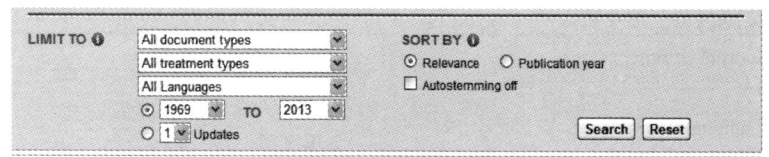

图 6.2.5　检索限定选项

当需要获取当前检索状态下的帮助时,可以点击"Search Tips"获取帮助。

系统提供的主要检索字段英文单词及对应的中文含义及简写如表 6.2.1。

表 6.2.1　可检索字段全称、简称及中文含义对照表

可检索字段	字段简写	可检索字段	字段简写
All Fields 所有字段	默认值	EI Classification code EI 分类号	CL
Title Words 题目	TI	EI Controlled code EI 受控词	CV
Authors 作者	AU	EI main heading EI 主标题	MH
Author Affiliations 作者单位	AF	Conference information 会议信息,包括名称、地址、时间等	CF
Serial Titles 刊名	ST	Source Title 出版物名称	ST
Abstracts 文摘	AB	ISSUE 期	SU
Publishers 出版商	PN	Volume 卷	VO
Subject/Title/Abstract 主题、题名、摘要	KY	Document Type 文献类型	DT

系统提供的文献类型、简称及中文含义如表 6.2.2。

表 6.2.2　文献类型全称、简称及中文含义对照表

文献类型全称及简称	中文含义
Journal article JA	期刊文章
Conference article CA	会议文章
Conference proceeding CP	会议论文集
Monograph chapter MC	专题论文
Monograph reviews MR	专题评述
Report chapter RC	报告章节
Report reviews RR	报告评述
Dissertation DS	学位论文
Article in press IP	在编文章，即文章没有印刷出版，但已经被出版社录用

系统中的文献处理类型全称、简称及含义如表 6.2.3。

表 6.2.3　文献处理类型全称、简称及含义对照表

文献处理类型全称及简称	中文含义
All treatment type	所有类型
Application APP	应用类
Biographic BIO	传记类
Economic ECO	经济类

(续表)

文献处理类型全称及简称	中文含义
Experimental EXP	实验类
General review GEN	综述评论
Historical HIS	历史性
Literature review LIT	文献综述
Management aspects MAN	管理类
Numerical NUM	数值类
Theoretical THR	理论类

在快速检索模式下，系统提供 5 种浏览方式。分别为：Author，即作者；Author affiliation，即作者单位；Controlled term，即受控词；Source title，即出版物名称；Publisher，即出版者。如点击"Author"，则如图 6.2.6 所示。

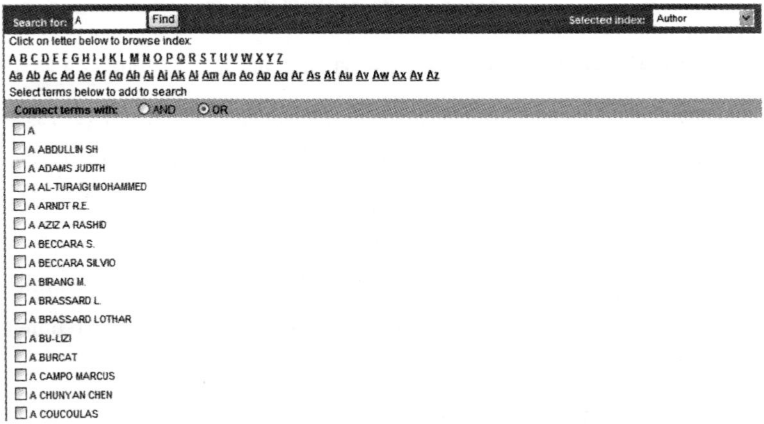

图 6.2.6　作者索引页面

在该页面可以选择按首字母顺序进行浏览，并可将不同的作者利用逻辑组合符进行组配。在页面右侧，则可以进行索引项的切换。

4. 专家检索（Expert Search）

专家检索适合于专业检索人员或对系统检索方法十分熟悉的检索者。此种方法可以灵活运用各种检索技巧，虽然只提供一个检索框，却可以在其中同时输入多个检索词及逻辑组配符，组成一个专业的检索式输入其中而执行检索。在检索时，由于需要用到一些字段的代码及文献类型的代码，因此，可以参照图6.2.7。

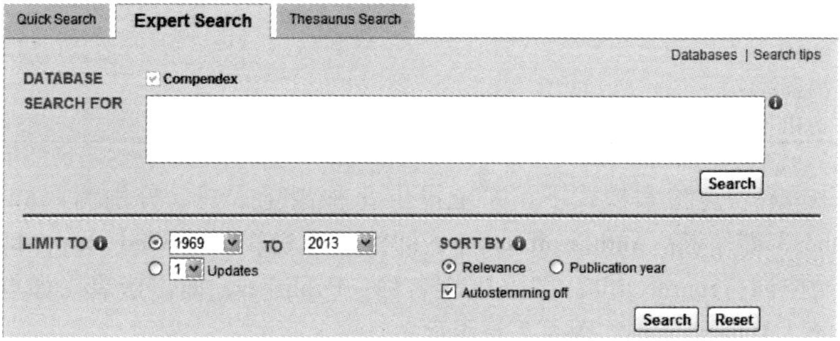

图 6.2.7 专家检索页面

专家检索格式为：Soybean wn TI and disease wn AB and ja wn dt，其中，wn 表示 within 的意思。Wn 前面为检索词，后面可接检索字段、文献类型、语种等，也可用括号限定检索的先后顺序。

在专业检索方式中，也可以进行多重限定。点击"LIMIT TO"则可以实现时间及按不同更新时间获取文献的限定。

专业检索中，系统提供 Author；Author affiliation；Controlled term；Language；Source title；Document type；Publisher；Treatment type 等索引。

5. 叙词检索（Thesaurus）

该检索主要用来实现某一主题的检索。这种模式下，检索词是

第六章 国外重要的信息检索工具

在 EI 受控词表中选择所需的叙词进行检索。页面如图 6.2.8。

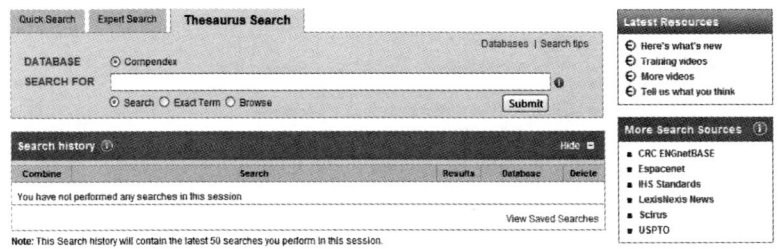

图 6.2.8 叙词检索页面

系统提供 3 种检索的选项：Search，在词表中直接检索输入的检索词；Exact Term，在词表中对所输入的检索词进行精确匹配；Browse，直接将检索词定位于索引词表中。

如在检索框中输入"soil"，则直接在检索框下面显示相关信息如图 6.2.9。

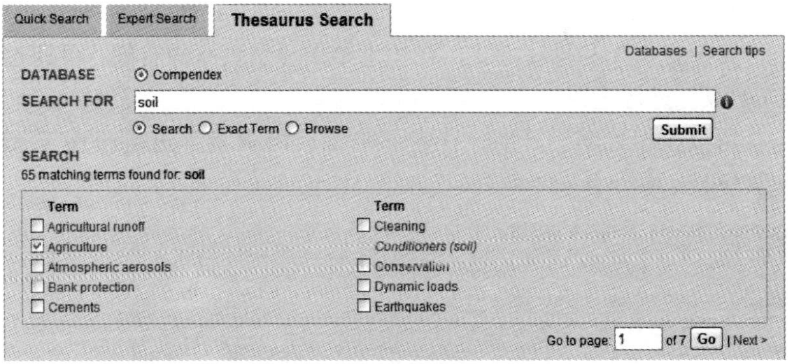

图 6.2.9 叙词检索结果页面 1

显示共有 65 条信息是符合要求的。可按要求选择对应的项目，点击"Agriculture"，则进入词表页面。

该页面中显示了检索词的上位词（Broader Terms），相关词（Related Terms）及下位词（Narrower Term）等信息（图 6.2.10）。

```
EXACT TERM
soil >> Agriculture

☑ Agriculture
Used for: Agricultural applications*, Limestone--Agricultural applications*

Broader Terms              Related Terms                    Narrower Term
☐ Industry                 ☐ Agricultural chemicals         ☐ Agricultural products
                           ☐ Agricultural engineering       ☐ Agronomy
                           ☐ Agricultural machinery         ☐ Crops
                           ☐ Agricultural runoff            ☐ Cultivation
                           ☐ Animals                        ☐ Harvesting
                           ☐ Aquaculture                    ☐ Farms
                           ☐ Fertilizers                    ☐ Forestry
                           ☐ Genetically modified plants    ☐ Irrigation
                           ☐ Nitrogen fertilizers
                           ☐ Irrigation canals
                           ☐ Orchards
                           ☐ Rural areas
                           ☐ Soil conservation
                           ☐ Veterinary medicine
```

图 6.2.10　叙词检索结果页面 2

三、检索结果处理

1. 结果排序方式

系统提供 5 种排序方式。在检索结果显示页面的右侧，可通过"sort by"进行选择。

可以按相关度、日期、作者、来源、出版者等进行排序（图 6.2.11）。

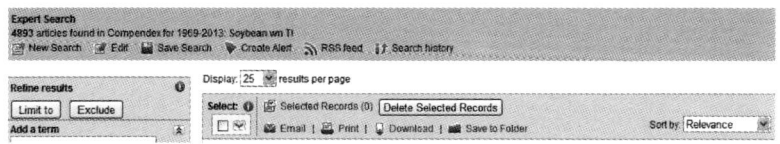

图 6.2.11　检索结果排序页面

2. 结果显示格式

结果显示主要有 3 种格式。简单显示，即系统结果默认显示格式，文摘（abstract），详细记录（detailed）。默认显示如图 6.2.12。

单击 Abstract 及 detailed，则会按文摘及详细记录显示。

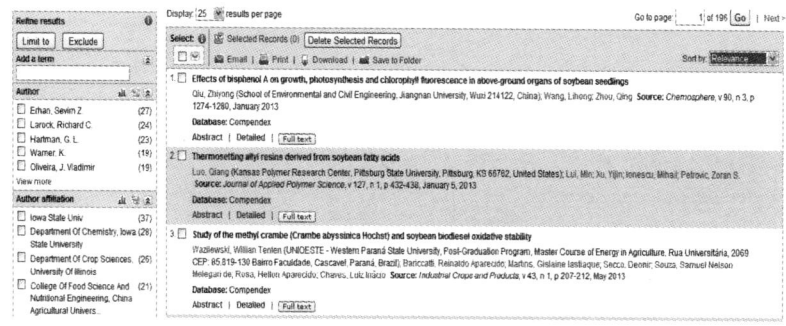

图 6.2.12　检索结果显示页面

3. 二次检索

系统提供对当前检索的精炼检索，即二次检索。二次检索主要适用于对当前检索结果不满意而需要进行检索优化的需求。在图中的左上角。如图 6.2.13。

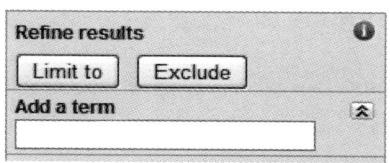

图 6.2.13　精炼检索结果页面

在检索框中输入需要进行优化的检索词，点击"Limit to"，便可以在当前检索结果中再次检索，输入的检索词将在所有字段中进行检索。

4. 检索结果分析

系统提供多种检索结果分析处理的方法，可分别按作者、作者单位、EI 受控词、EI 分类号、国家、文献类型、语种、出版年、出版物名称、出版商等多种方式对检索结果进行分析，以便了解当前检索结果：作者分布、作者单位分布、主题与分类情况、分布的国家、不同文献类型所占的比例、出版年分布等多种信息。如点击结果页面的左侧"classification code"后的柱状图图标，则显示如图6.2.14。

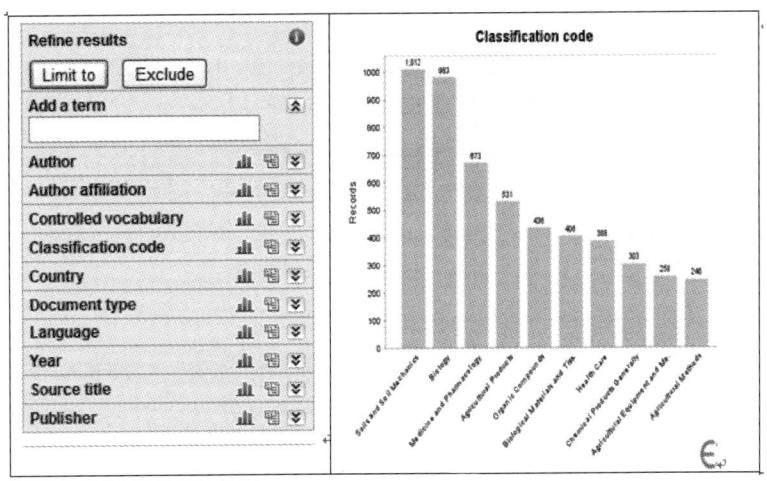

图6.2.14　检索结果分析页面

如点击"classification code"后的导出数据图标，则可将数据导出。并可利用Excel打开，并做各种趋势图等进行详尽分析。

5. 检索结果输出

系统提供3种结果输出模式，可对已经进行标记的记录进行电子邮件发送、存盘及打印，同时还可将选择的记录存入到文件夹中，该模式则属于个性化服务的范畴，将在个性化处理中予以详细说明。当进行记录的输出时，系统提示可以按不同方式输入，在字段选择上，可以选择citation、abstract及detailed等三种方式输出，citation则表示按简单引文格式输出，通常包括作者、文献篇名、出版物名称、年、卷、期等信息。而格式的选择，则可以选择RIS、EndNote、ProCite、Reference Manager、BibTex format、RefWorks direct import、Plain text format（ASCII）等格式。如图6.2.15所示。

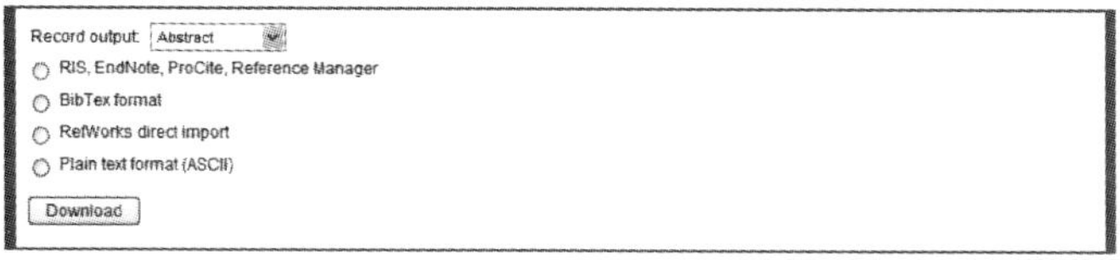

图 6.2.15　检索结果输出页面

四、全文获取

EI 是文摘型数据库，但在检索结果中，仍然提示有"FULL TEXT"的链接。如果该文献订购单位所订购的其他全文数据库中有全文。如图 6.2.16 所示。

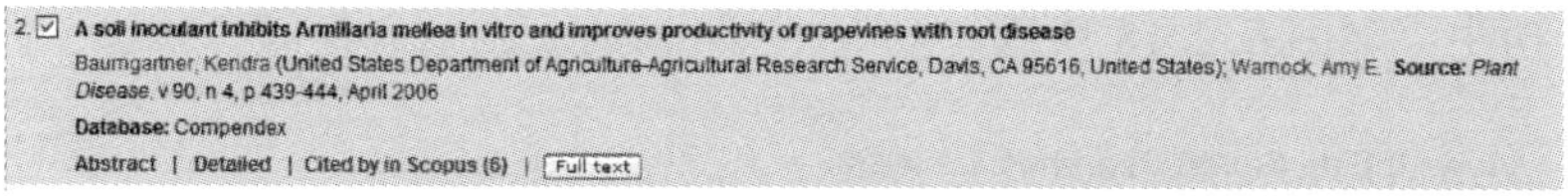

图 6.2.16　全文获取页面

点击"FULL TEXT"时，便可以链接到全文数据库中获取全文。

五、个性化服务

系统提供多种个性化处理方式。注册账号并登录后，可免费使用这些功能。在 EV 检索页面的右上方，点击 register，便可以免费获取相应的账号。如图 6.2.17 所示。

注册成功后，系统将提示用户名，以后便使用此用户名登录。

1. 检索历史保存

在 search history 页面，单击"save search"便可保存当前检索。当再次登录系统时，便可以利用个性化服务功能将之前保存的检索历史调出，在系统中执行检索。

2. 检索历史调用

点击页面上方的"settings"，系统则会显示之前存贮过的检索

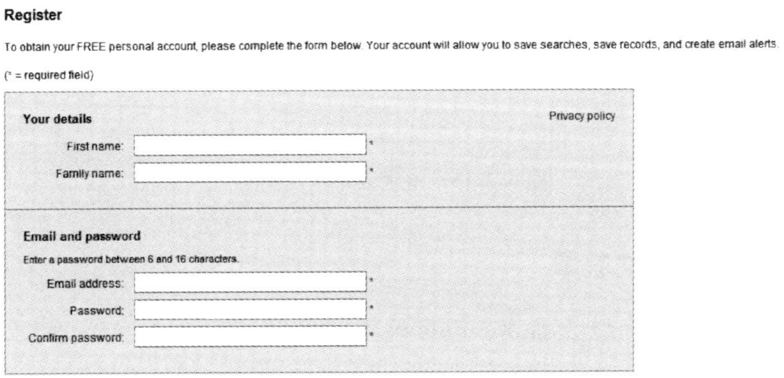

图 6.2.17　个性化服务账号注册页面

历史。如图 6.2.18 所示。

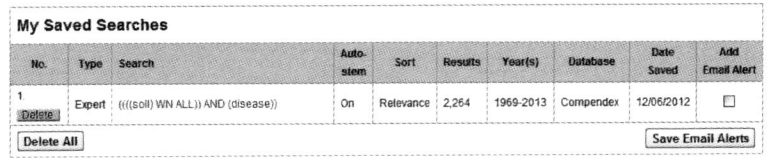

图 6.2.18　检索历史调用页面

点击"search"下方的检索式链接，便可进入系统再次执行检索。同时也可删除此检索历史或存成电子邮件提醒"Email Alert"。

3. 选择记录处理

点击"Selected records"，便可显示选择的记录内容。在此页面中，可对选择的记录进行电子邮件发送、打印及存贮等操作，也可根据需要选择显示的模式，可按简单引文格式、文摘格式及详细记录格式显示（图 6.2.19）。

第六章 国外重要的信息检索工具

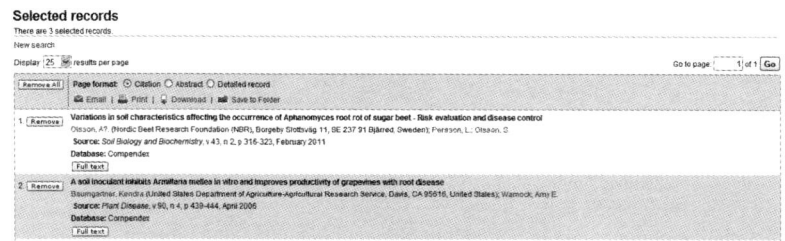

图 6.2.19 选择记录处理页面

4. 电子邮件定题通告

勾选"ADD Email Alert"下方的复选框，则可建立电子邮件定题通告服务，系统将会定期向用户的邮箱中发送在系统中的检索结果。如图 6.2.20 所示。

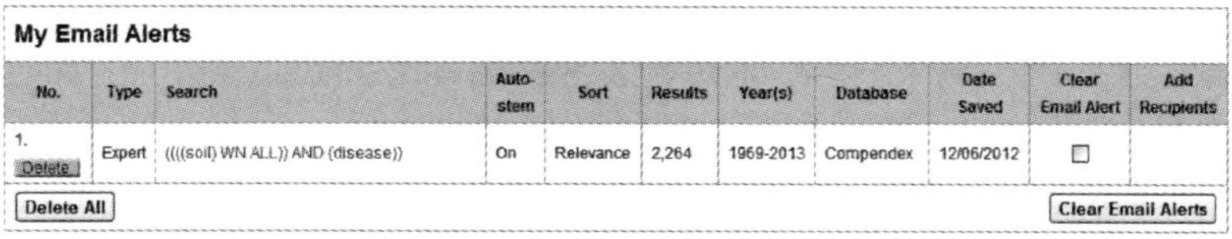

图 6.2.20 电子邮件定题通告页面

六、检索技术

1. 逻辑运算的使用

EV 系统中，逻辑运算可通过两种方式实现。一种使用逻辑运算符，另一种可通过检索历史页面自带的"Combine"功能。

利用逻辑运算符时，可直接利用 AND、OR、NOT 及字段名称等编制检索式。如：diodes wn TI and lili wn AU。

利用检索历史页面自带的"Combine"功能，点击"Search History"时，系统则会显示如图 6.2.21。

如图 6.2.21 所示，当勾选检索操作 1，2 之后的复选框后，系统会在"Combine Searches"后的检索框中，自动在两条所选检索操作之间加 AND 进行逻辑组配。

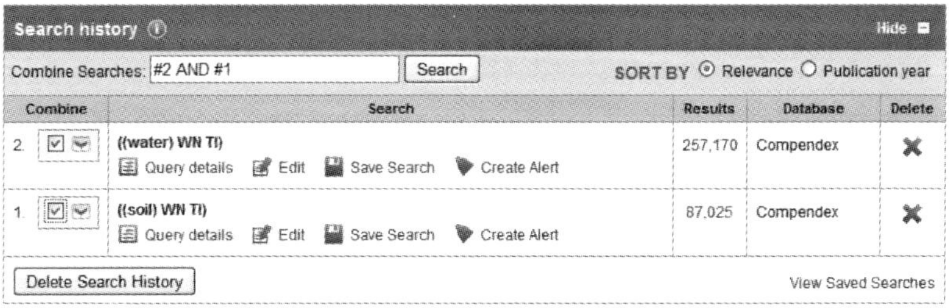

图 6.2.21　逻辑运算页面

2. NEAR、ONEAR 的使用

SOLAR NEAR/4 ENERGY 表示：两词之间可以插入 0~4 字母/词，词序可颠倒；

SOLAR ONEAR/5 ENERGY 表示：两词之间可以插入 0~5 的字母/词，词序不可颠倒；

SOLAR NEAR/0 ENERGY 表示：两词之间紧密相连

SOLAR NEAR ENERGY 系统将默认为 SOLAR NEAR/4 ENERGY；

注：邻近算符不能与截词符、通配符、括号、引号等混合使用；

3. Tags + Groups

EV 新增的服务，主要功能：可邀请相同研究兴趣的人创建标签组并共享小组成员的搜索结果，让同事分享检索成果（通过在新建标签组时添加同事的账号信箱，系统将检索结果自动发给同事）；可添加、编辑、删除自己的标签；可共享其他人添加的标签。

在 Tags + Groups 里，系统事先给出的三类型标签的权限如下：

Public：选定此标签组后所建标签为所有 EV 用户可见；

My Institution：选定此标签组后所建标签为所有本校用户可见；

第六章　国外重要的信息检索工具

Private：选定此标签组后所建标签为本人可见。

使用此项功能必须是注册用户。

4. 其他的检索技术使用

(1) 精确检索　检索词做精确检索时，词组或短语需用引号或括号标引。如"international space station"，也相当于international ONEAR/0 space ONEAR/0 station。

(2) 截词符　用星号（＊）表示，放置在词首或词尾，如 comput＊，表示 computer, computerized, computation 等均为检索词。＊sorption 可检到 adsorption, absorption, desorption。

(3) 通配符　? 可替代一个字母；如 wom? n 可检到 women, woman，＊可替代零或多个字母，如 h＊emoglobin 可检到 hemoglobin, haemoglobin。

(4) 特殊字符　除了 a-z, A-Z, 0-9, ?, ＊.#, ( ) 或 { } 等符号外，其他符号均视为特殊符号，检索时将被忽略。除非用引号或括号将其括起，如：{n＜7}，此时特殊字符将被一个空格所代替。

(5) 停用词　用短语检索时，允许句中使用停用词（and, or, not, near）。但该语句必须用引号或括号括起。

附录：EI CompendexWeb 作者单位中的标准简写（表 6.2.4）。

表 6.2.4　EI CompendexWeb 作者单位中的简称与英文全称对比表

简称	英文全称
Acad	Academy, Akademie
Assoc	Association（s）
Bur	Bureau
Cent	Center, Centre（不包括 Centro or Central）
Coll	College
Co	Company
Corp	Corporation（s）
Dep	Department
Div	Division

(续表)

简称	英文全称
Inc	Incorporated
Inst	Institute, Institution, Institucion
Lab	Laboratory (-ies), Laboratoire (s)
Ltd	Limited
Natl	National
Publ	Published
St.	Saint
Ste.	Sainte
Sch	School
Soc	Society
Univ	University

第三节　美国 ISTP 及其检索

ISI Proceedings 是美国《科学技术会议录索引》(Index to Scientific & Technical Proceedings, ISTP) 的网络版,由美国科技信息所 (Institute for Scientific Information, 简称 ISI) 编辑出版。ISI Proceedings 包括以下两个子数据库:科学技术会议录索引 (Index of Scientific & Technical Proceedings, ISTP),收录所有科技领域的会议文献,内容涉及农业、环境科学、生物化学与分子生物学、生物技术、医学、工程、计算机科学、化学和物理学等,收录了 1990 年以来的 190 万篇会议论文;社会科学及人文科学会议录索引 (Index to Social Science & Humanities Proceedings, ISSHP),涵盖社会科学、艺术和人文科学领域的会议文献,包括心理学、社会学、公共卫生、管理、经济、艺术、历史、文学和哲学,收录了 1990 年以来的 20 万篇会议论文。目前,东北农业大学开通使用 ISI Proceedings – Science & Technology Edition (科技版) 2001 年以来的数据。

第六章 国外重要的信息检索工具

一、检索方式

2008年9月，ISTP 更名为 Conference Proceedings Citation Index-Science（CPCI-S），并与 SCI 数据库在统一检索平台下，点击图书馆外文数据库检索界面中的"SCI（Web of Science）"链接之后，即可进入 ISTP 数据库和 SCI 数据库的检索界面，通过对页面下方的"引文数据库"项进行选择，来确定具体的数据库。

1. 一般检索

一般检索有多个检索词输入框，并可在对应输入框的右侧打开字段下拉菜单选择检索字段，检索字段主要包括主题、标题、作者、团体作者、编者、出版物名称、出版年、地址、会议、语种等途径。如图 6.3.1 所示。

图 6.3.1　一般检索界面

2. 高级检索（ADVANCED SEARCH）

高级检索界面提供独立的检索文本输入框（图6.3.2），用户可在文本框中直接输入一个较为复杂的检索提问式。检索提问式可由前置字段代码的检索词或前次结果的集合号组成，检索词之间可用逻辑算符连接，检索词中也可用截词算符。例如，TS = " (comet" SAME orbit *) NOT AU = " Smalley?" RE ； #1 AND#2。各种检索限制设置与一般检索方式相同。

图6.3.2 高级检索界面

二、检索技术

1. 布尔逻辑检索

系统使用 AND、OR、NOT 三种逻辑运算符。

2. 位置检索

位置算符"SAME"规定其前后连接的两个词在检索记录中出

现在同一句子中或同一个词组中（keyword 字段）。

3. 截词检索

系统允许"﹡"和"?"两种截词符用在检索词的中间和末尾，"?"代表一个字符，"﹡"代表若干个字符。

4. 字段限定检索

字段限定检索仅限于在高级检索方式中使用，其格式为：字段代码 = " 检索词，例如：TI = Computer" system。

三、检索结果

1. 检索结果显示

执行检索后命中的记录在屏幕上以简单格式显示，该格式显示每条记录的内容包括：文献篇名，前三位著者及来源期刊的名称、卷、期、页码。点击简单格式中的文献篇名，可以浏览该篇文献在 ISI 数据库中的全记录（Full Record）。在全记录页面，可点击记录中的"引用的参考文献"（Cited Reference）后的数字和"相关文献"（Related Records：），分别查看该文的引用文献及相关文献。

2. 分析结果

在检索结果列表显示页面右侧"分析结果"（Analyze Results）栏目中点击"ANALYZE"按钮，进入结果分析页面。在该页面左上角的"选择字段"列表中，选择用于对结果进行分析的字段范围，点击表下方的分析按钮，页面下方显示按所选字段分析出的文献分布情况（图 6.3.3），勾选复选框，进一步查看分析出的各种结果。

3. 标记、打印、保存结果

（1）标记记录（MARKED RECORDS）　在检索结果的简单格式显示页面，通过点击每条记录左边的复选框，标记所需要的记录，并点击检索结果上方栏目中的"添加到标记结果列表"（ADD TO MARKED LIST）按钮，将选择的记录添加到"标记结果列表"中，至少有一条记录被标记后，"标记结果列表"按钮才会被激

信息检索实用指南

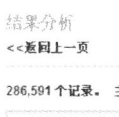

图 6.3.3 结果分析页面

活。点击页面上方的"标记结果列表"按钮,进入记录输出页面。

(2) 打印记录(FORMAT FOR PRINT) 先将需要打印的文献在复选框内标记上,点击检索结果上方的"打印"按钮,即可进入结果打印状态。

(3) 输出记录 可在检索结果页面的下方进行记录输出,首先对要输出的记录予以标记;然后选择输出的记录格式,包括简要的记录和全记录格式;最后选择保存的格式,一般来说可以选择"保存为纯文本格式",保存完毕后,以 WORD 格式打开所保存的记录即可。

第七章 网络信息资源检索与利用

第一节 网络信息资源基础知识

一、网络及网络信息资源的概念

网络也就是人们所称的计算机网络。是指将分散在各处，却具有独立功能的多台计算机终端及其附属设备，通过通信设备和线路联结起来，运用功能完善的通信软件，按照网络协议进行数据通信，以实现资源共享的系统。

网络信息资源是指以电子数据的形式将文字、图像、声音、动画等多种形式的信息存放在光、磁等非印刷质的载体中，并通过网络通信、计算机或终端等方式再现出来的信息资源总和。

二、网络信息资源的类型

按照载体和通信通道划分：联机信息资源、光盘信息资源、Internet 信息资源。

按照信息的表现形式划分：文本信息资源、超文本信息资源、多媒体信息资源、超媒体信息资源。

三、网络信息资源的特点

由于网络信息检索借助于网络通信、信息处理等技术的发展，出现了许多不同于传统信息检索的特点。

1. 存储数字化

信息资源由纸张上的文字变为磁性介质上的电磁信号或者光介质上的光信息，使信息的存储和传递、查询等更加方便，而且所存储的信息密度高，容量大，可以无损耗地被重复使用。以数字化形式存在的信息，既可以在计算机内高速处理，又可以通过信息网络进行远距离传送。

2. 表现形式多样化

传统信息资源主要是以文字或数字形式表现出来的信息。而网络信息资源则可以是文本、图像、音频、视频、软件、数据库等多种形式存在的，涉及领域从经济、科研、教育、艺术，到具体的行业和个体，包含的文献类型从电子报刊、电子工具书、商业信息、新闻报道、书目数据库、文献信息索引，到统计数据、图表、电子地图等。

3. 传播网络化

传统的信息存储载体为纸张、磁带、磁盘，而在网络时代，信息的存在是以网络为载体，以虚拟化的姿势状态展示的，人们得到的是网络上的信息，而不必过问信息是存储在磁盘上还是磁带上的。体现出网络资源的社会性和共享性。

4. 数量巨大，增长迅速

CNNIC 一年两次发布的《中国互联网络发展状况统计报告》，全面反映和分析了中国互联网络发展状况，以其权威性著称。2012年7月19日，中国互联网络信息中心（CNNIC）在京发布《第30次中国互联网络发展状况统计报告》（以下简称《报告》）。《报告》显示，截至2012年6月底，中国网民数量达到5.38亿，其中最引人注目的是手机网民规模达到3.88亿，手机首次超越台式电脑成为第一大上网终端。网民规模突破5.38亿，互联网普及率为39.9%。2012年上半年网民增量为2 450万，普及率提升1.6个百分点。

5. 传播方式动态化

网络环境下，信息的传递和反馈快速灵敏，具有动态性和实时性等特点。信息在网络中的流动性非常迅速，电子流取代传统的纸张和邮政的物流，加上无线电和卫星通讯技术的充分运用，上传到网上的任何信息资源，都只需要短短的数秒钟，信息就会被传递到世界各地的各个角落。

6. 信息源复杂化

网络共享性与开放性使得人人都可以在互联网上索取和存放信息，由于没有质量控制和管理机制，这些信息没有经过严格编辑和整理，良莠不齐，各种不良和无用的信息大量充斥在网络上，形成了一个纷繁复杂的信息世界，给用户选择，利用网络信息资源带来了障碍。

总之网络信息资源的复杂性特别明显，具有大数量、多类型、多媒体、非规范、跨时间、跨地域、跨行业、多语种等特点。网络信息资源缺乏有效的统一管理机制，信息组织困难，信息安全和信息质量表现出不均衡性，信息的生产者和使用者界限模糊。但其使用成本低、共享程度高、可获得性强、信息资源丰富、用户参与程度高等。

四、网络信息资源检索的一般方法

基于WWW的资源检索方法成千上万。其主要可以分为以下5种方法：浏览、分类目录和网络资源指南检索、利用专业数据库进行检索、利用搜索引擎查找、利用专用搜索软件进行检索。

1. 浏览

（1）偶然发现　这是在Internet上发现信息的基本方法之一。即在日常的网络阅读、传统媒体的介绍或者朋友的推荐中，发现对自己有用的信息。

（2）顺链而行　我们在阅读 WEB 页时，利用文档中的超级链接从一个网页转向另一个网页，即所谓的顺"链"而行。目前大部分教育技术专业网站或教育门户网站（如教育科研网），都提供了大量的教育技术网站的热站链接，可以顺"链"找到相关资源。还可以根据专业网站上某一专题提供的参考文献的 URL 在 Internet 上查找到大量论文。

（3）书签浏览　我们通过各种途径得来的专业网站或资源性网站的 URL，都应即时把其放入书签中，定期整理，按专题或类型进行归类，清除过时或无效的链接，同时对每个网站还应作出自己的综述和评论，建立起相应的网址信息库。书签浏览是效率很高的文献检索方法，也是最重要的检索方法之一，我们所得的大量信息资源主要是通过书签浏览这一方式得到的。

2. 分类目录和网络资源指南检索

（1）分类目录检索　网络上的各种大型的搜索引擎和综合性教育网站都会提供一定的分类目录检索服务。如搜狐、Yahoo、AltaVista、Google、中国教育科研网等，在许多的教育类网站中都会提供"教育技术"、"远程教育"等分类目录。如 Yahoo 的教育技术分类目录链接地址为 http：//dir. yahoo. com/Education/Instructional_ Technology。

（2）网络资源指南检索　网络资源指南也是 Internet 信息检索的基本形式之一。为了将 Internet 这个混杂无序的信息世界纳入一个有序的组织体系中去，专业人员对此做了不懈的努力，他们按照不同的主题和某一严格的标准对各种网络信息资源进行采集、组织、评价，最终开发出了可供浏览和检索的网络资源主题指南。与分类目录检索最大的不同就在于它只收集、评价那些与某一主题相关的资源导航型网站，常称之为书目之书目。例如：www. VirtualLibrary. TheArguesClearinghouse 就是其中的佼佼者，它们提供了大量教育技术资源导航型网站，并对每一个导航网站作出了评价，通过

第七章　网络信息资源检索与利用

这些导航网站，可以找到大量教育技术相关资源。著名的 The Argues Clearinghouse 上的教育技术主题 URL 是：http：//www.clearinghouse.net/cgibin/chadmin/viewcat/Education/instructional _ technology _ and_ tools？kywd++，在该网页上可以看若干有关教育技术资源导航型网站的网址，并有相应的评价，读者可以自行选择进入相应的网站查找资源。

3. 利用专业数据库进行检索

随着网络的迅速普及，以前只能通过联机检索的专业数据库也纷纷上网。通过基于 WWW 的专业数据库检索，我们可以检索到大量教育技术资源，如全文、书目、学位论文、会议信息等。由于教学科研中，必然要借鉴和参考大量相关文献和论文，所以教育技术文献全文可以说是最有价值的信息资源。

4. 利用搜索引擎查找

目前搜索引擎多达数百种，较著名的国外有 Google、Yahoo、AltaVista、Excite、InfoSeek、Lycos、WebCrawler 等，国内有搜狐（Sohu）、中文 Yahoo、Baidu 等。搜索引擎使用自动索引软件来发现、收集、标引网页并建立数据库，以 WEB 形式提供给用户一个检索界面，供用户输入检索关键词进行检索。它的特点是：收集的信息资源丰富，更新速度快，检索时直接输入关键词，方便易用。但准确性较差，检索噪音大；另外不同的搜索引擎有不同的检索策略，给用户造成了不便。一般来说，搜索引擎适合于检索教育技术信息中较为专、深、具体或类属不明确的资源。

5. 利用专用搜索软件进行检索

专用搜索软件是对搜索引擎功能的一种扩展。优秀的通用搜索软件可以同时登录数十个甚至数百个搜索引擎进行信息检索，它所能检索的范围更大，得到的索引结果也更多；另外一些专业的搜索软件只搜索某一特定领域的信息，因为专一所以通过这类搜索软件检索到结果都相对很专业，并且准确度极高。我们不需要登录到各大搜索引擎网站就可以直接在本机上通过专用搜索软件完成对整个

Internet 上教育技术资源的搜索。例如：百度超级搜霸、BT 搜索专家和搜索奇兵等。

第二节　搜索引擎及其使用

一、搜索引擎的概念

搜索引擎（Search Engine）是指根据一定的策略、运用特定的计算机程序搜集互联网上的信息，在对信息进行组织和处理后，并将处理后的信息显示给用户，是为用户提供检索服务的系统。

二、搜索引擎的类型

按其工作方式主要可分为三种，分别是全文搜索引擎（Full Text Search Engine）、目录索引类搜索引擎（Search Index/Directory）和元搜索引擎（Meta Search Engine）。

1. 全文搜索引擎

全文搜索引擎是名副其实的搜索引擎，国外代表有 Google，国内则有著名的百度搜索。它们从互联网提取各个网站的信息（以网页文字为主），建立起数据库，并能检索与用户查询条件相匹配的记录，按一定的排列顺序返回结果。

根据搜索结果来源的不同，全文搜索引擎可分为两类，一类拥有自己的检索程序（Indexer），俗称"蜘蛛"（Spider）程序或"机器人"（Robot）程序，能自建网页数据库，搜索结果直接从自身的数据库中调用，上面提到的 Google 和百度就属于此类；另一类则是租用其他搜索引擎的数据库，并按自定的格式排列搜索结果，如 Lycos 搜索引擎。

2. 目录索引

目录索引虽然有搜索功能，但严格意义上不能称为真正的搜索引擎，只是按目录分类的网站链接列表而已。用户完全可以按照分类目录找到所需要的信息，不依靠关键词（Keywords）进行查询。目录索引中最具代表性的莫过于大名鼎鼎的 Yahoo、新浪分类目录搜索。

3. 元搜索引擎

元搜索引擎（META Search Engine）接受用户查询请求后，同时在多个搜索引擎上搜索，并将结果返回给用户。著名的元搜索引擎有 InfoSpace、Dogpile、Vivisimo 等，中文元搜索引擎中具有代表性的是搜星搜索引擎。在搜索结果排列方面，有的直接按来源排列搜索结果，如 Dogpile；有的则按自定的规则将结果重新排列组合，如 Vivisimo。

4. 其他非主流搜索引擎形式

集合式搜索引擎：该搜索引擎类似元搜索引擎，区别在于它并非同时调用多个搜索引擎进行搜索，而是由用户从提供的若干搜索引擎中选择，如 HotBot 在 2002 年年底推出的搜索引擎。

门户搜索引擎：AOL Search、MSN Search 等虽然提供搜索服务，但自身既没有分类目录也没有网页数据库，其搜索结果完全来自其他搜索引擎。

免费链接列表（Free For All Links 简称 FFA）：一般只简单地滚动链接条目，少部分有简单的分类目录，不过规模要比 Yahoo 等目录索引小很多。

三、搜索引擎工作原理

1. 抓取网页

每个独立的搜索引擎都有自己的网页抓取程序（spider）。Spider 顺着网页中的超链接，连续地抓取网页。被抓取的网页被称之为网页快照。由于互联网中超链接的应用很普遍，理论上，从一定范围的网页出发，就能搜集到绝大多数的网页。

2. 提供检索服务

用户输入关键词进行检索，搜索引擎从索引数据库中找到匹配该关键词的网页；为了用户便于判断，除了网页标题和 URL 外，还会提供一段来自网页的摘要以及其他信息。

四、搜索引擎系统组成

搜索引擎系统一般由爬行器、索引器、检索器和用户接口四个部分组成。

(1) 爬行器（爬虫或蜘蛛） 其功能是在互联网中漫游，发现和搜集信息。

(2) 索引器 其功能是理解搜索器所搜索到的信息，从中抽取出索引项，用于表示文档以及生成文档库的索引表。

(3) 检索器 其功能是根据用户的查询在索引库中快速检索文档，进行相关度评价，对将要输出的结果排序，并能按用户的查询需求合理反馈信息。

(4) 用户接口 其作用是接纳用户查询、显示查询结果、提供个性化查询项。

五、常用搜索引擎及其使用

目前搜索引擎多达数百种，较著名的国外有 Google、Yahoo!、AltaVista、Excite、InfoSeek、Lycos、WebCrawler 等，国内有百度、搜狗、搜狐（Sohu）、雅虎（Yahoo!）、搜搜（soso）、有道、bing（必应）等。各种搜索引擎各有千秋：Google 是目前索引网页数目最多的搜索引擎，通过它能搜索到更多的教育技术资源；而 Yahoo 是目前使用人数最多的搜索引擎，其检索策略简单易用；AltaVista 索引多媒体资源数目巨大，比较适合多媒体类教育技术资源的检索。我们在利用搜索引擎的时候要有针对性地选择搜索引擎。

1. 国内常用的搜索引擎简介

百度：http://www.baidu.com，是中国互联网用户最常用的搜索引擎，每天完成上亿次搜索；也是全球最大的中文搜索引擎，可查询数十亿中文网页。

第七章 网络信息资源检索与利用

Google 谷歌：http：//www.google.com.hk/，Google 的使命是整合全球范围的信息，使人人皆可访问并从中受益。

搜狗：http：//www.sogou.com/，搜狗是搜狐公司于 2004 年 8 月 3 日推出的全球首个第三代互动式中文搜索引擎。搜狗以搜索技术为核心，致力于中文互联网信息的深度挖掘，帮助中国上亿网民加快信息获取速度，为用户创造价值。

360 搜索：http：//www.so.com/，2012 年 9 月 360 搜索正式发布 so.com 独立域名，S 代表 Safe（安全），O 代表 Open（开放）。360 搜索立志成为"干净、安全、可信任"的搜索引擎，让用户拥有搜索的选择权。

Bing（必应）：http：//bing.com.cn/，2009 年 6 月 1 日，微软新搜索引擎 Bing（必应）中文版上线。测试版必应提供了六个功能：页面搜索、图片搜索、资讯搜索、视频搜索、地图搜索以及排行榜。

SOSO 搜搜：http：//www.soso.com/，腾讯 QQ 推出的独立搜索网站。提供综合、网页、图片、论坛、音乐、搜吧等搜索服务。

有道搜索：http：//www.yodao.com/，网易自主研发的搜索引擎。目前有道搜索已推出的产品包括网页搜索、博客搜索、图片搜索、新闻搜索、海量词典、桌面词典、工具栏和有道阅读。

雅虎全能搜索：http：//www.yahoo.cn/，Yahoo！全球性搜索技术（YST，Yahoo！Search Technology）是一个涵盖全球 120 多亿网页（其中雅虎中国为 12 亿）的强大数据库，拥有数十项技术专利、精准运算能力，支持 38 种语言，近 1 万台服务器，服务全球 50% 以上互联网用户的搜索需求。

即刻搜索：http：//www.jike.com/，"即刻搜索"（www.jike.com）是由人民搜索网络股份公司于 2011 年 6 月 20 日推出的通用搜索引擎平台，致力于成为大众探索求知的工具、工作生活的助手和文化交流的平台。

盘古搜索：http：//www.panguso.com/，覆盖了新闻搜索、网页搜索、图片搜索、视频搜索、音乐搜索、时评搜索以及一系列实用的生活资讯搜索。其中,"网页搜索"采用了将桌面搜索结果"直达"手机短信的服务方式。

2. 其他搜索引擎

搜网全能搜索:http://so.sowang.com/,搜网全能搜,帮您一键实现对搜索引擎、影视娱乐、图片、音乐歌曲、问题知识、论坛微博、网上购物等热门网站搜索,方便快速找到您需要的东西。

狗狗搜索:http://www.gougou.com/,中国最大的下载资源搜索网站。

搜网网址大全:http://hao.sowang.com/,方便网友们快速找到自己需要的网站,而不用去记太多复杂的网址;同时也提供了搜索引擎入口,可搜索各种资料及网站。

Hao123网址之家:http://www.hao123.com/

百度网址大全:http://site.baidu.com/

3. 几种最为著名的专用搜索软件

(1)百度超级搜霸 这是一款免费的浏览器工具条,安装后无需登录百度网站即可体验百度搜索的强大功能,搜网页、搜歌曲、搜图片、搜电影,等等。更有右键搜索功能,方便查询当前网页中任意文字。另外,利用百度超级搜霸还可以实现中英文互译、IE修复、广告拦截、隐私保护、垃圾清理、网页浏览加速、生活秘书、保存Flash等多种功能,访问任何网页时均可享受百度超级搜霸带来的便利,为用户带来完美的上网体验。其主要技术特点是:

超级搜索:无需登录网站,8亿网页,520万首歌曲,7 000万图片一键获得;

广告拦截:有效拦截弹出广告,还用户干净的上网空间;

隐私保护:消除上网搜索记录,保护用户的隐私;

修复功能:清除恶意程序,修复IE,保护上网安全。

(2)BT搜索专家 这是国内首款客户端BT种子搜索工具(Torrent Search Client),通过该BT搜索引擎,用户可以轻易地从百万个BT种子中搜索出想下载的电影、MP3、MTV、电子书、教程、游戏、FLASH 等，同时软件还拥有热门推荐功能，可以让用户时刻了解并下载到最新最热门的电影、游戏等信息。

软件主要特点：

种子数量：超过 2 000 万的 BT 种子，其中，包括国内外中英文种子信息；

界面简便：绿色软件无须安装，界面十分简便，就像 windows 搜索界面；

搜索速度：多线程搜索，使用汇编语言作数据分析，确保最高的执行效率；

智能排序：软件会自动将搜索结果中连接数最多的种子放到最前面；

在线更新：引擎数据库在线更新，可以保持用户使用最新的功能和无限功能扩展；

附加功能：除了搜索种子外，可以搜索 MP3、FLASH 等，用户还可以打入特定的命令查询。

（3）搜索奇兵　该软件采用多线程技术，可以把各大著名搜索引擎整合到一起并将搜索结果统一显示在一个页面中。软件可以快速、准确的定位出用户要在 Internet 上搜索的目标。可选择过滤掉重复的结果、过滤重复域名、过滤被"收回主权"的免费空间、过滤无法访问网站、自定义过滤国内外免费域名、自定义过滤特定时间内没有更新的页面，并可按更新时间排序。给用户最精确、最接近、最新鲜的搜索结果。通过搜索奇兵，能得到最精确、更新及时的搜索结果。

另外，还有 IQ 搜索王，Internet graphic finder（图片搜索工具）、Book search（书籍搜索工具）等许多专用搜索工具。这些专用搜索软件为用户检索网上教育技术资源提供了强有力的武器，它们的使用技巧与搜索引擎的使用技巧大同小异，但是，它们提供的可控参数更多，所得结果相应的也更多、更专业、更精确。

互联网的迅速发展带来了网上信息的爆炸性增长。据统计全球目前的网页已经超过 200 亿,而且还在以每 100 天翻一倍的速度快速增长。根据相关权威机构推测,即使所有的大搜索引擎进行协同搜索,它们所能检索到的信息资源也只占整个 Internet 资源的 15%。因此在实际的科研中,我们要综合运用上面提到的多种检索方法,争取能在最大范围的信息资源内找到最精确的教育技术资源。在检索教育技术资源的过程中,我们应通过评价、吸收利用等方法对这些资源进行二次开发。进一步丰富我国的教育技术资源,提高自身的信息素养,最终促进教育技术的整体发展水平,进而推动我国教育信息化的进程。

六、搜索技巧

利用搜索引擎进行教育技术资源检索,其检索效率的高低、检索结果的准确性,关键在于用户对关键词、逻辑表达式、搜索技巧和搜索引擎特殊功能等的综合运用能力,下面介绍一下使用搜索引擎的一些常用技巧。

1. 关键词的选择

在查找科技类资源的时候,要求选择合适的关键词进行查询,关键词要能够表达查找资源的主题,不要选用没有实质意义的词(介词、连词、虚词)作为关键词。通常情况下选用专业名词进行信息检索,同时,还要注意利用同义词来约束该关键词,才能保证检索结果的全面性和准确性。

2. 使用逻辑词来缩小查找范围

搜索引擎大都支持使用逻辑词进行更复杂的搜索界定,常用的有:AND、OR、NOT 及 NEAR(两个单词的靠近程度),恰当应用它们可以使搜索结果精确度得以提高。

3. 使用双引号进行精确匹配

如果查找的是一个词组或短语,最好的办法就是将它们用双引号引起来,这样整个短语将作为一个关键词进行检索,得到的结果最少、最精确。若不用引号,则凡是网页中包含这两个关键词之一的网页都会呈现给用户，反之则只呈现包含该短语的网页，检索精确度将大幅度提高。

4. 使用加减号限定查找

很多搜索引擎都支持在关键词前冠以"＋"（加号）：限定搜索结果中必须包含的词汇；用"－"（减号）：限定搜索结果不能包含的词汇。这样也可以减少检索噪音，提高命中率。

5. 细化查询

大部分搜索引擎都提供了对搜索结果进行细化与再查询的功能，如有的搜索引擎在结果中有"查询类似网页"的按钮，还有一些则可以对得到的结果进行进一步的查询，在实践中应注意熟练运用各种搜索引擎的特殊功能。

6. 利用选项界定查询

目前越来越多的搜索引擎开始提供更多的查询选项，利用这些选项可以轻松地构造比较复杂的搜索表达式，进行更为精确的查询，更好地控制查询结果的显示。

第三节　Internet 网络资源利用介绍

一、Internet 概述

Internet，通常译作"国际互联网"，它实际上就是一个靠 TCP/IP 协议连接起来的，由各种不同类型和规模的独立运行和管理的计算机网络组成的世界范围的巨大的计算机网络——全球性计算机网络。

起源：Internet 是在美国早期的军用计算机网 ARPANET（阿帕网）的基础上经过不断发展变化而形成的。Internet 的起源主要可分为以下几个阶段。

1. Internet 雏形阶段

1969 年，美国国防部高级研究计划局（Advance Research Projects Agency，ARPA）开始建立一个命名为 ARPANET 的网络。当时建立这个网络的目的是出于军事需要，计划建立一个计算机网络，当网络中的一部分被破坏时，其余网络部分会很快建立起新的联系。人们普遍认为这就是 Internet 的雏形。

2. Internet 发展阶段

美国国家科学基金会（National Science Foundation，NSF）在 1985 开始建立计算机网络 NSFNET。NSF 规划建立了 15 个超级计算机中心及国家教育科研网，用于支持科研和教育的全国性规模的 NSFNET，并以此作为基础，实现同其他网络的连接。NSFNET 成为 Internet 上主要用于科研和教育的主干部分，代替了 ARPANET 的骨干地位。1989 年 MILNET（由 ARPANET 分离出来）实现和 NSFNET 连接后，就开始采用 Internet 这个名称。自此以后，其他部门的计算机网络相继并入 Internet，ARPANET 就宣告解散了。

3. Internet 商业阶段

20 世纪 90 年代初，商业机构开始进入 Internet，使 Internet 开始了商业化的新进程，成为 Internet 大发展的强大推动力。1995 年，NSFNET 停止运作，Internet 已彻底商业化了。

二、Internet 的应用

1. 接发电子邮件

这是最早也是最广泛的网络应用。由于其低廉的费用和快捷方便的特点，缩短了人与人之间的空间距离，不论身在异国他乡，与朋友进行信息交流，都如同与隔壁的邻居聊天一样容易，实现交流与沟通上的一次飞跃。

2. 数字化生活

网络的广泛应用会创造一种数字化的生活与工作方式，叫做 SOHO（小型家庭办公室）方式：家庭将不再仅仅是人类社会生活的一个孤立单位，而是信息社会中充满活力的一个细胞。

第七章 网络信息资源检索与利用

3. 上网浏览或冲浪

这是网络提供的最基本的服务项目。你可以访问网上的任何网站，根据你的兴趣在网上畅游，能够足不出户尽知天下事。

4. 查询信息

利用网络这个全世界最大的资料库，可以利用一些供查询信息的搜索引擎，从浩如烟海的信息库中找到用户需要的信息。随着我国"政府上网"工程的发展，人们日常的一些事情或工作完全可以在网络上完成。

5. 电子商务

电子商务是消费者借助网络，进入网络购物站点进行消费的行为。网络上的购物站点是建立在虚拟的数字化空间里，它借助Web来展示商品，并利用多媒体特性来加强商品的可视性、选择性。虽然目前网络购物还不是特别完善，尚未完全取代传统的购物方式，只是对传统购物方式的一种补充。但它已经实实在在地来到了我们身边，并逐渐地被人们认可和使用，给我们的生活多了一种选择。

6. 丰富闲暇时光

闲暇活动即非职业劳动的活动，它包括：消遣娱乐型活动，如欣赏音乐、看电影、电视、跳舞、参加体育活动；发展型活动包括：学习文化知识、参加社会活动、从事艺术创造和科学发明活动等。但与网络有直接关系的闲暇生活一般包括闲暇教育、闲暇娱乐和闲暇交往等。

7. 结交世界各地朋友

随着网络聊天工具的越来越普遍，在人们的日常生活和工作中，每个人都可以通过上网结交世界各地的网上朋友，相互交流思想，真的能做到"海内存知己，天涯若比邻"。

8. 其他应用

现实世界中人类活动的网络版俯拾即是，如网上点播、网上炒股、网上求职、艺术展览等。

将来，高速的网络连接及 Internet 连接将是普及的标准，将无处不在。我们在家里、办公室里将有难以置信的网络连接速度，高速的网络连接将遍及各种环境。网络将完全制约我们的工作、生活及娱乐。目前最为突出的是网络环境下的经济模式——电子商务。

三、中国的互联网络

国内 Internet 发展：

（1）1987 年科研部门在小范围内应用电子邮件系统。

（2）1990 年北京计算机应用所注册 CN 域名。

（3）1993 年中国高能物理研究所专线接入欧洲；中关村示范网连通 Internet。

（4）1995 年邮电部开通中国公用计算机互联网；中国教育科研网建成并接入 Internet。

四、Internet 网络协议和网络地址

（1）TCP/IP 协议 TCP/IP（Transmission Control Protocol/Internet Protocol 的简写，中文译名为传输控制协议/互联网络协议）协议是 Internet 最基本的协议，简单地说，就是由底层的 IP 协议和 TCP 协议组成的。

（2）IP 地址 由用"."分开的 4 组十进制数字组成，每段数字取值范围为 0~255（IPV4）。如：IP：61.153.52.40（查看一下自己电脑的 IP 地址？）（IPV6 采用 128 位）。IP 地址是 Internet 上每台主机和用户终端的识别标识。IP 地址在全球范围内都是唯一的。该地址一般由 Internet 网络信息中心统一分配。

（3）域名 DN IP 地址难于记忆，也可以用域名来表示主机。域名可以通过域名管理系统 DNS 翻译成数字型 IP 地址。我国的域名体系包括类别域名和行政区域名两套。类别域名是六个域名，分别依照申请机构的性质依次分为：.AC 科研机构 .COM 工、商、金融等企业 .EDU 教育机构 .GOV 政府部门 .NET 互联网络、接入网

络的信息中心（NIC）和运行中心（NOC）.ORG 各种非营利性的组织 IP 和 DN 的关系：IP 地址是 Internet 定位所必需的，每台以专线方式联入 Internet 的计算机都应有一个唯一的 IP 地址；拨号上网的机子的 IP 则是由 ISP 临时分配的；.DN 则非每台上网机必需，只有作为服务器的计算机才需要。通过域名服务器（DNS）将 DN 自动转换为 IP。

- Internet 上 DN 与 IP 一般有一一对应关系，但也有二个 DN 对一个 IP 或 DN 不变而 IP 改变的情形。
- URL（网址）统一资源定位器（Uniform Resource Locator，URL）用来描述信息资源的类型和在网上的位置，即网址。
  - URL 格式：- 协议://文件所在服务器名/目录路径和文件名 [.. [/目录路径和文件名]] 例如：http://lib.hutc.zj.cn/(index.html)。

五、因特网的主要服务

1. 万维网（WWW）HTTP（Hyper Text Transfer Protocol）

超文本传输协议：Web 客户（即浏览器）如何从 web 服务器请求 Web 页面，以及服务器如何把 Web 页面传送给客户。● 超文本（(Hypertext)）包括图像、动画、视频、音频、动态数据、软件等非文本信息的文件。客户机/服务器模式（client/server）浏览器/服务器模式（browser/server）浏览器的使用 ● Netscape（网景公司）的 Navigator Communicator ● Microsoft（微软公司）的 Internet Explorer（IE）。

2. 电子邮件服务（E-mail）

SMTP：(Simple Mail Transfer Protocol，简单邮件传输协议)
POP：(Post Office Protocol，邮局协议)

（1）直接登录邮件服务器所在的邮箱。

（2）使用电子邮件软件：Outlook Express，Foxmail 等，可管理多个邮件账号，直接收发邮件。（将邮件 pop 到本地）E-mail 地址格式：用户名@电子邮件服务器名，例如：luykang_ jx@126.com。

3. 文件传输服务（FTP：File Transfer Protocol）

FTP 是 Internet 上文件传输的各种规程的集合。FTP 规定了在 Internet 网络上如何传输文件，通常要由专门 FTP 程序来具体实现，用户可通过有名或匿名连接方式对远程服务器进行访问，查看和索取需要的文件。用户可将本地文件上载（upload）给远程主机，更多情况是从远程主机上下载（download）文件。（包括文本、图像、声音、多媒体、软件或数据文件等）例如：

ftp：//ftp.sco.com

ftp：//ftp.dell.com

Ftp 的客户端软件有：leapftp；cuteftp；FlashGet 等。

4. 远程登录（Telnet）

因特网上较早提供的服务。用户通过该命令使自己的计算机暂时成为远地计算机的终端，直接调用远地计算机的资源和服务。●Telnet 是进行远程登录的标准协议和主要方式，它为用户提供了在本地计算机上完成远程主机工作的能力。

5. 即时通讯

Instant Messenger，简称 IM，是一种基于互联网的即时交流消息的业务。分为如下几种类型：

（1）个人即时通讯 主要是以个人（自然）用户使用为主，开放式的会员资料，非盈利目的，方便聊天、交友、娱乐，如 Anychat、YY 语音、IS、QQ、MSN、阿里旺旺、网易 POPO、新浪 UC、百度 HI、盛大圈圈、移动飞信、LAHOO（乐虎）、LASIN（乐信）、FastMsg、云对讲等。此类软件，以网站为辅、软件为主，免费使用为辅、增值收费为主。

（2）商务即时通讯 以企业平台网的聚友中国，阿里旺旺贸易通、阿里旺旺淘宝版、慧聪 TM、QQ（拍拍网，使 QQ 同时具备商务功能）、MSN、Anychat。商务即时通讯的主要功用，是实现了寻找客户资源或便于商务联系，以低成本实现商务交流或工作交流。此类以中小企业、个人实现买卖为主,外企方便跨地域工作交流为主。

(3) 企业即时通讯 一种是以企业内部办公为主,建立员工交流平台,减少运营成本,促进企业办公效率;另一种是以即时通讯为基础、系统整合,目前企业通讯软件已被广泛使用。如 Anychat 即时通讯、腾讯 RTX、微软 Microsoft Lyn、大蚂蚁 BigAnt、Anychat、Gleasy 一说、LiveUC、WiseUC、IBMLotus Sametime、互联网办公室.imo、中国移动、企业飞信、FastMsg 等。

(4) 行业即时通讯 主要局限于某些行业或领域使用的即时通讯软件,不被大众所知。也包括行业网站所推出的即时通讯软件,如化工网或类似网站推出的即时通讯软件。行业即时通讯软件,主要依赖于购买或定制软件。使用单位,一般不具备开发能力。

(5) 网页即时通讯 在社区、论坛和普通网页中加入即时聊天功能,用户进入网站后可以通过右下角的聊天窗口跟同时访问网站的用户进行即时交流,从而提高了网站用户的活跃度、访问时间、用户黏度。把即时通讯功能整合到网站上是未来的一种趋势,这是一个新兴的产业,已逐渐引起各方关注。

(6) 泛即时通讯 一些软件带有即时通讯软件的基本功能,但以其他使用为主,如视频会议。泛即时通讯软件,对专一的即时通讯软件是一大竞争与挑战。

6. 博客(Blog)

又译为网络日志,是一种通常由个人管理、不定期张贴新的文章的网站。博客上的文章通常根据张贴时间,以倒序方式由新到旧排列。许多博客专注于在特定的课题上提供评论或新闻,其他则被作为比较个人的日记。一个典型的博客结合了文字、图像、其他博客或网站的链接及其他与主题相关的媒体,能够让读者以互动的方式留下意见,是许多博客的重要要素。大部分的博客内容以文字为主,仍有一些博客专注在艺术、摄影、视频、音乐、播客等各种主题。博客是社会媒体网络的一部分。

第八章 学术论文撰写及发表

第一节 学术规范

学术规范是从事学术活动的行为规范，是学术共同体成员必须遵循的准则，是保证学术共同体科学、高效、公正运行的条件，它从学术活动中约定俗成地产生，成为相对独立的规范系统。它涉及学术研究的全过程和学术活动的各方面。所以，有学者说，学术规范包括学术研究规范、学术评审规范、学术批评规范、学术管理规范等。它是促进学术发展繁荣的重要保障。

一、学术道德规范

学术道德规范是学术规范的核心部分，是对学术工作者从思想修养和职业道德方面提出的要求。

1. *学术道德规范*

在从事科学研究的过程中，应严格遵守《中华人民共和国著作权法》《中华人民共和国专利法》、中国科协颁布的《科技工作者科学道德规范（试行）》等国家有关法律、法规、社会公德及学术道德规范，要坚持科学真理、尊重科学规律、崇尚严谨求实的学风，勇于探索创新，恪守职业道德，维护科学诚信。应当遵守下述基本学术道德规范。

第八章 学术论文撰写及发表

（1）在学术活动中，必须尊重知识产权，充分尊重他人已经获得的研究成果；引用他人成果时如实注明出处；所引用的部分不能构成引用人作品的主要部分或者实质部分；从他人作品转引第三人成果时，如实注明转引出处。

（2）合作研究成果在发表前要经过所有署名人审阅，并签署确认书。所有署名人对研究成果负责，合作研究的主持人对研究成果整体负责。

（3）在对自己或他人的作品进行介绍、评价时，应遵循客观、公正、准确的原则，在充分掌握国内外材料、数据基础上，做出全面分析、评价和论证。

（4）尊重研究对象（包括人类和非人类研究对象）。在涉及人体的研究中，必须保护受试人合法权益和个人隐私，并保障知情同意权。

（5）在课题申报、项目设计、数据资料的采集与分析、公布科研成果、确认科研工作参与人员的贡献等方面，遵守诚实客观原则。搜集、发表数据要确保有效性和准确性，保证实验记录和数据的完整、真实和安全，以备考查。公开研究成果、统计数据等，必须实事求是、完整准确。对已发表研究成果中出现的错误和失误，应以适当的方式予以公开和承认。

（6）诚实严谨地与他人合作。耐心诚恳地对待学术批评和质疑。

（7）对研究成果做出实质性贡献的有关人员拥有著作权。仅对研究项目进行过一般性管理或辅助工作者，不享有著作权。合作完成成果，应按照对研究成果的贡献大小的顺序署名（有署名惯例或约定的除外）。署名人应对本人做出贡献的部分负责，发表前应由本人审阅并署名。

（8）不得利用科研活动牟取不正当利益。正确对待科研活动中存在的直接、间接或潜在的利益关系。

2. 常见学术不端行为

学术不端行为是指在科学研究和学术活动中的各种造假、抄袭、剽窃和其他违背学术活动公序良俗的行为。具体学术道德不端行为如下：

（1）抄袭、剽窃、侵吞、篡改他人学术成果　在学术活动过程中抄袭、篡改他人作品等成果，剽窃、篡改他人的学术观点、学术思想或实验数据、调查结果；违反职业道德利用他人重要的学术认识、假设、学说或者研究计划等行为。

（2）故意做出错误的陈述　捏造数据或结果，破坏原始数据的完整性；伪造、拼凑、篡改科学研究实验数据、结论、注释或文献资料等行为。

（3）伪造学术经历　在评奖、评优、奖助学金评定等申报材料填写有关个人简历信息及学术情况时，不如实报告个人简历、学术经历、学术成果，伪造专家鉴定、证书及其他学术能力证明材料等行为。

（4）成果发表、出版时一稿多投

（5）未如实反映科研成果　虚报科研成果，或重复申报同级同类奖项，或随意提高成果的学术档次，在出版成果时未如实注明著、编著、编、译著、编译等行为。

（6）不当或滥用署名　未参加科学研究或者论著写作，而在别人发表的作品等成果中署名；未经被署名人同意而署其名等行为；在科研成果的署名位次上高于自己的实际贡献的行为；未经被署名人允许的随意代签、冒签；损害他人著作权，侵犯他人的署名权，将做出创造性贡献的人排除在作者名单之外。

（7）采用不正当手段干扰和妨碍他人研究活动　包括故意毁坏或扣压他人研究活动中必需的仪器设备、文献资料，以及其他与科研有关的财物；故意对竞争项目实施不正当竞争行为。

（8）参与或与他人合谋隐匿学术劣迹　包括参与他人的学术造假，与他人合谋隐藏其不端行为，监察失职，以及对投诉人打击报复。

二、学术法律规范

学术法律规范包括国家制定的法律、法规和有关技术标准等。应严格遵守中华人民共和国《著作权法》、《专利法》等国家有关法律、法规（详细内容：略）。

三、学术研究规范

在进行学术研究时，应遵守以下学术研究规范：

（1）检索相关文献，了解他人的研究成果，承认并尊重他人的知识产权。

（2）学术研究重在积累、贵在创新，选题应具有理论价值、学术价值和应用价值。

（3）在全面掌握相关研究资料和学术信息的基础上，科学设计研究方案，注意科学方法的应用，力求论证缜密、表达准确。

（4）在学术研究中，鼓励理论创新、方法创新和应用创新。

（5）鼓励勇于坚持真理的科学精神。

四、学术引文规范

在学术性文章中，只要直接引用了一本书或一篇文章，或者在作品中采用他人的工作成果，需要确认其来源。如果没有这样做，将因剽窃行为而被认定。

（1）引文应以原始文献和第一手资料为原则。凡引用他人观点、方案、资料、数据等，无论曾否发表，无论是纸质或电子版，均应详加注释。凡转引文献资料，应如实说明。

（2）学术论著应合理使用引文。对已有学术成果的介绍、评论、引用和注释，应力求客观、公正、准确。伪注、伪造、篡改文献和数据等，均属学术不端行为。

五、写作技术规范

在论文写作时,应符合以下规范:

(1) 论文应论点明确,论据充分,论证严密,观点鲜明,结构严谨,条理分明,数据可靠,文字通畅,并具创新性、探索性和较高的学术价值。

(2) 论文标题应准确概括整个论文的核心内容,简明扼要。一般不能超过 25 个汉字;英文题目翻译应简短准确,一般不应超过 150 个字母。必要时可以加副标题。

(3) 论文应有中、英文摘要和中、英文关键词(4~8 个)。

(4) 关键词应体现论文特色,具有语义性。在论文中有明确的出处。关键词对文献检索有重要作用,应尽量采用《汉语主题词表》或各专业主题词表提供的规范词。

(5) 摘要是论文内容的总结概括,不加评论和补充解释,应简要说明论文的研究目的、研究内容、研究方法、创新性成果及其理论与实际意义,突出论文的创新之处,应具有独立性和自含性。摘要不宜使用公式、图表,不标注引用文献,陈述的主语要用第三人称,不使用"本人"、"作者"、"我们"等。

(6) 学术成果的格式应符合要求。

(7) 参考文献的著录应符合要求。

第二节 学术论文的撰写

一、学术论文概述

学术论文是某一学术课题在实验性、理论性或预测性上具有的新的科学研究成果或创新见解和知识的科学记录或是某种已知原理应用于实际上取得新进展的科学总结,用以提供学术会议上宣读、交流、讨论或学术刊物上发表或用作其他用途的书面文件。按写作目的,可将学术论文分为交流性论文和考核性论文。

二、学术论文的编写格式

根据国标 GB7713—87 规定,学术论文一般分为三个部分:前置部分、主体部分和附录部分。前置部分包括题名、著者、中英文摘要、关键词、中国图书馆分类法分类号等;主体部分包括前言、材料和方法、对象和方法、结果、讨论、结论、致谢、参考文献等;附录部分包括插图和表格等。

1. 前置部分

包括题名、作者及单位、摘要、关键词、中图分类号、文献标识码。

(1)题名 题名是以最恰当、最简明的词语反映论文中最重要的特定内容的逻辑组合。题名以不超过 20 字为宜,忌烦琐、忌使用不常见的符号和术语。必要时可设子标题。

(2)作者及单位 作者及单位置于题名之下,单独成行。学术论文要署真实的姓名和单位及邮编。表示文责自负,同时也便于读者与作者联系。如果预投外文刊或国际会议,对于同一个作者来说,不同的文章,姓名和单位的翻译要力求规范统一。

(3)摘要 摘要是对论文内容不加注释和评论的简短评述。摘要的内容应包括与论文等量的主要信息。摘要的特点是应具有独立性和自含性(即不阅读论文全文就能获得必要的信息)。摘要也要有数据、有结论,是一篇完整的短文。摘要汉语不超过 300 字,英文摘要不超过 250 个实词。

(4)关键词 关键词是为了便于文献标引工作从论文中选出来的用以表示论文主题内容信息款目的单词或术语。数量 3~8 个,有实际意义,尽量使用汉语主题词表中的词。

(5)中图分类号 该号码是根据论文的内容确定的,分为 22 个大类。可到图书馆或其他相关部门去查询。本书后附有:中国图书馆图书分类法,供发表论文的读者查阅参考。

(6) 文献标识码 按照国家相关部门对期刊出版格式的要求,在关键词的下面应标出文献标识码(即揭示文章性质的代码),具体规定如下:

A—理论与应用研究学术论文(包括综述报告);

B—实用性成果报告(科学技术)、理论学习与社会实践总结(科技);

C—业务指导与技术管理的文章(包括特约评论);

D—一般性通讯、报导、专访等;

E—文件、资料、人物、书刊、知识介绍等。

注:英文的文献标识码应与中文对应

2. 主体部分

包括引言、正文、结论、致谢(可选)、参考文献。

(1) 引言 引言是论文不可缺少的部分。国标对引言有明确的要求:引言应简要说明研究工作的目的、范围、相关领域的前人工作和知识空白、理论基础和分析、研究设想、研究方法和实验设计、预期结果和意义。引言不能与摘要雷同。

(2) 正文 正文是论文的核心部分。研究工作由于涉及的学科、选题、研究方法等有很大差异,因此国标对正文的内容和编写格式未作统一规定,但是对写作态度、内容组织、文字表达等要求必须实事求是、合乎逻辑、层次分明,简练可读。国标对文中的层次、图表也作了规定。

①数字的使用规则。文内层次标题力求简短、明确。题末不用标点符号(问号、叹号、省略号除外)。各层次标题一律用阿拉伯数字连续标号。不同层次的数字之间用小圆点相隔,末位数字后面不加点号。

一级标号　1　2　3　……

二级标号　1.1　1.2　1.3　……

三级标号　1.1.1　1.1.2　1.1.3　……

第八章 学术论文撰写及发表

各层次的标号均左顶格起排标号与标题之间用一空格隔开。

②图表的设计和制作原则。图表应编排序号，每一图、表都应有简短的题名，图表应有自明性，即只看图表就能理解其意。

a. 图表标号。图应标明图序和图题。序号和图题之间空1字，图序根据所在章节用：图1.1、图1.2……、图2.1……来编号。图序和图题用宋体5号，居中置于图的下方，图一般随文编排。

b. 表格应有表序和表题。序号和表题之间空一空格，表序根据所在章节用：表1.1、表1.2……、表2.1……来编号。表序和表题用宋体5号，居中置于表的上方。表一般随文编排，先见文字后见表。表需卧排时，应顶左底右。需跨页时，一般排为双面跨单页，需转页时，应在续表上方居中注明"续表×"，表头重复排出，表格内字体一般用5号。

图表与上下文之间各空一行。

（3）结论 结论一般包括：①说明了什么问题、得出了什么结论；②结论的使用范围；③对科学技术的贡献；④对前景的展望，遗留问题和建议等。结论犹如百米赛跑的最后冲刺，要反映出作者的知识印迹，所扩展的知识领域。要将论文高度概括、浓缩，忌草率收兵。

（4）致谢 根据实际情况，论文作者应对给予自己帮助、指点并因此受到启迪的人表示感谢。

（5）参考文献 著录参考文献的意义在于：反映真实的科学依据、论据，以证明自己观点的正确性；反映作者的严肃态度和负责精神，便于读者查找原始出处；也表示对别人成果的尊重。国标将文后的参考文献分为五种：专著、连续出版物、专利文献、专著中析出的文献以及连续出版物中析出的文献。有关参考文献著录格式中规定：在被引文献的题名后面加注文献类型标志。文献类型标识如表8.2.1、表8.2.2。

表 8.2.1　参考文献类型及其标识

类型	专著	论文集	报纸文章	期刊文章	学位论文	报告	标准
标识码	M	C	N	J	D	R	S
类型	专利	析出文献	其他	数据库	计算机程序	电子公告	
标识码	P	A	Z	DB	CP	EB	

表 8.2.2　文献的载体类型及其标识

载体类型	纸张	磁带	磁盘	光盘	联机网络
类型标识	免	MT	DK	CD	OL

[文献类型标识/载体类型标识]，如：[DB/OL]—联机网上数据库；[DB/MT]—磁带数据库；[M/CD]—光盘图书；[CP/DK]—磁盘软件；[J/OL]—网上期刊；[EB/OL]—网上电子公告。

☆ 中文各类参考文献的通用格式及示例如下。

①专著 [序号] 作者．书名 [M]．出版地：出版者，出版年：起始页码-终止页码

示例：[1] 郭健．哈佛大学发展史研究 [M]．石家庄：河北教育出版社，2000：2~3

②刊物上的论文类 [序号] 作者．文献题名 [J]．刊物名称，年，卷号（期号）：起始页码—终止页码

示例：[8] 李里特，候文．农业产业化和结构调整的几个关键问题 [J]．科技导报，2002（1）：36~39

③论文集 [序号] 作者．文献题名 [A]（或编者，论文集名 [C]）．出版地：出版者，出版年：起始页码—终止页码

示例：[18] 江举谦．中国传统士道与从政观念 [A]．刘小枫．中国文化的特质．北京：生活·读书·新知三联书店出版社，1990：251~263

[18] 刘小枫．中国文化的特质 [C]．北京：生活·读书·新

第八章　学术论文撰写及发表

知三联书店出版社，1990：251～263

④学位论文［序号］作者．文献题名［D］．博士（或硕士学位论文），授予单位，授予年

示例：［28］陈华森．模块化专业课程计划的研究与开发［D］．硕士学位论文，浙江大学，1989

⑤电子文献［序号］作者．电子文献题名［电子文献及载体类型标识］．电子文献的出处或可获得地址，发表或更新日期/引用日期（任选）

示例：［9］王明亮．关于中国学术期刊标准化数据库系统工程进展［EB/OL］．http：//www.cajed.cn/pub/wml.txt/980810－2.html，1998.08.16/1998－10－04

⑥专利文献［顺序号］专利申请者．题名．专利国别，专利文献种类，专利号．出版日期

示例：［1］．曾德超．常速高速通用优化．中国专利，实用新型，85203720.1.1986－11－13

⑦析出文献

示例：［1］．刘悦新，秦树仙．更年期骨质疏松症探讨［A］．见：刘忠原主编．骨质疏松研究与防治［M］．北京：化学工业出版社，1994：219～220

☆英文参考文献，也按照上述规则写。参考文献中，作者姓名必须是"姓在前，名在后；姓不缩写，名缩写"。例如，论文类的标注方式是"姓，名．文章题目［J］．刊物名称，年，卷号（期号）：起始页码-终止页码"。

示例：

［1］Jones, T. & Kirby, S. L. Organizational justice and the justification of work force diversity programs［J］．Journal of Business and Psychology, 1999, 14（1）：109～118

作者三名以内的全部列出，中文为＊＊＊ ␣ ＊＊＊和＊＊＊、英文为＊＊＊ ␣ ＊＊＊& ＊＊＊，四名以上的列前三名，中文后加"等"。

英文后加"et al"斜体。作者姓名不管是外文还是汉语拼音一律姓在前、名在后。

整个参考文献按英文在前,中文在后排列。英文按照英文字母顺序排列,中文按照汉语拼音的字母顺序排列。

☆ 引用论文中的观点

写法是"一段观点或结论 姓名 YYYY"或"姓名 YYYY 的观点是……"。其中,YYYY 是 4 位数的年号。如果作者在该年发表 2 篇以上的文章,则按照发表的时间顺序分别标注 a、b、c 之类,例如:YYYYa 或 YYYYb。如果引用的是著作中的观点,则写法是:"一段观点或结论 姓名 YYYYa P.×××"或"姓名 YYYYb P.××—×× 的观点是……"。其中,P.×××表示被引用观点所在页码,例如:P.203。

3. 附录部分

必要时附上论文的补充项目,按附录 A、附录 B 等排列。有些统计数据、表格、图片、程序等均可列到附录部分。

第三节 学术论文的投稿

一、国际学术成果发表

近年来,SCI 论文、Ei 和 ISTP 的论文等名词在科研界甚为流行,是世界著名的三大科技文献检索系统。SCI 为科学引文索引(Science Citation Index)的缩写,是由美国科学信息研究所(ISI)于 1961 年创办出版的引文数据库,它覆盖了生命科学、临床医学、物理、化学、农业、生物、兽医学、工程技术等方面的综合性检索刊物,能反映自然科学研究的学术水平,其光盘版和网络版分别收录了 3 500 和 5 600 多种重要期刊,尤其是它的引文索引表现出独特的科学参考价值,在学术界占有重要地位。在中国,每年一次的 SCI 论文排名已经成了判断高等科研水平的一个十分重要的指标。

第八章　学术论文撰写及发表

目前，国内大部分高校和科研院所，对在 SCI、EI 和 ISTP 等系统收录的期刊上发表论文，会有资金和技术上的大力支持。因此，在国际知名学术期刊上发表你的研究成果，将会在你的研究领域产生重要影响，获得国际同行的宝贵意见，且能保证你的科学研究获得充足的经费资助。

国际学术期刊对发表论文有着严格的学术标准和编辑规范，对文章的录用也有一定的评估程序与标准。如何在世界水准的学术期刊上发表文章已成为中国学者经常面临的问题。在国际权威性期刊上发表文章意味着学术成果获得了国际同行的承认，尤其是在目前国内学术评价体系尚不完善的情况下，文章的数量与质量几乎成了衡量科研人员、科研机构和高校学术成果与水平的重要指标之一，使得越来越多的研究人员向国际性期刊投稿。由于国内的许多作者缺乏相应的知识与经验，在向国际期刊投稿中遇到了不少困难。

那么，如何撰写 SCI 论文，如何投稿呢？

1. 写作前准备

（1）自己的实验结果是否能够发一篇 SCI 文章？

（2）适合发表在什么杂志？是选择专业期刊？还是综合期刊？

（3）为什么类型的投稿（Types of submission）？比如 Articles（论著）；Reviews（综述）；Reports（报告）；Letter to editor（来信）等。

（4）该杂志的影响因子（Impact factor）是多少，每年发表多少文章？是否有过本土中国人在上面发表？（便于评价自己的文章被接收的可能性）

（5）有没有下载该杂志最新的投稿须知（Instructions for authors）？

（6）是否弄清楚了投稿须知各个条目的意思？

（7）是否接收网上投稿（Submission on line）？

（8）是否收版面费（Page charges）？如果论文被接收，自己的经济能力能否支付该杂志发表的全部费用。

(9) 手头有多少相关内容的文献？（越多越好，这样写作的时候能借鉴他们的思路和语句，对分析讨论的开展也很有好处）

2. 写作环节

(1) 不要用中国式的思维去写英文句子。

(2) 套用老外的写作思路（比如前言第 1 段写对疾病的认识及重要性，第 2 段对基本背景知识的介绍，第 3 段如何引出研究问题。讨论部分往往以每一段第一句为该段的中心句。）

(3) 格式一定要严格按照所投杂志的要求来排版（可以参考投稿须知的要求和该杂志最近发表的文章，要做到一模一样，这样编辑认为你是认真对待的）。

(4) 避免使用首次发现，该研究特别有意义的语句（老外喜欢你陈述事实，是不是首次发现由别人说了算，有没有意义需要时间来检验）。

(5) 首页有什么特殊要求？比如是否写清了通讯作者（Corresponding author）和页眉标题（Running title），Running title 是否符合字符数要求，一般 50 个字符以下。首页是否要求标明全文字符数（The number of characters must be listed on the title page）。首页是否要求提供关键词（Key words），现在很多杂志在正式出版的时候是看不到关键词的，多数目的是为了编辑好选择审稿专家。

(6) 摘要是否为特殊格式（比如格式摘要：目的、方法、结果、结论），是否有字数限制（比如 205 个字以下）。

(7) 注意参考文献（References）一定要符合杂志的格式，参考文献的数目是否有限制。是否不能引用正在出版的（In press）文章或未公开的（Unpublished data）数据。

(8) 是否引用了较多著名杂志的文章为参考文献（大家看影响因子超过 10 的杂志文章，他们引用的文献多数也是来自 10 以上的杂志，也就是说你投高影响因子的杂志就尽量不要引用低档杂志的文章，这是一条潜规则）。

(9) 引用了几篇该杂志的文章作为参考文献（有的杂志有明

第八章　学术论文撰写及发表

确要求要引用几篇，有的没有要求，但是编辑还是喜欢你多引用他们杂志的文章）。

（10）写完后最好选择一个在国外待过几年以上的中国人修改第 1 次（这样能纠正明显写作错误和表达，又明白你的写作意思），然后再找一个英语为母语的人修改（最好是和你的专业相同的，这样能够纠正一些微小错误和表达习惯）。最终的目的是即使退稿也不是因为语言问题。人家修改完了注意在回信中致谢和在文章中致谢。

（11）注意文章中不要有中文输入法情况下的标点符号（老外的计算机操作系统可能识别为乱码或者为非法程序）。

（12）标点符号是否正确？空格是否恰当？

（13）注意缩写的格式，时间表示的格式，希腊字母的格式。

（14）该斜体的地方是否是斜体（*in vitro*，*in vivo* 等）。

（15）图表是否符合杂志的数目（Number）、大小（Size）和分辨率（Resolution）要求？有几副彩图［建议能设置为灰度的图就改成灰度的图，比如一些统计结果图。因为彩图收费（Color charges）是很贵的］。

（16）图的格式类型是否有要求，一般只接收 EPS 或 TIFF 格式。图的模式是否有要求，比如过去一般要求是 CMYK 模式，现在很多杂志要求 RGB 模式。

（17）图表是放在后面，还是插入在文章中。（看投稿须知要求）

（18）字数是否符合杂志要求（有的杂志对字数也有要求）。比如最多 8 个版面。他一般会告诉你怎么推测自己的文章占几个版面，有的杂志大约是 8 000 个字符数（characters）（包括空格）为一个版面。

（19）全文的字号是否符合要求。一般是 12 号字（12-point），双倍行距（Double space）。

（20）是否进行了致谢。国外的文章一般都会致谢。一般要求写受什么基金资助，谁修改了文章，谁进行了技术帮助，谁提供了一些实验材料等；其中很多杂志基金资助一般写在 Footnote 中。

3. 准备投稿

（1）是否了解该杂志的投稿程序？

（2）如果有网上投稿，是否了解其使用方法？

（3）是否为投稿和以后的交流准备了一个国际通用的邮箱。建议尽量使用 hotmail、yahoo 等邮箱。如果用国内的邮箱可能会给您带来不必要的麻烦。

（4）杂志是否只接受通讯作者的投稿。

（5）是否要投稿费（Submission fee）。

（6）是否准备好了投稿信（Cover letter），该杂志在投稿信中是否有明确要求（有的有明确要求，必须申明他所列的一些申明，类似中国的无一稿两投，无泄密，无版权纠纷等）。

（7）稿件的格式（File formats）。例如投稿是否只接收 PDF 格式的文件。

（8）是否要求自己提供一些审稿人名字，如果要求，你了解这些审稿人的地址和电子信箱吗？（因为编辑要你提供他们详细的联系方式）。

（9）最后检查一遍文档是否有错误。

4. 投稿

（1）是否已经在该杂志网站上申请一个用户名（注意保管好用户名和密码）。

（2）登录在线投稿系统按要求填写后，检查是否投稿成功（一般会有显示，有的直接在系统上就显示，并能下载自己上传的稿件并打开，有的是系统自动回复一封确认信到你的邮箱）。

（3）是否记住了自己的文章编号（The manuscript identification number）（以后与编辑联系的时候，就可以在 E-mail 邮件主题中写上自己的文章编号）。

（4）是否获得了编辑的初步意见（编辑首先要初看一下是否符合该杂志的要求，下列情况编辑可能就不会分发给审稿人而直接

第八章 学术论文撰写及发表

拒绝，比如语言问题，老外看不懂，内容不适合本杂志的征稿范围），一般系统上会显示，如果进入了下一个环节，就要耐心等待。

（5）在审稿的过程中是否有焦躁情绪，最容易犯的问题就是写信去催。非常不礼貌，一般至少 2 个月后去信询问较为合适。好的杂志一般都是按照杂志本身的时间规律去办事的，不用你问，到了那个时间就会给你消息。

5. 结果及后续事情

（1）被拒绝（Reject），根据反馈意见继续努力。（对文章重新修改后，可以选择低一级的杂志投）。

（2）被告之返修（Revision）。（已经迈出成功的一步）。请一定按照审稿人的意见逐一进行修改，不能完成的要解释。回信中一定要注意语气，不要用刻薄的词语，要感谢审稿人的意见，并逐条回答。让编辑一目了然，你做了哪些修改。（一般情况是审稿人一审到底，一直到审稿人没有意见）。

（3）一般要经过几次修改后，才会出现你最喜欢的结果——接收（Accept）。

（4）按照要求签署版权转让协议书（Assignment of copyright），注意什么地方要打印，什么地方要手写，什么时间必须返回协议书。

（5）交纳所有费用。一般会给你一个详单，是否需要单行本，需要多少单行本，都很贵，建议不要算了。还会询问支付方式，是用信用卡（credit card）还是支票（check）。

（6）费用支付。是否有信用卡（到中国银行去问问，我们平时用的多是借记卡），是否了解支票和外汇的使用（老外一般是不希望外汇的，有的只接收本国银行的支票）。

（7）校正清样。基金号是否写错，作者名字是否写错（大部分杂志是不允许投稿后增减作者的）。有的杂志清样校正后的稿子是不允许再改动的。再改动是要收钱的，而且延误出版。

（8）一般是网上先出文章的电子版。

二、国内核心期刊学术成果发表

核心期刊论文对格式要求往往比较严格，对于常常只注重论文内容不注意形式的作者们来说，核心期刊论文的格式要求直接影响编辑的审稿印象和成功通过与否，显得格外的重要。核心期刊论文的格式要求在不同的期刊会有所不同，但是绝大部分都是一样的，所谓万变不离其宗，只要掌握了论文发表的基本格式，就算期刊编辑有再复杂严格的格式要求，也能轻松搞定，让论文投递更加有把握。

1. 核心期刊论文的标准格式

文章标题

作者姓名（作者单位全称 所在省市 邮政编码）

［摘 要］：（以摘录或缩编方式复述文章的主要内容）50～300字

［关键词］：（选用可表达文章主要内容的词或词组）3～8个关键词

正文

参考文献：［1］［2］［3］……（一般期刊还要求英文摘要和英文关键词）

作者简介与作者联系方式

2. 格式中的具体要求

（1）标题 核心期刊论文题目十分重要，必须用心斟酌选定。有人描述其重要性，用了下面的一句话："论文题目是文章的一半"。

① 准确得体：要求论文题目能准确表达论文内容，恰当反映所研究的范围和深度。

② 简短精炼：力求题目的字数要少，用词需要精选。至于多少字算是合乎要求，并无统一的硬性规定，一般一篇论文题目不要超出20个字，可参考和借鉴已经发表的论文。

③ 外延和内涵要恰如其分:"外延"和"内涵"属于形式逻辑中的概念。所谓外延,是指一个概念所反映的每一个对象;而内涵,则是指对每一个概念对象特有属性的反映。

(2) 正文　核心期刊论文格式要求正文篇幅一般在 5 000 ~ 10 000 字不等,包括简短引言、论述分析、结果或结论等内容。文字太少就不能充分展开论述。文中出现的外文缩写除公知公用的首次出现一律应标有中文翻译或外文全称。

正文章节编号采用三级标题顶格排序。一级标题形如 1、2、3……排序;二级标题形如 1.1、1.2、1.3……排序;三级标题形如 1.1.1、1.1.2、1.1.3……排排序;引言不排序。

文中图、表应有自明性,且随文出现,并要有相应的英文名。文中图的数量一般不超过 6 幅。图中文字、符号、坐标中的标值和标值线必须写清,所有出现的数值都应标有明确的量与单位。文中表格一律采用"三线表"。

(3) 参考文献　核心期刊论文中的参考文献格式要求标注出文献类型。如专著(M),论文集(C),报纸文集(N),期刊文章(J),学位论文(D),报告(R),标准(S),专利(P),其他未说明文章(Z)等。

(4) 作者信息　作者简介(100 字以内)。包括出生年月,性别,毕业院校,学历,主要研究方向。作者联系方式包括:地址,邮编,电话(含手机),E-mail 等。

三、文章的写作

读者对论文各部分的关注是有所不同的,最先也最多关注的是摘要或概述。其次极可能是结论,然后是方法。而最为忽视的似乎是前言与讨论部分。这些次序实际上也应该是写作时的重点所在。尤其是,论文要先获得审稿人的首肯,然后才可能被其他科研人员阅读。因此在构思论文时,应先预想一下审稿人的阅读感受。以下是撰写论文时各部分需要注意的事项。

1. 标题

论文题目是一篇论文给出的涉及论文范围与水平的第一个重要信息，也是必须考虑到有助于选定关键词和编制题录、索引等二次文献可以提供检索的特定实用信息。文章中各段落的标题应是简洁的、描述性的。切勿在标题中出现论文中没有涉及的内容。

2. 摘要或概述

大多数期刊对摘要的字数有着严格的限制，写作时应该遵照。摘要部分必须包括：研究所依据的基本原理，对所做工作的描述以及所获结论的概述。用一句概述作结尾能使人更准确把握文章主题。摘要的内容可能被检索数据库收录，因此其内容必须完整、充实。有时这是他人了解你的工作的唯一途径。许多学报是综合性期刊，涉及专业广泛，编辑对稿件的领域往往一无所知。因此，在摘要中应突出表明研究的领域，以使编辑能更准确地指定审稿人。此外，准确给出关键词也将大大有益于编辑判断文章的专业范围。

3. 引言或前言

引言不能仅仅是对此研究方向的一个回顾。由于许多读者可能对此主题已经非常熟悉，因此，引言中需要列出与研究密切相关的参考文献的内容。前言应明确说明研究的目标和意义，以及它与已发表的研究成果间的联系。

4. 材料与方法

对实验的检验在于别人能否根据论文中所提供的细节重复实验过程，这是论文正确的重要保证。有时实验采用的一些方法可以方便地从文献中查阅到，那么文章中可以仅将文献列出，而不必对这些方法作具体介绍。

对结果数据的统计处理是某些实验最重要的内容之一，作者应对此特别重视。例如：如果文章中没有给出实验的重复次数及数据的采样数量，读者就无法评估实验的有效性。另一个相关的方面是对数据中的变异或误差的分析。而这些基本上都属于统计分析的范畴。

5. 结论

结论部分的内容应准确、精练。如果这部分内容不是结论与探讨的综合，通常应尽少或不出现注释与文献。

6. 表与图

表与图的标题应能够独立于正文。它们应含有足够的信息以让人明白图表的含义，而不需要频繁地参阅文章中的句子。图表同时应具有良好的可读性。图的尺寸在期刊中可能会被缩小，因此，在设计符号、线条及标题时，应保证它们在期刊上能被清晰印刷，至少当图表占据整个通栏时。

7. 探讨

探讨部分不能只是对结论的简单重复，而应是从结论推广而来的，其段落通常位于结论之后。切记这部分内容不能变成文献综述。

四、审稿人与编辑的关系

如果一篇稿件被一个审稿人接受，却被另一审稿人拒绝时，它通常不会被录用。对稿件的一个负面评价，即使有些过分苛刻，仍然能使编辑产生足够的怀疑来拒绝它。特别是当投稿量大，质量要求高的情况下，这是极其显然的。有些时候，如果感到评审意见不公，编辑也会否决审稿人的意见。

第九章 信息检索综合运用——科技查新

第一节 科技查新概述

一、科技查新的定义

科技查新（简称查新），是指具有查新业务资质的查新机构根据查新委托人提供的需要查证其新颖性的科学技术内容，按照《科技查新规范》（国科发计字 2000544 号）进行操作，并做出结论（查新报告）。

二、科技查新对象

（1）申请国家技术发明奖，国家科技进步奖。
（2）申请国家 863、973 等高技术研究发展计划项目。
（3）申请国家自然科学基金项目，省、市自然科学基金项目和一般科技项目立项。
（4）科技成果验收、评估、转化。
（5）科技成果转让。
（6）申报新产品。
（7）申请国家发明专利。
（8）国家重点实验室评估。

第九章 信息检索综合运用——科技查新

(9) 博士生课题开题报告。
(10) 其他国家、地方或企事业单位有关规定要求查新的。

三、科技查新的分类

科技查新目的主要是为了申报成果和立题,因此,查新的类别主要是成果查新。随着社会经济的不断发展和我国进入 WTO 以及专利制度的实施,知识产权的保护,产品标准的重视以及我国建立的各种各样的基金,如中小企业创新基金,国家自然科学基金,国防科研基金等众多基金,实行新产品的评奖工作等,查新的类别不断增多,目前,主要有成果查新、申报立项查新、专利查新、新产品申报查新、标准查新、商标查新等。从专业角度可以分为化工类、电子类、机械类、计算机、软件、网络、生物、地学、农业等,此外,还可从设备查新、产品查新、工艺查新、理论查新来分类。

四、科技查新作用

1. 为科研立项提供客观依据

科研课题在论点、研究开发目标、技术路线、技术内容、技术指标、技术水平等方面是否具有新颖性,在正式立项前,首要的工作是全面、准确地掌握国内外的有关情报,查清该课题在国内外是否已研究开发过。通过查新可以了解国内外有关科学技术的发展水平、研究开发方向;是否已研究开发或正在研究开发;研究开发的深度及广度;已解决和尚未解决的问题等,对所选课题是否具有新颖性的判断提供客观依据。这样可防止重复研究开发而造成人力、物力、财力的浪费和损失。

2. 为科技成果的鉴定、评估、验收、转化、奖励等提供客观依据

查新可以为科技成果的鉴定、评估、验收、转化、奖励等提供客观的文献依据;查新还能保证科技成果鉴定、评估、验收、转化、奖励等的科学性和可靠性。在这些工作中,若无查新部门

提供可靠的查新报告作为文献依据，只凭专家小组的专业知识和经验，难免会有不公正之处，可能会得不出确切的结论。这样既不利于调动科技人员的积极性，又妨碍成果的推广应用。高质量的查新，结合专家丰富的专业知识，便可防止上述现象的发生，从而保证鉴定、评估、验收、转化、奖励等的权威性和科学性。

3. 为科技人员进行研究开发提供可靠而丰富的信息

随着科学技术的不断发展，学科分类越来越细，信息源于不同的载体已成为普遍现象，这给获取信息带来了一定的难度。有关研究表明，技术人员查阅文献所花的时间，约占其工作量的50%，若通过专业查新人员查新，则可以大量节省科研人员查阅文献的时间。查新机构一般具有丰富的信息资源和完善的计算机检索系统，能提供从一次文献到二次文献的全面服务，可检索科技、经济、商业等资料的数据库，内容涉及各种学术会议和期刊的论文、技术报告、学位论文、政府出版物、科技图书、专利、标准和规范、报纸、通告等，保证信息的回溯性和时效性，基本能满足科研工作的信息需求。

五、查新报告

查新咨询服务的结果是为被查课题出具一份查新报告，称为"科技成果查新证明书"，该证明书包括封面、正文及签名盖章等内容，正文为证明书的核心，包括以下三项内容。

1. 课题的技术要点

根据用户提供的研究报告及其他技术资料写出的课题概要，重点表述主要技术特征、参数、指标、发明点、创新点、技术进步点等。

2. 检索过程与检索结果

包括对应于查新课题选用的检索系统、数据库、检索年限、检索词、检索式及检索命中的结果。

3. 查新结果

对查新课题与以上命中的结果进行新颖性及先进性对比分析，最后得出查新结论。

六、科技查新新颖性的原则

《中华人民共和国专利法》第二十二条第二款规定："新颖性，是指在申请日以前没有同样的发明或者实用新型在国内外出版物上公开发表过、在国内公开使用过或者以其他方式为公众所知，也没有同样的发明或者实用新型由他人向专利局提出过申请并且记载在申请日以后公布的专利申请文件中。"

新颖性的判断原则

对项目是否存在新颖性的判断原则如下。

①相同排斥原则。
②单独对比原则。
③具体（下位）概念否定一般（上位）概念原则。
④克服偏见原则。

第二节 科技查新工作流程及评价

一、新工作流程

查新工作流程大致如下。

委托人提出查新委托 → 查新受理 → 订立合同 → 检索准备 → 选择检索工具 → 确定检索方法和途径 → 查找 → 完成查新检索 → 草拟查新报告 → 审查查新报告

↗提交查新报告
→ 形成正式的查新报告→文件归档
↘登录到国家查新工作库

二、查新质量评价体系

1. 查新质量评价体系示意

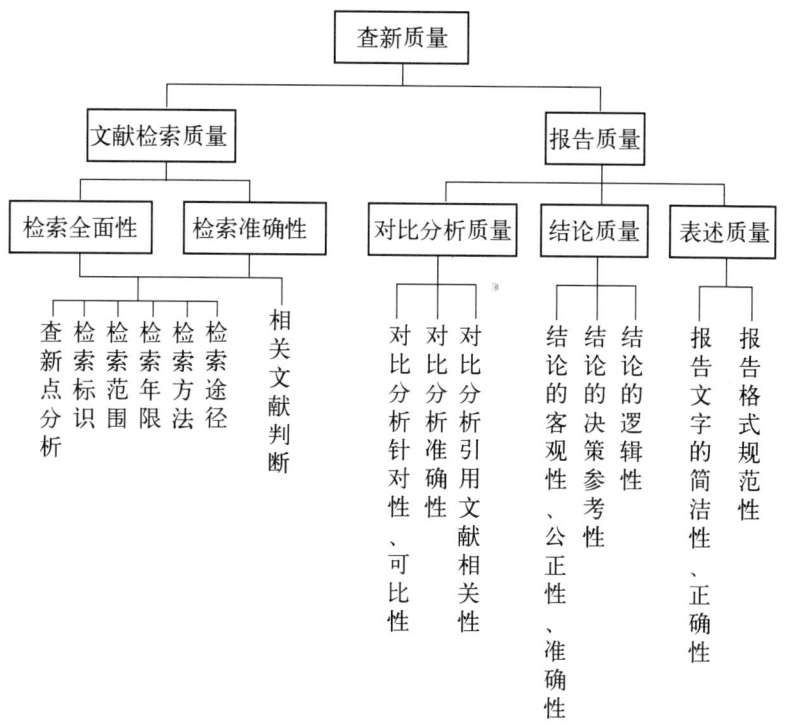

2. 影响查新质量的因素及对策

源于科技文献检索和科技咨询的科技查新工作在提高管理与决策的科学化、规范化水平，减少科研项目低水平重复和科技成果评审，增强科技投资效益中发挥着重要作用。随着查新机构的不断发展壮大，查新数量的日益增多，查新质量问题日益显著。影响查新质量的因素主要有查新人员、文献资源、咨询专家和管理体制四个方面，并提出解决的对策。

第九章 信息检索综合运用——科技查新

(1) 查新人员素质因素　查新人员是决定查新质量的关键因素，是控制查新质量的首要保证。科技查新不仅是一项科学性、技术性信息服务工作，而且也是一项高智力的信息活动，因此，对查新人员的素质有较高的要求。查新工作要求查新人员具有综合分析与判断能力、熟练的外语能力和计算机操作技能、情报检索技巧以及最重要的专业知识和广博的知识面。查新员更应具备多学科专业背景知识，能及时满足相关专业查新的需要。是否具有查新课题的专业知识背景对查新人员能否准确理解课题至关重要。虽然查新机构的查新人员知识结构趋向多元化，但每个查新人员的知识面都是有限的，不可能面面俱到，查新机构也不可能覆盖所有专业领域。查新人员对文献的理解及分析判断能力是保证查新结论科学性、准确性和客观性的重要因素。此外，查新人员的心理素质状况会直接影响查新工作的质量，从检索到撰写查新报告，都需要查新人员对工作有高度责任心、事业心。查新人员要不断提高自身素质，定期接受不同层次、不同要求的培训，通过这些培训活动，使查新人员的基本素质、专业能力、职业道德等方面得到提高。查新人员还要加强自身的专业学习，涉猎多学科基础理论与前沿知识，做到查新时对课题所涉专业知识有大致了解，面对陌生领域的问题，查新人员必须谦虚地与委托人交流，了解课题的实质内容，科学技术要点、新颖点，并把每一次查新和与委托人的交流当做知识的积累，不断拓宽知识面。查新人员应具备较强的外语能力，特别是科技外语水平。网络文献信息 80% 以上都是以英文文献为载体呈现出来的，查新过程对外文文献的参考是不可或缺的。同时，查新人员只有具备良好的外文文献利用能力才能确保查新工作的顺利开展。此外，查新人员要重视查新方法的研究，要及时学习新的检索技术和方法，提高自己的检索技能。

(2) 查新的文献资源因素　查新是以文献信息检索为基础的，要做好查新工作必须具备巨大的文献信息支持系统。良好的文献保障是查新机构顺利开展查新工作的重要物质前提，没有良好的文献信息资源支持,容易造成查新结果的漏检,进而造成科研的重复建设。信息资源包括国内外文献数据库、综合性数据库、专业性数据库以及互联网上的免费资源。目前,从国内文献数据库大多能获取全文,但国外文献数据库大多是一些文摘题录数据库,获取文献全文较困难,需要购置较多的专业数据库才能获取全文。在知识经济大环境下,科技文献信息也在海量增加,这就加大了查新机构储备文献资源的难度。单纯依靠查新单位的经济实力不可能将世界范围的科技文献收藏到自己的查新资源库,但是,配置适量的文献资源则是查新工作所必需的。针对上述问题,查新人员应该充分利用互联网上的免费资源,因为互联网上信息资源丰富、数据更新迅速,能够弥补专业数据库的时差与不足。此外,查新机构还可以根据查新相关专业范围有重点、有针对性地搞好资源建设,加强文献资源的共建共享,特别是加强对国外文献数据库的集团化采购,避免重复引进,降低整体经济成本。特别是随着文献传递服务在各大高校科研院所的开展,查新人员通过 Dialog 国际联机检索系统扫描到相关文献信息,可以通过文献传递的形式获取全文,大大节约了数据库购置费用,又提高了查全率。

(3) 咨询专家因素　咨询专家制度的设立是确保查新结论科学、客观、公正的重要措施保障。每个查新人员的知识面都是有限的,不可能熟悉各个领域的知识,面对陌生专业领域的查新课题,很容易影响查新质量,这就需要建立健全咨询专家制度。咨询专家可弥补查新人员专业知识方面的不足,查新人员和咨询专家相互协作才能使查新结论更加准确,查新工作更趋完善。由于大部分咨询专家都是该领域的权威,平时工作很忙,经常出差、开会和忙于自己的业务工作,咨询专家经常不能按规定时间向查新咨询机构提交咨询意见。而一项查新业务是规定了时间期限的,为了在规定时间内完成查新任务,查新人员就不得不对一些陌生领域进行自主判断,或请查新委托人根据检索结果进行选择、判断、筛选,撰写查新结论。查新机构只是做一些文字上的简单修改,对行文的规范性进行调整。使得查新结论的公正性、客观性和可靠性大大降低,造成查新机构的权威性受到质疑。针对咨询专家的客观实际情况,在各个专业领域聘请多名咨询专家。查新机构在聘请咨询专家的同时还可以聘请该学科领域的其他专家作为后备咨询专家。通常情况下,由咨询专家向查新咨询机构提交咨询意见,咨询专家如遇特殊情况不能履行或不能按时完成专业咨询任务,专业咨询任务将由后备专家承担。咨询专家的具体人数可根据该领域查新工作量的大小而定,必须保证在客观、公正的前提下,按约定时间完成查新报告。同时明确咨询专家的权利和义务,建立"咨询意见表"专家签字认可制。咨询专家有义务就查新员检索出的检索结果进行判断、比较、分析和筛选,最终以书面形式提交咨询意见表,并在咨询意见表上签字。这就为查新报告中的查新结论提供了可靠依据。咨询专家在完成咨询意见后,查新机构应为其支付相应的报酬。查新机构用聘书的形式确认咨询专家的身份,以保证咨询专家正常地履行职责和享受权利。

(4) 管理体制因素 查新机构不仅需要建设人力、文献资源等实体性要素,还必须完善管理体制,为查新提供质量保障。但是,有些情报信息机构,把查新部门看做是创收部门,是经济的主要来源。查新人员的工作价值往往以查新课题的完成数量和创收的多少来衡量,完全忽视了查新人员付出的复杂脑力劳动,没有看到高质量的查新报告在弥补评审专家文献查找方面的不足,有助于专家做出公正、公平的比较和评判方面的贡献。过于注重经济效益,造成查新员经常迁就查新委托方的主观要求,撰写查新报告时没有站在中立的立场做出客观、准确的分析和结论。查新机构应建立科学合理的奖惩制度,不能一味以查新报告的数量来确定查新员的工作业绩,而应该考虑到查新报告的质量因素。对查新报告的数量和质量分别赋予不同的权重,综合评价查新员的工作业绩。

科技查新工作在我国科研立项、成果鉴定、评奖、提高科研创新水平等方面发挥了重要作用。对科研人员来说,高质量的查新报告是科研前期工作的重要组成部分，有助于科研人员了解国内外的研究现状，充分利用和参考相关成果，避免科研项目的低水平重复建设。对于科技管理人员来说，高质量的查新报告能为科研人员的项目申报、研究成果提供客观依据。要充分发挥科技查新工作的作用，就需要不断提高查新质量，正确解决好影响查新质量的各方面因素，从而更好地保证技术创新和科技进步，推动我国的科研工作乃至社会经济的快速发展。

第三节 查新案例分析

一、查新要点的提炼

一般来说，科学技术要点反映查新项目研究工作的概貌，包括立项背景、需要攻克的技术难点和解决方案、主要技术性能和参数、应用情况等。而查新点则反映研究工作中具有新颖性的研究内容，它是科学技术要点中的一部分内容，是从文献角度查证查新点是否具有新颖性的工作。众所周知，科技成果的核心在于创新，一项成果总是由若干具有创新性的技术内容组成的。这些具有创新性的技术内容就是我们查新的查新点。

在查新工作中，要保证查新结论的质量（准确性），就应始终把握以"查新点"作为查新工作的主线，围绕"查新点"进行检索；针对"查新点"确认检索的有效性与充分性；针对"查新点"进行对比文献的筛选；针对"查新点"进行文献的分析对比等。

"查新点"提炼的关键在于准确与否，而非越多越好。"查新点"提炼不当，往往导致查新人员在选择检索词、制定检索策略时出现偏差，直接影响查新结论的可靠性和针对性。

例如："大型公交车用单燃料天然气（CNG）电控喷射EQ6102Ni发动机研究与开发"课题中，通过研究用户提供的技术资料及技术性能指标数据，虽然用户提供的发动机特征为：①采用

第九章 信息检索综合运用——科技查新

单一燃料压缩天然气；②电控喷射开环控制，最大空燃比和最小空燃比值；③电控高能顺序点火；④增压中冷；⑤浅盆形燃烧室，低旋流进气道，高效低污染强紊流燃料系统；⑥EQ6102Ni 电控 CNG 喷射发动机，达到产品化水平，用于大型客车；⑦尾气后处理采用氧化催化转化口；⑧开发电控模拟装置，对其他 CNG 发动机电控系统开发标定同样适应。经过试检，很多技术为发动机所采用的普遍技术。对待该类课题，必须把一些不是特别新颖的特征去掉，留下最精华的特点。经过大量的检索、分析，该课题查新点提炼为"单一燃料稀薄燃烧天然气发动机"，该课题查新点为发动机，该发动机的定语可分解为"单一燃料"、"稀薄燃烧"、"天然气"三项。在检索中，应紧紧抓住这三项，以便在文献分析中进行对比、分析。如果忽视了任何一项，此课题查新都是不完整的，在查新结论部分，对该课题的结论都不是准确、客观、公正的。同样，如果按照用户原先的描述，查新点增加任何一项，对课题都是画蛇添足，最终可能还会对用户造成巨大损失。

再如：课题"高稳定薄膜电阻器磁控溅射中高阻靶材"，用户需要查新的磁控溅射中高阻靶材成分为 Ni、Cr、Si，课题组给出了该靶材电阻温度系数，并进行了耐温试验、寿命试验、高温储存试验，同时给出了具体数据。用户认为，课题组所进行的这些试验，是别人没有做过的，也就是课题组认为的新颖之处。经过检索发现，国内外已有关于耐温试验、寿命试验、高温储存试验方面的研究，但数据与本课题不同，因此，该课题新颖性与先进性主要体现在各项指标、参数上，如果单单从字面上看，"高稳定"、"薄膜电阻器"、"磁控溅射"为"中高阻靶材"的定语，以为该课题新颖性体现在制备工艺上。由此，经过探讨、协商，提炼出查新点为："研究 Ni、Cr、Si 靶材溅射中高阻金属膜电阻器，优化各项指标"。

实际工作中还经常遇到类似这种情形的查新课题，其新颖性只是在他人已有的研究基础上作一些小改进，如采用一种新方法、新技术，局部改良或某些方法的集合等。对这一类查新题，提炼查新要点时要着重反映出其新颖性的关键技术指标,作为文献检索及对比分析的依据。

二、查新案例分析

1. 案例1

项目名称:甘蔗光合性能的遗传分析及高光效、高生物量多用途育种材料选用

查新目的:科技成果鉴定

查新项目的科学技术要点:

①甘蔗生物量和光合性能的遗传规律(遗传变异、配合力)的研究;通过F1代实生苗不同生育期的光合参数、叶绿素荧光参数及产量和品质性状分析,建立高光效、高生物量多用途育种程序。

②甘蔗叶绿体基因组分子标记、高光效基因的克隆及其表达调控研究,提取不同光合性能甘蔗品种的叶绿体基因组DNA,经PCR扩增、电泳分离和紫外线检测等,筛选与光合性能密切相关的RAPD分子标记,构建甘蔗光合性能叶绿体基因组的RAPD分子标记图谱;同时开展光合性能基因的表达调控研究,成功地克隆了甘蔗光合作用中的两个基因rbcs和pepc,利用这两个基因作为探针检测逆境胁迫下甘蔗光合基因的表达差异。这两个高光效基因还构建了适用于不同目的的表达载体。

③甘蔗光合性能变化的影响因素(光合午休及低温、干旱胁迫下光合荧光参数变化)研究,研究指出C4植物甘蔗品种基因型不同而存在"光合"午休差异,系统研究了逆境胁迫下甘蔗叶绿素荧光特性。

④甘蔗高光效、高生物量多用途(能源、饲料)品种(育种材料)选育。通过活体检测、叶片角度指数、叶宽和生物量测定,从实生苗、中间材料和高光效种质中以净光合速率、生物量、角度指数、分蘖力为指标筛选出福农98-0402、Q70、Co8338、福农

第九章　信息检索综合运用——科技查新

98-3406、福农95-1630等20个生物量高、光合效率强、生长势好的高生物量多用途甘蔗育种材料。

查新点：

①甘蔗生物量和光合性能的遗传规律（遗传变异、配合力）的研究。

②甘蔗叶绿体基因组分子标记、高光效基因的克隆及其表达调控研究。

③甘蔗光合性能变化的影响因素（光合午休及低温、干旱胁迫下光合荧光参数变化）研究。

④甘蔗高光效、高生物量多用途（能源、饲料）品种（育种材料）选育。

查新要求：要求检索国内外是否有相同内容的文献和成果报道；把检索结果与查新点进行对比分析；对查新项目的新颖性作出判断。

2. 案例2

查新项目名称：针对端粒酶和新生血管双重抗肿瘤功效的基因—病毒系统的研制

查新目的：申报863项目

查新项目的科学技术要点：

恶性肿瘤严重危及人类的生命健康。目前对恶性肿瘤的常规治疗如手术及放、化疗对大多数肿瘤的疗效仍不十分理想。肿瘤的发生及转移形成，依赖于肿瘤新生血管的形成。目前最有效的血管生成抑制因子是内皮抑素和血管抑素，具有高效抑制肿瘤新生血管的形成，从而抑制肿瘤的生长和转移，即使数百倍剂量在人体中也无毒副作用及反复应用也无耐药性等优点。但使用其蛋白质进行治疗，需要每天给予治疗，同时需要量也极多，无论从经济上或生长上均不堪负担，也不太现实。国内外已有少量关于肿瘤新生血管生成抑制因子的基因治疗实验报道，但效果并不理想，主要原因在于目前基因治疗均采用非增殖载体系统，从而使血管生成抑制因子不能在肿瘤细胞内特异性高效表达，故对肿瘤的疗效并不理想。因此，研究肿瘤特异性及高效表达载体系统至关重要。端粒酶启动子控制的肿瘤特异性增殖病毒，根据肿瘤细胞与正常细胞生物学特性的差异，从而只能在端粒酶阳性的肿瘤细胞内增殖、裂解肿瘤细胞，然后释放出病毒颗粒，产生较大效应，而不影响端粒酶阴性的正常细胞。经国内外文献检索及分析，有关应用端粒酶启动子控制肿瘤细胞特异性增殖病毒来高效表达血管生成抑制因子的研究，尚未见报道。

本发明提供一类高效表达血管生成抑制因子的基因—病毒系统及其构建方法。该基因—病毒系统选择性地在端粒酶阳性的肿瘤细胞内增殖，而在端粒酶阴性的正常细胞内不增殖，通过将编码血管生成抑制因子的核苷酸序列插入肿瘤细胞内增殖的病毒基因组中的非增殖必需区域，随着病毒在肿瘤细胞内复制，使编码血管生成抑制因子核苷酸序列拷贝数增加，从而使肿瘤细胞高效表达血管生成抑制因子，抑制肿瘤血管形成，抑制肿瘤形成、生长及转移。同时该病毒能在而且基本上限于肿瘤细胞内增殖，也能特异性直接杀灭肿瘤细胞。

查新点与查新要求：

①本发明提供端粒酶启动子控制的重组病毒，能选择性地在端粒酶阳性的肿瘤细胞内增殖，并将特异性直接杀灭肿瘤细胞。

②病毒增殖必需基因的转录起始点与编码起始位点之间插入肿瘤细胞特异性激活的顺式作用元件端粒酶启动子。

③将编码血管生成抑制因子如内皮抑素（endostatin）、血管抑素（angiostatin）的核苷酸序列直接插入肿瘤特异性增殖病毒的基因组中的非增殖必需区域。

④重组病毒在肿瘤细胞内复制及增殖，导致编码血管生成抑制因子的核苷酸序列拷贝数增加及其表达量增加，抑制肿瘤血管的形成，抑制肿瘤形成、生长及转移。

国内外是否有相同或类似研究。

3. 案例 3

项目名称：互联网环境下的多媒体编码与信号处理技术

查新目的：科技立项

查新项目的科学技术要点：

信息在互联网上以多种形式传播，包括文本、声音、图像、视频等。研究与互联网相关的多媒体信息处理技术，是保证互联网迅速发展的一个关键。本项目将围绕这一关键问题重点研究两方面技术：

①保证多媒体信息高效率、高质量传输的视音频信号编码技术；

②保证信息在网络环境下高度安全、可靠的信息隐藏技术和身份识别技术。

本项目在以下六个方面有所创新：

①复杂交叉背景下 VOP 自动提取。

②多交叠前景对象的 VO 分隔。

③多层稳健主分量高保真音频水印。

④基于模拟音频数字水印的隐蔽传输信道。

⑤任意形状图像目标变换编码。

⑥第二代小波变换的 DSP 实现。

查新点：同以上创新点。

查新要求：查找与本课题有关的国内外文献及专利，并根据检索结果做出对比性结论。

三、查新结论撰写

查新结论的撰写，其实是一个以检出结果为依据，通过对比与综合分析，进行推论的科学过程。因此，对比分析，找出查新项目与对比文献的异同至关重要，也是撰写结论的基础。查新结论撰写建议采用以下几种主要撰写方式。

1. 概述式

将检索到的相关文献的报道内容按时间顺序叙述,最后写一段结论。

优点:可以对发展过程了解清楚。

缺点:结果不清晰。

适合查新类型:适合立项和开题查新以及对技术背景有特殊要求的查新项目。

2. 分点结论式

将检索到的各查新点的文献分别对比,分别做出结论。基本形式:

针对查新点 1 检索到文献 1、2 等,与查新点 1 的相同点是……;不同之处是……。

查新结论 1:在所检索范围内,未见(或已有)与查新点 1 相同(或不同)的文献报道。

针对查新点 2 检索到文献 3、4 等,与查新点 2 的相同点是……;不同之处是……。

查新结论 2:在所检索范围内,未见(或已有)与查新点 1 相同(或不同)的文献报道。

优点:结论清晰。

缺点:对技术的整个发展过程描述不很清晰。

适合查新类型:适合多查新点的查新项目和成果查新。

3. 分点对比,最后集中结论式

将检索到的各查新点的文献分别对比,最后集中做出结论。

形式为:针对查新点 1 检索到文献 1、2 等,与查新点 1 的相同点是……;不同之处是……。

针对查新点 2 检索到文献 3、4 等,与查新点 2 的相同点是……;不同之处是……。

综上所述,在所检索范围内,未见(或已有)与查新点 1、2 相同(或不同)的文献报道。

4. 笼统结论式

将检索到的相关文献的报道内容，罗列对比在上，然后写一段查新结论。

形式：文献 1 报道了……

文献 2 分析了……

文献 3……

文献 4……

综上所述，上述检索到的相关文献的报道内容与本课题查新点均有不同之处。在检索范围内检索到的，未见与本课题查新点相同的文献报道。

5. 表格对比式

采用表格式对比的方法。

优点：清晰。

缺点：画表格比较麻烦。

附表　中国图书馆图书分类法

A 马克思主义、列宁主义、毛泽东思想、邓小平理论

A1 马克思、恩格斯著作

A11 选集、文集

A12 单行著作

A13 书信集、日记、函电、谈话

A14 诗词

A15 手迹

A16 专题汇编

A18 语录

A2 列宁著作

A3 斯大林著作

A4 毛泽东著作

A49 邓小平著作

A5 马克思、恩格斯、列宁、斯大林、毛泽东、邓小平著作汇编

A7 马克思、恩格斯、列宁、斯大林、毛泽东、邓小平生平和传记

A8 马克思主义、列宁主义、毛泽东思想、邓小平理论的学习和研究

B 哲学、宗教

B0 哲学理论

B1 世界哲学

B2 中国哲学

B3 亚洲哲学

B4 非洲哲学

B5 欧洲哲学

B6 大洋洲哲学

B7 美洲哲学

B80 思维科学

B81 逻辑学（论理学）

B82 伦理学（道德哲学）
B83 美学
B84 心理学
B9 宗教
C 社会科学总论
C0 社会科学理论与方法论
C1 社会科学现状及发展
C2 社会科学机构、团体、会议
C3 社会科学研究方法
C4 社会科学教育与普及
C5 社会科学丛书、文集、连续性出版物
C6 社会科学参考工具书
[C7] 社会科学文献检索工具书
C8 统计学
C91 社会学
C92 人口学
C93 管理学
[C94] 系统科学
C95 民族学
C96 人才学
C97 劳动科学
D 政治、法律
D0 政治理论
D1 国际共产主义运动
D2 中国共产党
D33/37 各国共产党
D4 工人、农民、青年、妇女运动与组织
D5 世界政治
D6 中国政治
D73/77 各国政治
D8 外交、国际关系
D9 法律

D90 法的理论（法学）

D91 法学各部门

D92 中国法律

D93/97 各国法律

D99 国际法

E 军事

E0 军事理论

E1 世界军事

E2 中国军事

E3/7 各国军事

E8 战略学、战役学、战术学

E9 军事技术

E99 军事地形学、军事地理学

F 经济

F0 经济学

F0-0 马克思主义政治经济学（总论）< >

F01 经济学基本问题

F02 前资本主义社会生产方式

F03 资本主义社会生产方式

F04 社会主义社会生产方式

F05 共产主义社会生产方式

F06 经济学分支科学

F08 各科经济学

F09 经济思想史

F1 世界各国经济概况、经济史、经济地理

F11 世界经济、国际经济关系

F12 中国经济

F13/17 各国经济

F2 经济计划与管理

F20 国民经济管理

F21 经济计划

F22 经济计算、经济数学方法

F23 会计

F239 审计

F24 劳动经济

F25 物质经济

F27 企业经济

F28 基本建设经济

F29 城市与市政经济

F3 农业经济

F4 工业经济

F49 信息产业经济（总论）

F5 交通运输经济

F59 旅游经济

F6 邮电经济

F7 贸易经济

F71 国内贸易经济

F72 中国国内贸易经济

F73 世界各国国内贸易经济

F74 世界贸易

F75 各国对外贸易

F76 商品学

F8 财政、金融

F81 财政、国家财政

F82 货币

F83 金融、银行

F84 保险

G 文化、科学、教育、体育

G0 文化理论

G1 世界各国文化与文化事业

G2 信息与知识传播

G3 科学、科学研究

G4 教育

G64 高等教育

G8 体育

H 语言、文字

H0 语言学

H1 汉语

H11 语音

H12 文字学

H13 语义、词汇、词义（训诂学）

H14 语法

H15 写作、修辞

H159 翻译

H16 字书、字典、词典

H17 方言

H19 汉语教学

H2 中国少数民族语言

H3 常用外国语

H31 英语

H32 法语

H33 德语

H34 西班牙语

H35 俄语

H36 日语

H37 阿拉伯语

H4 汉藏语系

H5 阿尔泰语系（突厥-蒙古-通古斯语系）

H61 南亚语系（澳斯特罗-亚细亚语系）

H62 南印语系（达罗毗荼语系、德拉维达语系）

H63 南岛语系（马来亚-玻里尼西亚语系）

H64 东北亚诸语言

H65 高加索语系（伊比利亚-高加索语系）

H66 乌拉尔语系（芬兰-乌戈尔语系）

H67 闪-含语系（阿非罗-亚细亚语系）

H7 印欧语系

H81 非洲诸语言

H83 美洲诸语言

H84 大洋洲诸语言

H9 国际辅助语

I 文学

I0 文学理论

I1 世界文学

I2 中国文学

I200 方针政策及其阐述

I206 文学评论和研究

I207 各体文学评论和研究

I209 文学史、文学思想史

I21 作品集

I22 诗歌、韵文

I23 戏剧文学

I239 曲艺

I24 小说

I25 报告文学

I26 散文

I269 杂著

I27 民间文学

I28 儿童文学

I29 少数民族文学

I299 宗教文学

I3/7 各国文学

J 艺术

J0 艺术理论

J1 世界各国艺术概况

J2 绘画

J29 书法、篆刻

J3 雕塑

J4 摄影艺术

J5 工艺美术

[J59] 建筑艺术

J6 音乐

J7 舞蹈

J8 戏剧艺术

J9 电影、电视艺术

K 历史、地理

K0 史学理论

K1 世界史

K2 中国史

K3 亚洲史

K4 非洲史

K5 欧洲史

K6 大洋洲史

K7 美洲史

K81 传记

K85 文物考古

K89 风俗习惯

K9 地理

K90 地理学

K91 世界地理

K92 中国地理

K93/97 各国地理

K99 地图

N 自然科学总论

N0 自然科学理论与方法论

N1 自然科学现状及发展

N2 自然科学机构、团体、会议

N3 自然科学研究方法

N4 自然科学教育与普及

N5 自然科学丛书、文集、连续性出版物

N6 自然科学参考工具书

[N7] 自然科学文献检索工具
N8 自然科学调查、考察
N91 自然科学研究、自然历史
N93 非线性科学
N94 系统科学
N941 系统学、现代系统理论
N945 系统工程
N949 系统科学在各方面的应用
[N99] 情报学、情报工作
O 数理科学和化学
O1 数学
O1-0 数学理论
O1-8 计算工具
O11 古典数学
O119 中国数学
O12 初等数学
O13 高等数学
O14 数理逻辑、数学基础
O15 代数、数论、组合理论
O17 数学分析
O18 几何、拓扑
O19 动力系统理论
O21 概率论与数理统计
O22 运筹学
O23 控制论、信息论（数学理论）
O24 计算数学
O29 应用数学
O3 力学
O31 理论力学（一般力学）
O32 振动理论
O33 连续介质力学（变形体力学）
O34 固体力学

O35 流体力学
O369 物理力学
O37 流变学
O38 爆炸力学
O39 应用力学
O4 物理学
O41 理论物理学
O42 声学
O43 光学
O44 电磁学、电动力学
O45 无线电物理学
O46 真空电子学（电子物理学）
O469 凝聚态物理学
O47 半导体物理学
O48 固体物理学
O51 低温物理学
O52 高压与高温物理学
O53 等离子体物理学
O55 热学与物质分子运动论
O56 分子物理学、原子物理学
O57 原子核物理学、高能物理学
O59 应用物理学
O6 化学
O61 无机化学
O62 有机化学
O63 高分子化学（高聚物）
O64 物理化学（理论化学）、化学物理学
O65 分析化学
O69 应用化学
O7 晶体学
P 天文学、地球科学
P1 天文学

P2 测绘学

P3 地球物理学

P31 大地（岩石界）物理学

P33 水文科学（水界物理学）

P35 空间物理

P4 大气科学（气象学）

P5 地质学

P51 动力地质学

P52 古生物学

P53 历史地质学、地层学

P54 构造地质学

P55 地质力学

P56 区域地质学

P57 矿物学

P58 岩石学

P59 地球化学

P61 矿床学

P62 地质、矿产普查与勘探

P64 水文地质学与工程地质学

［P65］地震地质学

［P66］环境地质学

［P67］海洋地质学

P68 宇宙地质学

P691 行星地质学

P692 灾害地质学

P7 海洋学

P71 海洋调查与观测

P72 区域海洋学

P73 海洋基础科学

P74 海洋资源与开发

P75 海洋工程

［P76］海洋环境科学

［P77］潜水医学
［P79］军事海洋学
P9 自然地理学
P90 一般理论与方法
P91 数理地理学
［P92］古地理学
P93 部门自然地理学
P94 区域自然地理学
［P951］环境地理学
［P954］灾害地理学
P96 自然资源学
［P97］地理探险与发现
P98 自然地理图
Q 生物科学
Q1 普通生物学
Q2 细胞生物学
Q3 遗传学
Q4 生理学
Q5 生物化学
Q6 生物物理学
Q7 分子生物学
Q81 生物工程学（生物技术）
［Q89］环境生物学
Q91 古生物学
Q93 微生物学
Q94 植物学
Q95 动物学
Q96 昆虫学
Q98 人类学
R 医药、卫生
R1 预防医学、卫生学
R2 中国医学

R3 基础医学

R4 临床医学

R5 内科学

R6 外科学

R71 妇产科学

R72 儿科学

R73 肿瘤学

R74 神经病学与精神病学

R75 皮肤病学与性病学

R76 耳鼻咽喉科学

R77 眼科学

R78 口腔科学

R79 外国民族医学

R8 特种医学

R9 药学

S 农业科学

S1 农业基础科学

S2 农业工程

S3 农学（农艺学）

S4 植物保护

S5 农作物

S6 园艺

S7 林业

S8 畜牧、动物医学、狩猎、蚕、蜂

S9 水产、渔业

T 工业技术

TB 一般工业技术

TB1 工程基础科学

TB2 工程设计与测绘

TB3 工程材料学

TB4 工业通用技术与设备

TB5 声学工程

TB6 制冷工程
TB7 真空技术
TB8 摄影技术
TB9 计量学
TD 矿业工程
TD1 矿山地质与测量
TD2 矿山设计与建设
TD3 矿山压力与支护
TD4 矿山机械
TD5 矿山运输与设备
TD6 矿山电工
TD7 矿山安全与劳动保护
TD8 矿山开采
TD9 选矿
TD98 矿产资源的综合利用
TE 石油、天然气工业
TE0 能源与节能
TE1 石油、天然气地质与勘探
TE2 钻井工程
TE3 油气田开发与开采
TE4 油气田建设工程
TE5 海上油气田勘探与开发
TE6 石油、天然气加工工业
TE8 石油、天然气储存与运输
TE9 石油机械设备与自动化
［TE99］石油、天然气工业环境保护与综合利用
TF 冶金工业
TF0 一般性问题
TF1 冶金技术
TF3 冶金机械、冶金生产自动化
TF4 钢铁冶金（黑色金属冶炼）（总论）
TF5 炼铁

TF6 铁合金冶炼

TF7 炼钢

TF79 其他黑色金属冶炼

TF8 有色金属冶炼

TG 金属学与金属工艺

TG1 金属学与热处理

TG2 铸造

TG3 金属压力加工

TG4 焊接、金属切割及金属粘接

TG5 金属切削加工及机床

TG7 刀具、磨料、磨具、夹具、模具和手工具

TG8 公差与技术测量及机械量仪

TG9 钳工工艺与装配工艺

TH 机械、仪表工业

TH11 机械学（机械设计基础理论）

TH12 机械设计、计算与制图

TH13 机械零件及传动装置

TH14 机械制造用材料

TH16 机械制造工艺

TH17 机械运行与维修

TH18 机械工厂（车间）

TH2 起重机械与运输机械

TH3 泵

TH4 气体压缩与输送机械

TH6 专用机械与设备

TH7 仪器、仪表

TJ 武器工业

TK 能源与动力工业

TL 原子能技术

TM 电工技术

TM0 一般性问题

TM1 电工基础理论

TM2 电工材料

TM3 电机

TM4 变压器、变流器及电抗器

TM5 电器

TM6 发电、发电厂

TM7 输配电工程、电力网及电力系统

TM8 高电压技术

TM91 独立电源技术（直接发电）

TM92 电气化、电能应用

TM93 电气测量技术及仪器

TN 无线电电子学、电信技术

TN0 一般性问题

TN1 真空电子技术

TN2 光电子技术、激光技术

TN3 半导体技术

TN4 微电子技学、集成电路（IC）

TN6 电子元件、组件

TN7 基本电子电路

TN8 无线电设备、电信设备

TN91 通信

TN92 无线通信

TN93 广播

TN94 电视

TN95 雷达

TN96 无线电导航

TN97 电子对抗（干扰及抗干扰）

[TN98] 无线电、电信测量技术及仪器

TN99 无线电电子学的应用

TP 自动化技术、计算机技

TP1 自动化基础理论

TP2 自动化技术及设备

TP3 计算技术、计算机技术

TP30 一般性问题

TP31 计算机软件

TP311 程序设计、软件工程

TP312 程序语言、算法语言

TP313 汇编程序

TP314 编译程序、解释程序

TP315 管理程序、管理系统

TP316 操作系统

TP317 程序包（应用软件）

TP319 专用应用软件

TP32 一般计算器和计算机

TP33 电子数字计算机

TP34 电子模拟计算机

TP35 混合电子计算机

TP36 微型计算机

TP37 多媒体技术与多媒体计算机

TP38 其他计算机

TP39 计算机的应用

TP391 信息处理

TP392 各种专用数据库

TP393 计算机网络

TP399 在其他方面的应用

TP6 射流技术（流控技术）

TP7 遥感技术

TP8 远动技术

TQ 化学工业

TS 轻工业、手工业

TU 建筑科学

TU1 建筑基础科学

TU19 建筑勘测

TU2 建筑设计

TU3 建筑结构

TU4 土力学、地基基础工程

TU5 建筑材料

TU6 建筑施工机械和设备

TU7 建筑施工

TU8 房屋建筑设备

TU9 地下建筑

TU97 高层建筑

TU98 区域规划、城乡规划

TU99 市政工程

TV 水利工程

U 交通运输

U1 综合运输

U2 铁路运输

U4 公路运输

U6 水路运输

[U8] 航空运输

V 航空、航天

V1 航空、航天技术的研究与探索

V2 航空

V4 航天（宇宙航行）

[V7] 航空、航天医学

X 环境科学、安全科学

X1 环境科学基础理论

X2 社会与环境

X3 环境保护管理

X4 灾害及其防治

X5 环境污染及其防治

X7 废物处理与综合利用

X8 环境质量评价与环境监测

X9 安全科学

Z 综合性图书

Z1 丛书

Z2 百科全书、类书
Z3 辞典
Z4 论文集、全集、选集、杂著
Z5 年鉴、年刊
Z6 期刊、连续性出版物
Z8 图书目录、文摘、索引

参考文献

[1] 邓发云,杨忠,吕先竞. 信息检索与利用 [M]. 北京:科学出版社,2010

[2] 林美惠,薛华. 农林信息检索与利用 [M]. 北京:人民出版社,2011

[3] 杜伟. 信息检索 [M]. 北京:科学出版社,2009

[4] 吴长江等. 现代信息资源检索案例教程 [M]. 武汉:华中科技大学出版社,2011

[5] 颜端武,王曰芬等. 信息获取与用户服务 [M]. 北京:科学出版社,2010

[6] 杨长平. 信息检索与利用 [M]. 北京:中国农业出版社,2009

[7] 包平. 农业信息检索 [M]. 南京:东南大学出版社,2003

[8] 左文革,吴秀爽. 农业信息检索与利用 [M]. 北京:中国农业出版社,2006

[9] 赵立桢,赵欢乐. 信息检索与利用 [M]. 北京:中国农业出版社,2009

[10] 赵军,赵立桢. 信息检索实习指导 [M]. 北京:中国农业大学出版社,2007

[11] 肖沪卫. 科技查新:研究与实践 [M]. 上海:上海科学技术文献出版社,2008

[12] 孙清玉. 科技查新质量评价指标体系探讨 [J]. 情报科学,2009,27 (5):743~746

[13] 夏建群. 科技查新质量保障因素探析 [J]. 科技文献信息管理,2007,(3):52~55

[14] 高档妮. 关于提高高校科技查新质量的探讨 [J]. 科技情报开发与经济,2008,18 (23):209~210

[15] 黄江玲. 影响科技查新质量的重要因子分析 [J]. 情报探索,2008,(8):67~68

[16] 石颖. 科技查新工作中存在的问题及对策 [J]. 情报科学, 2005, 23 (9): 1341~1344

[17] 胡蓓琳. 影响科技查新质量的因素及对策探讨 [J]. 大学图书情报学刊, 2010, 28 (4): 74~76

[18] Engineering Village. http://china.elsevier.com/elsevierdnn/ch/电子产品信息/EngineeringVillage/tabid/578/Default.aspx. 2012-12-3

[19] SearchTips. http://www.engineeringvillage.com/engresources/searchtips.jsp?topic=quick. 2012-11-22

[20] web of science. http://webofknowledge.com/. 2012-11-14

[21] 复旦大学图书馆. http://www.library.fudan.edu.cn/. 2012-11-15

[22] 吴贤奇. 现代文献信息检索 [M]. 南京: 东南大学出版社, 2007

[23] 王园春, 李瑞斌. 科技信息检索与利用 [M]. 北京: 石油工业出版社, 2006

[24] 李瞳. 信息检索与利用 [M]. 南京: 南京大学出版社, 2006

[25] 南京大学信息检索教学实习中心研制. 信息资源的检索与利用. http://desktop.nju.edu.cn/xxjs/Courseware/Html

致　谢

本书自开始筹划、编写直至全书完稿，历时近两年的时间，感谢在此期间各位领导和相关部门的大力支持与帮助；感谢杜春光研究馆员、张戬慧副研究馆员及刘漫等同志为本书提供重要的文献信息资料，对本书付出了辛勤劳动和无私的奉献，有了他们的支持与帮助，此书才得以顺利而圆满地完稿并出版。在此，向为本书做出努力与贡献的人员表示衷心的感谢！

乔颖

2013 年 2 月